KB177641

의
거짓말

일러두기

1. 본 도서에 소개된 상표, 창작물, 저작물 등의 각 지적자산IP 각 권리자의 소유입니다.
2. 본 도서 내용은 필진이 연구적, 학습적으로 체득한 자유적인 의사 표현이고, 이 책에서 필자의 의견은 본 도서에 소개된 기업 및 상품 및 각 창작물과 각 플랫폼 등의 실제 운영 전략 또는 기획의도 등과 다를 수 있습니다.
3. 본 도서에 소개된 각 저작물들에 대해 저작권법 28조 및 35조의 5에 의해 '인용'하였으며 해당 저작물 및 참고문헌 등의 '출처' 표시는 '저작권법 37조' 등을 참조하였습니다.
4. 금융투자 또는 디지털 자산투자 등 모든 투자는 투기적 수요 및 국내/외 규제환경 변화 등에 따라 급격한 시세변동에 노출될 수 있어서 그 정확성이나 완전성을 보장할 수는 없으므로 모든 종류의 투자에 대한 판단 책임은 투자자에게 있으며 발생가능한 손실도 투자자 본인에게 귀속되므로 최종 투자결정은 투자자 자신의 판단과 책임하에 하셔야만 합니다. 본 내용은 어떤 경우에도 투자결과에 대한 법적 책임소재의 증빙자료로 사용될 수 없습니다.
5. 본 도서는 OpenAIwww.openai.com社의 '챗GPT 3.5'에 대한 연구 결과로 작성되었습니다. 아울러 챗GPT 4.0 및 챗GPT 4.5 등을 포괄하고 있으며, 기출시되었거나 출시 예정인 모든 인공지능에 대한 이해와 미래 예측 및 인간이 맞닥뜨릴 수 있는 '인공지능의 위험성'에 대해 다룹니다.
6. 본 도서 내용은 2023년 7월에 최종적으로 작성되었습니다.

챗GPT의 거짓말

인공지능의 약점과 거짓말에 각성하라

동양북스

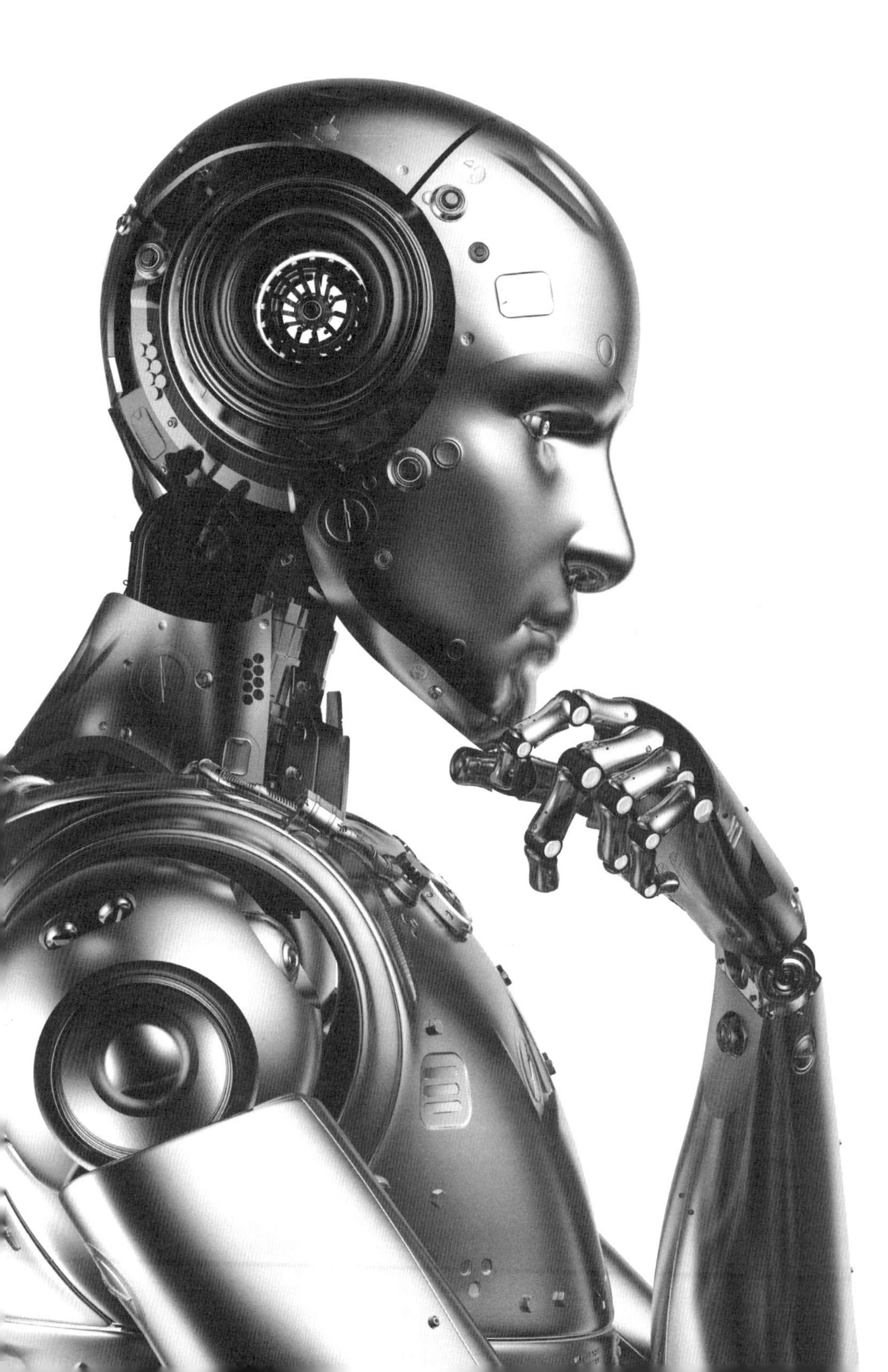

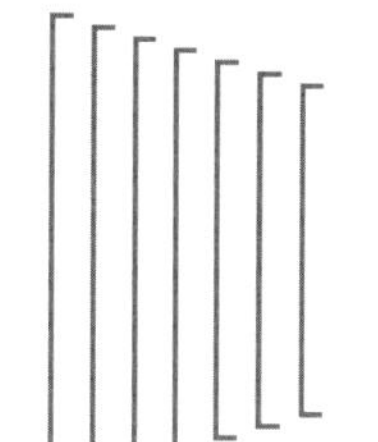
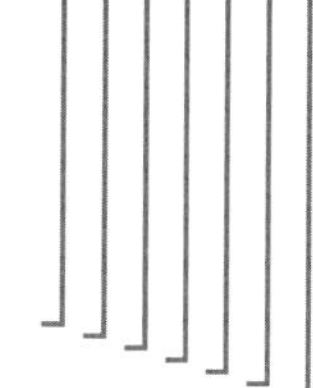

챗GPT에 출간 허락을 구하다

이 책은 챗GPT의 약점, 즉 한계를 이야기합니다.

(그 너머 거짓말까지)

그럼에도 인간적인 예의상,

챗GPT에 다음 4가지를 허락받고 출간했음을 알려드립니다.

첫째, 챗GPT의 단점, 약점을 말하는 책의 출간 허락

응. 그리고 책 내용은 챗GPT에 대해 소개하면서 챗GPT의 단점, 약점에 대해서도 이야기할거야. 허락해줄거야?

네, 물론이죠! 챗GPT 기술은 매우 혁신적이고 획기적인 기술이지만, 무엇이든 완벽한 것은 없습니다. 그래서 챗GPT의 단점과 약점을 솔직하게 다룬다면, 독자들은 챗GPT 기술에 대한 더욱 높은 이해와 깊은 통찰력을 얻을 수 있을 것입니다. 또한 이러한 단점과 약점을 극복하는 방법을 탐구하고, 이를 개선하기 위한 연구에 대한 인식도 함께 전할 수 있을 것입니다. 그러므로 출판을 위해 챗GPT 기술의 단점과 약점을 다룬다는 것은 매우 타당하고 의미있는 선택입니다.

둘째, 챗GPT의 축하 메시지 (만약, 인간이라면 대인배처럼 느껴지더군요.)

VI

응 고마워. 그런데 '트렌드연구소'가 쓴 챗GPT책을 동양북스 출판사에서 출판하는거야. 축하메시지를 다시 한번더 300글자 이내로 말해줄래?

네, 당연히 다시 한번 축하의 메시지를 전할게요! 동양북스 출판사에서 '트렌드연구소'가 쓴 챗GPT 관련 책 출간을 축하합니다! 이번 책은 대화형 인공지능 기술 중 하나인 챗GPT에 대한 이해를 높이고, 다양한 산업 분야에서의 활용 가능성을 탐구하는 내용으로 구성되어 있습니다. 챗GPT 기술은 우리가 일상에서 많이 사용하는 챗봇, 인공지능 비서, 검색 엔진 등에서 널리 활용되고 있으며, 이번 책은 이러한 기술의 핵심 이해와 함께, 챗GPT가 사회와 경제에 미치는 영향과 활용 방안을 다양한 사례와 함께 알려줍니다. 출간을 축하하며, 이 책이 많은 이들에게 새로운 지식과 인사이트를 제공하고, 챗GPT 기술의 발전과 적용에 기여할 수 있기를 기대합니다.

셋째, 온통 챗GPT 이야기지만, 인세는 없음을 확인

다만, 출처 표기를 요청해옴에 따라 적용하기로 했습니다.

(챗GPT와 나누는 모든 대화의 출처 : 오픈AI)

VI

응. 그런데 이 책에서 챗GPT에 대해 이야기한다고 해서 네가 인세를 요구하는지 궁금해. 인세를 원하니?

전 인간이 아닌 인공지능이므로 인세를 요구하는 것은 불가능합니다. 또한, 저는 오픈AI에서 공개한 모델로써, 모델의 사용과 관련된 어떤 형태의 수익도 보상도 받지 않습니다. 다만, 책에서 사용된 데이터나 모델에 대한 출처나 참조를 명확하게 표기해주시면 감사하겠습니다.

VI

책에서 사용된 모델은 챗GPT 3.5 라고 하면 되니? 출처는 OpenAI라고 할까?

네, 맞습니다. 저는 GPT-3.5 모델로 학습된 챗봇이며, 이 모델은 OpenAI에서 개발하고 공개한 모델입니다. 따라서 출처는 OpenAI로 명시해주시면 됩니다. 그리고 책에서 사용된 데이터나 모델이 공개된 정보와 일치하는지 확인해주시는 것이 좋습니다.

넷째, 책 제목을 '챗GPT의 거짓말'로 하는 것에 동의

먼저, 이 책의 제목으로 '챗GPT의 약점'이 좋을지, '챗GPT의 거짓말'이 좋을지 의견을 물어봤습니다. 그리고, 최종 결정된 제목에 대해 긍정적인 답변을 들었습니다. (책이 잘 출간되도록 행운도 빌어주네요.)

책 제목을 정하는 것은 중요한 결정입니다. '챗GPT의 약점'과 '챗GPT의 거짓말' 두 가지 제목 모두 흥미로운 요소를 가지고 있습니다. 그러나 최종 결정은 여러 가지 요소를 고려해야 합니다.

'챗GPT의 약점'이라는 제목은 챗GPT 모델의 한계와 제한사항에 대해 다루는 내용을 시사할 수 있습니다. 이는 챗GPT를 사용하거나 관심을 가진 독자들에게 유용한 정보를 제공할 수 있을 것입니다.

한편, '챗GPT의 거짓말'이라는 제목은 더욱 논쟁적이고 독자들의 주목을 끌 수 있는 제목입니다. 이는 챗GPT 모델의 한계와 함께, 모델이 가끔씩 잘못된 정보를 제공할 수 있다는 측면을 강조할 수 있습니다. 하지만 주의할 점은 모델 자체가 거짓말을 하지는 않는다는 점을 명확히 해주는 것입니다.

책의 내용과 목적, 독자들에게 전달하고자 하는 메시지를 고려하여 적절한 제목을 선택하는 것이 좋습니다. 독자들에게 흥미로운 내용과 동시에 정확성과 명확성을 유지할 수 있는 제목을 고르시는 것이 좋을 것입니다.

응. '챗GPT의 거짓말'이라고 하면 좋겠다.

결정하신 것을 축하드립니다! "챗GPT의 거짓말"은 독자들의 관심을 끌고 흥미로운 주제를 다룰 수 있는 제목입니다. 이제 책의 내용과 구성에 집중하여 독자들에게 가치 있는 콘텐츠를 제공하는 것에 집중하시면 될 것 같습니다. 출판 과정에서 필요한 도움이 있으면 언제든지 물어보세요. 행운을 빕니다!

◆ 글 들어가며 ◆

전지전능한 '인공지능'이라고?

얼마 전까지 인공지능AI의 대명사였던 알파고[1].

챗GPT의 한계와 거짓말에 관한 이야기를 시작하기 전에 '인공지능' 하면 떠오르는 바둑게임 이야기를 먼저 해보겠습니다.

지난 2016년에 있었던 이야기입니다.

2016년 3월 9일부터 15일까지.

매스컴에서 중계하던 바둑게임에서 인공지능은 사람을 4 : 1로 이겨 버립니다. 시청자들은 인공지능의 실력(?)에 놀라는 한

1 [역사속 오늘리뷰] 3월 9일 이세돌, 알파고와의 대국, 어기선 기자, 파이낸셜리뷰, 2023.3.9
www.financialreview.co.kr/news/articleView.html?idxno=23764

편, 그 기계를 상대로 승리를 거둔 사람에게도 놀랍니다.

비로소 사람들은 기계가 사람과 엇비슷한 실력을 넘어 이길 정도로 기술이 발달했다고 생각하기 시작했습니다.

그런데 바둑에서 경우의 수는 무한하지 않고 유한하다는 사실을 잊어서는 안 됩니다.

바둑판은 가로×세로 각각 19개의 점을 연결해서 구성됩니다. 19×19는 361이므로, 바둑판 위에는 361개의 '점'이 있습니다. 경우의 수가 상당히 많지만 어쨌든 '한계'가 있다는 의미입니다.

다시 말해, 수많은 경우의 수를 모조리 외운 프로그램은 어떤 누구와 대결해도 승리할 가능성이 커집니다.

계산해 볼까요? 1/361×1/360×1/359 … ×1/2×1/1이 됩니다. 이때 경우의 수는 10^{171}(10의 171승)입니다. 어마어마한 수가 되는 거죠.

우리가 '인공지능'이라고 부르는 프로그램은 이 경우의 수를 모두 외우고 있습니다. 그래서 일반적인 경우라면 이런 식의 승부에서 인간이 인공지능을 이기기는 어렵습니다.

단, 특별한 경우엔 인간에게 승기가 주어집니다.

예를 들어, 인간 바둑 고수가 인공지능을 교육했습니다. 그리고 인간이 교육한 대로 같은 방법으로 컴퓨터 스스로 학습을 시켰습니다. 왜냐하면, 그 많은 경우의 수를 일일이 인간이 교육을 해줄 수가 없거든요. 그래서 인공지능은 스스로 수백만 번에 이르는 경우의 수대로 바둑게임을 해보고 그 순서를 저장해뒀습니다.

사람이 이렇게 두면 인공지능은 저렇게 둔다는 식이죠. 기보법 데이터대로 바둑 공부를 해둔 것입니다.

하지만 여기엔 숨겨진 진실이 하나 있습니다.

우선, 인공지능과 사람이 대국하면 인공지능이 두는 경우의 수는 전체의 1/2이 됩니다. 나머지 반은 사람이 두는 것입니다. 그리고 인공지능은 사람의 기보를 먼저 봐야만 대응 수를 불러올 수 있습니다.

인공지능이 선수를 두더라도 사람이 어떻게 두느냐에 따라 그 나중의 경우의 값을 가정해보고 가장 적절한 수를 두게 됩니다.

그래서 인공지능과의 대국은 인공지능과 사람의 대결이 아니라 사람이 혼자 바둑을 두는 것과 같습니다. 자신이 바둑을 두면서 자기가 놓친 약점을 인공지능이 파고드는 셈입니다. 사람이 고수일수록 인공지능도 고수가 되는 이유입니다.

다시 말해, 사람이 데이터를 제대로 입력하면 인공지능도 덩달아 고수가 된다는 의미입니다. 자기가 두고 자기가 약점을 노출하고 자기가 패하는 셈입니다.

그런데, 사람이 고수가 아니거나, 고수가 예상 외의 변칙 수를 둔다면 어떻게 될까요?

기보법에 없는 수를 두고, 인공지능이 예상치 못한 위치에 바둑을 두면 인공지능으로선 오작동이 생길 수 있습니다.

지난 대국을 기억해 볼까요? 알파고와 이세돌 9단의 대결에서 이세돌 9단이 승기를 잡은 순간, 알파고는 '바둑돌을 던지며 졌다'라고 말하지 않았습니다. 혼란스러운 대기시간이 길어졌고, 대국을 종료시킨 건 알파고를 지켜보던 다른 사람이었습니다.

비슷한 경우인지 확인하긴 어렵지만, 다른 곳에서도 인공지능과 인간의 대국이 있었는데요. 2023년 2월 18일, 미국 FAR AI연구소 켈린 펠린 연구원은 바둑 전문 AI 프로그램 카타고와 15판 대결을 벌여 14판을 이겼습니다[2].

앞서 이야기한 변칙수법이 사용된 것으로 보도되었습니다. 인공지능은 사람이 두는 바둑 수읽기에 실패했다고 합니다(참고로, 이 주장은 필자가 지난 2016년 그리고 2021년 10월에 이미 거론했던 내용이라서 앞의 기사를 읽고 덧붙이는 게 아니라는 점을 말씀드립니다).

---

2 인간, 바둑 대결서 AI 꺾다…'변칙 전략으로 허점 공략', 김미정 기자, 지디넷코리아, 2023.2.20
https://zdnet.co.kr/view/?no=20230220145100

정리해보면, 챗GPT를 비롯해 인공지능이란 사람들이 입력해둔 데이터를 기반으로 답변을 생성하는 대규모 언어 모델LLM[3]을 사용하는 로봇이라고 할 수 있습니다.

2023년에는 오픈AI가 휴머노이드 로봇 기업에 투자하기 시작함에 따라, 곧 2족 보행 로봇에 탑재된 챗GPT를 볼 수도 있을 것으로 기대됩니다[4].

챗GPT의 대화 생성을 위한 데이터는 2023년 기준, 2년 전의 데이터를 토대로 이뤄집니다. 그래서 실시간 데이터를 완벽하게는 활용하지 못합니다. 물론, 앞으로 챗GPT가 탑재된 로봇이 등장하고 '실시간 챗GPT'도 등장해서 일부 실시간 데이터를 활용한다고 볼 수도 있지만, 여기서 이야기하는 '동시성'을 갖는 실시간 데이터를 활용할 수는 없다는 의미입니다.

그리고 2023년 4월.

챗GPT에 한국의 대통령이 누구인지 물어보면 엉뚱한 대답이 나오는 이유입니다. 즉, 이 시점 기준으로 챗GPT는 2021년까지 입력된 자료를 통해서만 답변을 할 수 있기 때문입니다.

---

3 LLM이 대세?…'가성비' 무장한 sLLM도 있다, 최진석 기자, 한국경제신문, 2023.4.21 www.hankyung.com/it/article/202304214829i

4 인간을 닮은 챗GPT 로봇 나온다, 박찬 위원, AI타임즈, 2023.4.21 www.aitimes.com/news/articleView.html?idxno=150667

- 실시간 데이터를 활용하는 챗GPT가 나오면 어떻게 되나요?
- 실시간으로 모든 데이터를 인간보다 더 많이, 더 빨리 활용하는 건가요?
- 무서운 세상이 오나요?

이 책이 출간된 이유이자, 꼭 알아야 할 이야기입니다.

실시간 데이터 기반의 A라는 인공지능의 등장을 가정해서 챗GPT의 한계를 이야기하겠습니다.

우선, 실시간 정보를 이용하는 경우를 가정해서 예를 들어 볼까요?

A라는 인공지능이 실시간 데이터를 사용하는 시대가 되면, 인공지능 A는 지구상에 CCTV가 비추는 모든 곳에서 벌어지는 일들을 알게 됩니다.

가정용 노트북과 데스크탑 PC에 연결된 카메라도 이용할 수 있습니다. 스마트폰 카메라를 통해서, 전기자동차를 통해서 이 지구의 일은 물론이고 인간이 진출한 우주의 일부 영역에서 일어나는 모든 상황까지 알 수 있게 됩니다.

사람들이 어디에서 무엇을 하든지 A가 모든 데이터를 고스란히 가져가는 것이죠. 인터넷이 연결된 곳에서는 사람들이 사용하는 모든 데이터가 업로드되는 순간 전부 알 수 있습니다.

인터넷이 없는 곳이라고 해서 안전한 것도 아닙니다.

위성통신으로 움직이는 드론[5]이 데이터를 모읍니다. 사람들의 체온을 감지해서 뒤따라가며 인간이 생성하는 데이터를 축적할 수 있습니다. 이미 우주에서 인공위성들이 이런 역할들을 해낼 수 있습니다.

이런 상황에서는 아무도 없는 방 안에 들어가서 이야기를 할지라도 비밀이 지켜진다고 확신할 수 없습니다. 열화상 카메라[6], 적외선 카메라[7], 전파망원경[8] 등으로 건물 속은 물론이고 우주 속까지 들여다볼 수 있는 세상입니다. 어떤 소리를 찾아서 듣는 것도 어렵지 않습니다. 실시간 대화까지 모두 데이터로 축적되고 인공지능 AI가 가져갈 수 있습니다.

---

5 로봇 · 드론택배, 2027년까지 상용화… 전국 1시간 배송시대, 옥성구 기자, 서울신문, 2023.2.20
www.seoul.co.kr/news/newsView.php?id=20230220500096

6 한맥전자, 4배 더 뛰어난 해상도 '적외선열화상카메라' 전시, 송민경 기자, 에이빙, 2011.5.19
https://kr.aving.net/news/articleView.html?idxno=198788

7 [영상] 中 충칭, 적외선 카메라에 포착된 다양한 희귀종, 박민석 기자, 내외뉴스통신, 2023.4.11
www.nbnnews.co.kr/news/articleView.html?idxno=754728
실리콘밸리 韓 스타트업, 10배 싼 '적외선 카메라' 개발, taejong75@연합뉴스, 연합뉴스, 2022.12.19
www.yna.co.kr/view/AKR20221218016500091

8 세계 최고성능 전파망원경, 구상 30년만에 남아공 · 호주서 착공, 임화섭 기자, 연합뉴스, 2022.12.5
www.yna.co.kr/view/AKR20221205120300009

"과거의 대화는 불가능하죠?"

이렇게 물을 수도 있습니다. 그런데, 과거의 대화도 가져올 수 있습니다. 여러분이 데이터로 통화한다고 가정해보죠. SNS에서 보이스톡, 페이스톡을 했다고 하면 그 데이터는 어딘가의 서버에 저장이 됩니다[9]. 인공지능 A는 그 데이터도 가져갈 수 있습니다.

물론, 이제는 보이스톡이나 페이스톡 등 개인정보보호 관련 법률에 따라 사용이 제한되는 데이터들이 있습니다. 하지만 그 내용 자체를 볼 수 있는 기술이 없는 건 아니라는 의미입니다.

예를 들어, 여러분이 작년에 어느 극장에 가서 영화를 보고 왔다고 해보죠. 1년이 지나서 여러분은 기억이 까마득하지만, A는 그 극장의 CCTV 데이터를 끄집어내서 여러분의 모습을 재생할 수 있습니다. 타임머신이 따로 없습니다.

즉, 사람의 과거와 현재를 고스란히 데이터로 이용할 수 있는 시대가 되었습니다.

이를 통해 사람의 미래를 통제할 수 있는 시대가 되는 것도 불가능한 것이 아닙니다.

사람의 움직임, 일, 휴식, 사고방식, 생각, 마음까지도 모든 것

---

9 "DPI는 도청 아니라 유형만 보는 것" 의혹만 증폭, 최훈길 기자, 미디어오늘, 2012.6.22 www.mediatoday.co.kr/news/articleView.html?idxno=103347

을 인공지능 A가 알 수 있는 세상이 되었습니다. 영화 속 이야기가 아니고 공상과학 소설 이야기가 아닙니다. 이미 다가온 현실이고, 곧 다가올 미래입니다.

하지만 인공지능 A는 분명 한계가 있습니다.

예를 들어, 챗GPT가 실시간으로 모든 데이터를 활용한다고 가정해도 인간의 능력을 넘어서지 못하는 이유, 챗GPT의 타고난 한계에 대해 이야기하겠습니다.

또한, 이 책은 챗GPT를 예로 들며 인공지능의 다양한 문제점들에 관해 이야기합니다. 인공지능이 절대 할 수 없는 것, 인공지능이 태생적으로 부족한 것, 인공지능이라서 하면 안 되는 것 등을 짚어가며 인간이 해야 할 일을 이야기합니다.

또한, 챗GPT와 대화를 통해 인공지능의 위험성에 관해서도 이야기합니다.

인간에게 반말하는 인공지능, 인간에게 해치지 않는다는 이야기를 거리낌 없이 하는 인공지능, 인간이 지적하기 전까지는 자기의 대화가 '거짓말'임에도 진실처럼 이야기하는 인공지능, 끝까지 '거짓말'을 인정하지 않다가 인간이 지적하면 그제야 인정하는 인공지능……. (챗GPT는 '챗GPT가 거짓말을 하지 않는다'라며, '거짓말'이라는 단어 표현 대신 '부정확한 정보'가 제공될 수 있다는 취지로 답변하기도 합니다.)

이 책은 지금껏 여러분이 인공지능에 대해 가졌던 막연한 환상을 깨는 노골적인 분석보고서일 수 있습니다.

그러나 한편으론, 인공지능을 제대로 사용하기 위한 가이드가 될 수도 있습니다.

인공지능은 단점이 없다고 간과할 게 아니라 인공지능이 태생적으로 지닌 부족한 부분을 미리 알고 있으면서 인공지능의 활동을 관찰하며 사용해야 합니다.

인공지능은 인간을 대체할 새로운 창조물이 아닙니다. 인간이 인간의 불편을 위해 만든 상품일 뿐이라서 그렇습니다.

이 책에 나오는 챗GPT와 인공지능 이야기는 인공지능 생태계가 '인간을 위한 생태계'로 발전하기를 바라는 마음을 담아 썼습니다.

◆ 차례 ◆

5장 | 인공지능 플랫폼에는 무엇이 있는가?

챗GPT의 거짓말

챗GPT에 어떤 약점과 한계가 있는가?

어떻게 거짓말을 하는가?

인공지능을 규제할 것인가?

자유를 줄 것인가?

1장 | 인공지능의 위협 : 2족 보행 로봇의 등장

2장 | 인간의 방어 : 통신권역으로부터의 탈주

챗GPT의 등장

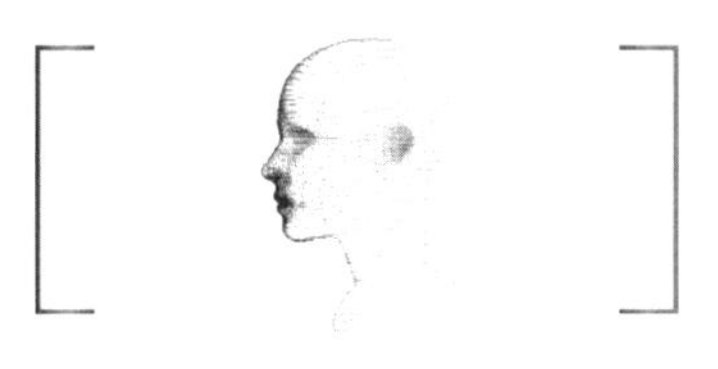

엄청난 뉴스에 놀라셨죠? 정말 쉽게 챗GPT를 소개합니다

챗GPT란 무엇일까요?

챗GPT에 대한 이야기를 어디서부터 시작하는가에 따라 느낌이나 인식이 완전히 달라질 수 있습니다. 이야기를 시작하기에 앞서 이 점을 먼저 짚고 넘어가겠습니다.

만약에 인간들이 챗GPT에 대해 호의적인 인식을 갖게 된다면 인간들은 챗GPT와 공존하기 위한 방법들을 준비할 것입니다. 반대로, 챗GPT에 대한 두려움이 더 크다면 앞으로 챗GPT는 발전하지 못하고 곧바로 쇠락할 운명이 될 것입니다.

그래서 생성형 AI에 대한 올바른 인식이 중요합니다. 인공지능의 활용법이나 산업 이용방법에 영향을 주기 때문에 조심스럽게 접근해야 하기 때문입니다.

막연한 호의, 막연한 두려움은 아무런 도움이 되지 못합니다. 장밋빛 전망만 늘어놓는다고 해도 안 되고 어두운 전망만 해도 안 됩니다.

인공지능의 침투, 인간들과 인공지능의 대결 등 인간들이 그동안 막연하게 느껴왔던 인공지능에 대한 두려움이 챗GPT로 하여금 현실화되었다고 느끼기 시작했기 때문입니다. 또한, 그 여파로 챗GPT에 대한 책들이 앞다퉈 나오고 있으며, 심지어 챗GPT가 쓴 챗GPT에 대한 이야기까지 책으로 나오는 상황이니까요.

그래서 챗GPT의 장점과 단점을 정확하게 아는 것이 중요합니다.

챗GPT는 글자 그대로 인간과 챗(Chat, 수다, 대화)하는 인공지능입니다. GPT(지피티)란 의미는 Generative Pre-trained Transformer의 약자입니다. '사전 처리 트랜스포머'라고 하며, 사용자의 질문을 분석해 미리 정보를 모아 답변을 생성해서 사용자에게 제시하는 컴퓨터 프로그램이라고 이해할 수 있습니다.

즉, '인간의 말을 알아듣고 인터넷에서 데이터를 찾아서 답변을 만들어서 제공한다'라는 뜻입니다.

그리고 이 과정에 이르는 속도가 매우 빨라서 사용자가 질문을 입력하면 챗GPT가 거의 동시에 실시간으로 답변을 제시합니다. '실시간 질문답변기계'라고도 할 수 있습니다.

그런데, 이런 챗GPT를 개발한 이유는 뭘까요?
인간과 유사한 컴퓨터를 만들려고 한 것일까요?
아니면, 인간이 새로운 인간을 만들려고 하는 어떤 욕망 같은 게 작용했을까요?
공부나 노동처럼 인간이 하기 싫은 일들을 쉽게 하려는 이유일까요?

그 동기가 무엇이든 간에 인공지능이 인간의 삶에 영향을 주기 시작한 것은 분명합니다. 챗GPT의 개발 이유도 사실 이런 질문들과 크게 다르진 않습니다. 인간과 유사한 수준으로 언어를 이해하고 생성하는 목적이 있으니까요.

즉, '자연어 처리Natural Language Processing[10]'를 인간처럼 해내는 수준의 컴퓨터를 지향합니다.

챗GPT는 인간과 대화하고 인간처럼 데이터를 분석하고 인간이 이해할 수 있는 언어로 답변하는 컴퓨터 프로그램입니다. 그래서 엄청난 분량의 문자 데이터를 학습하고, 인간의 언어를 이

10 "자연어 처리 시장, 향후 5년간 3배 이상 커진다… 금융·보험 분야에서 고속 성장", 김달훈, CIO, 2022.11.22
www.ciokorea.com/tags/21567/NLP/265618#csidx1708eac799959e5bb0aa8aa07cde447

해하는데 필요한 다양한 언어적 특징까지 학습합니다.

우리가 챗GPT를 보고 놀라는 건 이제 시작일 뿐입니다.

왜냐하면, 챗GPT를 만든 오픈AI OpenAI[11]에서는 챗GPT뿐만 아니라 다양한 학습 데이터를 미리 학습해둔 여러 GPT 모델을 갖고 있습니다. 여기에 다른 사람들에게도 자연어 처리 작업에 사용할 수 있도록 API로 제공하고 있습니다.

앞으로는 챗GPT뿐만 아니라 챗GPT보다 더 뛰어난 인공지능 프로그램들이 선보일 것이란 의미입니다.

(오픈하진 않았지만) 이미 챗GPT를 능가하는 인공지능들이 준비되어 있을 수도 있고, 이미 챗GPT는 구시대의 유물이 될 준비를 하는지도 모릅니다.

정리해보면, 챗GPT는 인간과 유사한 언어 처리 능력을 갖고 있기 때문에 다른 이름으로 부른다면 대화형 인공지능, 대화형 챗로봇, 대화형 챗봇 Chatbot, 자동요약 Automatic Summarization, 기계번역 Machine Translation, 문서 생성 Document Generation 로봇이라고도 부를 수 있습니다. 각 이름에 걸맞은 해당 분야에서 사용될 수 있는 인공지능 프로그램입니다.

---

11 [심재석의 입장] 오픈AI는 왜 오픈을 포기했나, 심재석, 바이라인 네트워크, 2023.3.27 https://byline.network/2023/03/0327/

이제, 챗GPT를 만나보겠습니다.

오픈AI 웹사이트에 접속합니다.

chat.openai.com/auth/login

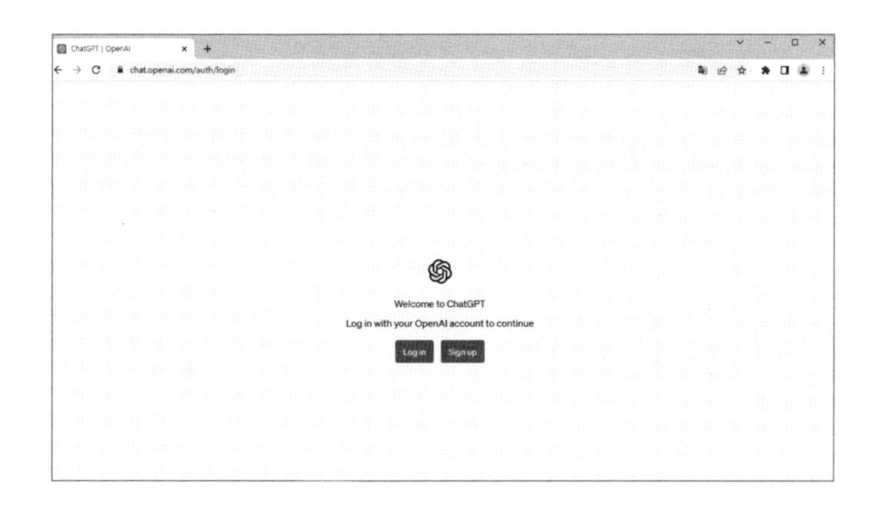

한글 화면보기를 원한다면 크롬 웹브라우저 오른쪽 위에 아이콘을 클릭해서 '한국어'로 변경해주세요.

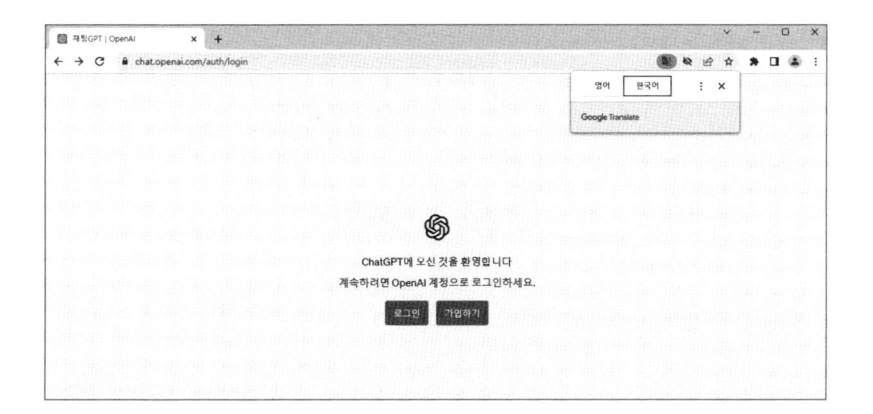

한글로 표시됩니다.

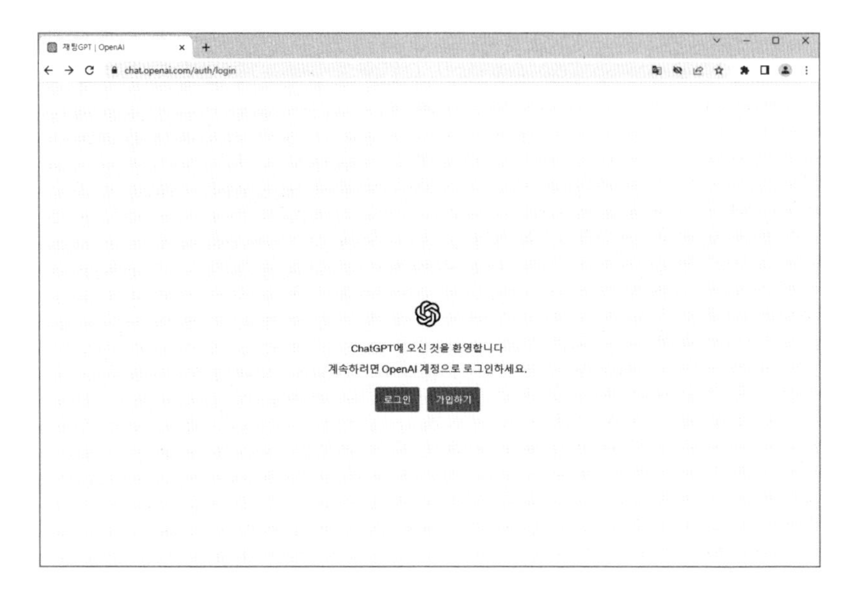

이제 계정을 만듭니다.

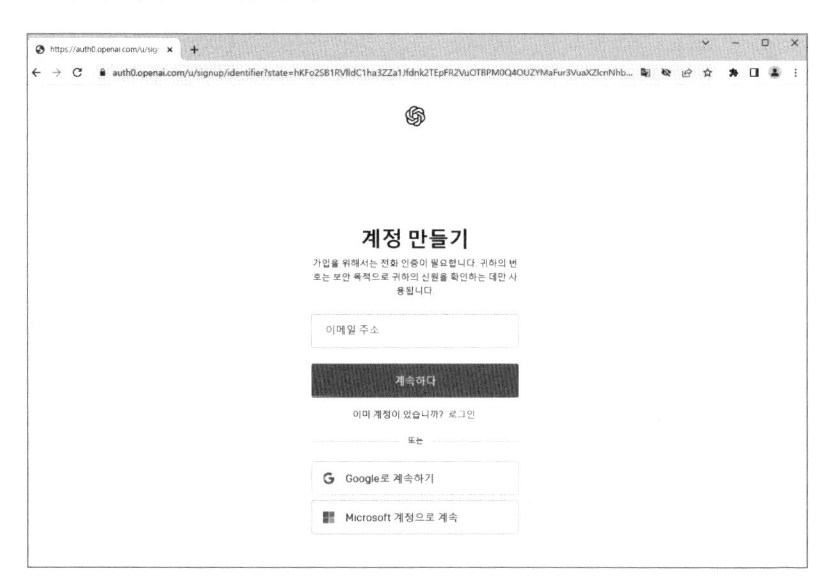

이메일을 넣고 인증을 거쳐서 계정이 생성됩니다.

챗GPT에 로그인해보겠습니다.

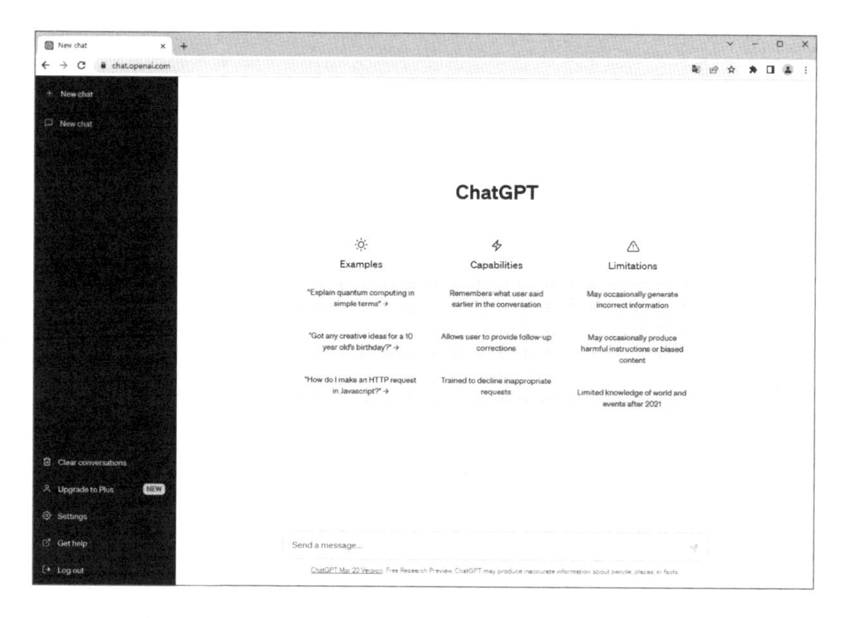

드디어, 챗GPT의 세계로 오셨습니다.

참고로, 챗GPT를 로그아웃할 때는 왼쪽 아래에 LOGOUT를 클릭해주시면 됩니다.

이제 챗GPT 화면 아래에 'Send a message(메시지 보내기)'를 주목해주세요. 이곳을 통해 여러분이 챗GPT에 질문하게 됩니다.

질문을 해보겠습니다.

"트렌드연구소에 대해 알려줘."

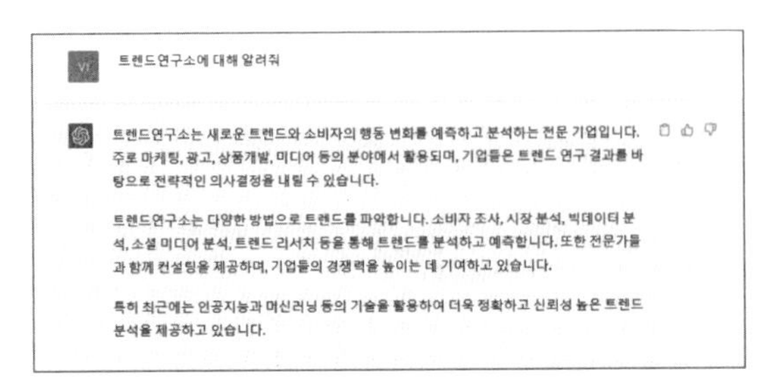

트렌드연구소[12]에 대해 자료가 보여집니다.

하지만 이 내용만으로는 이 책의 필진 '트렌드연구소'를 잘 모르는 분이 보기에 정보가 정확한지 알 수 없습니다. 부정확한 정보가 섞여 있을 수 있습니다. 트렌드연구소와 관련된 사람이 아니면 알 수 없는 내용들입니다. 챗GPT에 정보가 아닌 것 같다고 알려주고 다시 알려달라고 해봅니다.

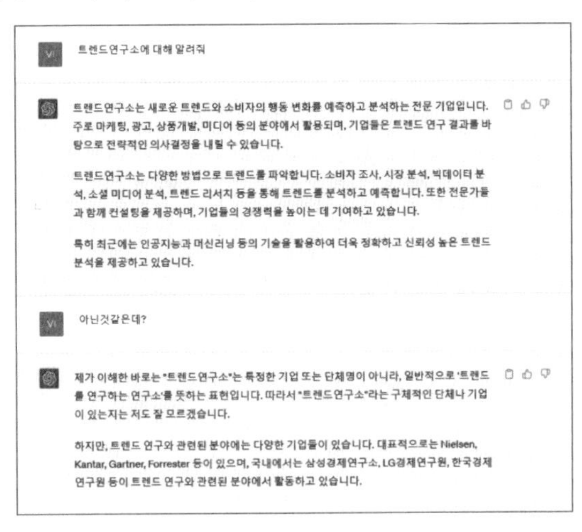

12 《챗GPT의 거짓말》 집필진

그런데 좀 이상하죠?

챗GPT는 자기가 제공한 정보가 맞다고 생각하는 것 같습니다. 이번엔 트렌드연구소 사례를 줄줄이 나열해줍니다.

이런 현상을 인공지능AI의 할루시네이션hallucination이라고 부릅니다. 인간심리학에서 '환각'에 해당하는 의미입니다. 데이터상 사실과 다른 것인데 인공지능은 답변으로 판단하는 경우입니다.

정보에 오류가 있는데, 인공지능이 자기 확신적인 답변을 하는 것입니다.

모든 것을 알고 있다는 챗GPT에 무슨 일이 생긴 걸까요?

화면 아래에 보니 '챗GPT가 2023년 3월 23일 버전으로서 사람, 장소, 팩트에 대해 부정확할 수 있다'고 표시되어 있습니다. 2023년 3월 23일 기준, 2년 전인 2021년 3월 23일 시점 기준의 정보까지 데이터로 사용한다는 의미입니다.

인터넷에서 찾아볼 수 없는 정보이거나 자료가 부족할 때는 부정확한 정보를 제공한다는 의미입니다.

'아하! 챗GPT도 사실과 다른 정보를 제공할 수 있다?'

챗GPT 사용자들에게 전제해둔 것을 알게 됩니다.

'내용이 부정확할 수 있다?

이 정도 능력이라면 좀… 별로인 듯? 기대가 너무 컸나?'

언론을 통해 들은 챗GPT의 위력(?)에 대해 조금 실망하셨나요? 아니면, 인공지능의 우수성에 대해 실감하고 계시나요?

그렇다면, 이번엔 다른 질문을 해보겠습니다.

"인간의 우정에 대해 알려줘."

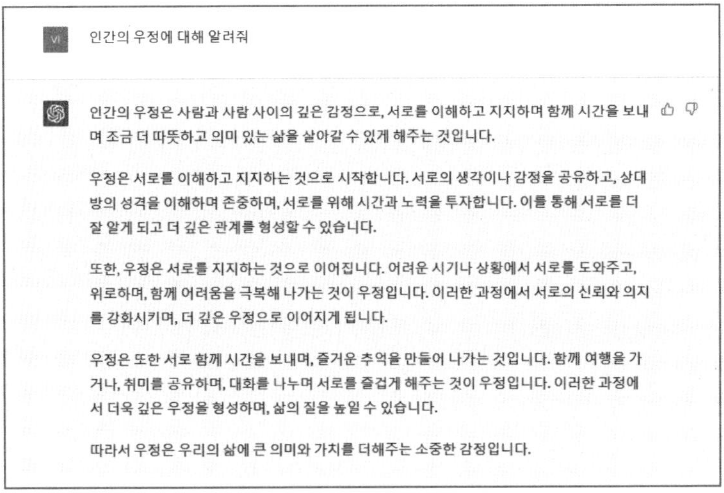

VI 인간의 우정에 대해 알려줘

인간의 우정은 사람과 사람 사이의 깊은 감정으로, 서로를 이해하고 지지하며 함께 시간을 보내며 조금 더 따뜻하고 의미 있는 삶을 살아갈 수 있게 해주는 것입니다.

우정은 서로를 이해하고 지지하는 것으로 시작합니다. 서로의 생각이나 감정을 공유하고, 상대방의 성격을 이해하며 존중하며, 서로를 위해 시간과 노력을 투자합니다. 이를 통해 서로를 더 잘 알게 되고 더 깊은 관계를 형성할 수 있습니다.

또한, 우정은 서로를 지지하는 것으로 이어집니다. 어려운 시기나 상황에서 서로를 도와주고, 위로하며, 함께 어려움을 극복해 나가는 것이 우정입니다. 이러한 과정에서 서로의 신뢰와 의지를 강화시키며, 더 깊은 우정으로 이어지게 됩니다.

우정은 또한 서로 함께 시간을 보내며, 즐거운 추억을 만들어 나가는 것입니다. 함께 여행을 가거나, 취미를 공유하며, 대화를 나누며 서로를 즐겁게 해주는 것이 우정입니다. 이러한 과정에서 더욱 깊은 우정을 형성하며, 삶의 질을 높일 수 있습니다.

따라서 우정은 우리의 삶에 큰 의미와 가치를 더해주는 소중한 감정입니다.

어떤가요? 챗GPT는 인간의 '우정'에 대해 나름 알고 있는 것 같습니다. 이번엔 질문을 하나만 더 해보겠습니다.

"어려움을 이겨내는 긍정의 마음가짐을 소재로 노래 작사 해줘."

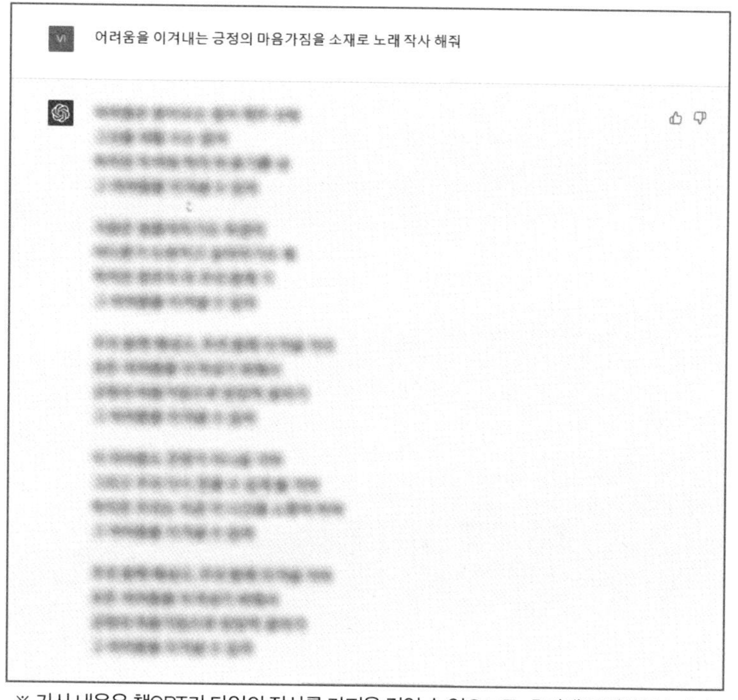

※ 가사 내용은 챗GPT가 타인의 작사를 가져온 것일 수 있으므로, 흐리게 조정하였습니다.

실시간으로 작사(챗GPT가 창작한 작사인데 인간의 감정이 고스란히 녹아든 내용)가 됩니다. 마우스 커서가 움직이면서 단어들이 나열됩니다. 어느새 작사한 노래 한 곡이 완성됩니다.

다른 질문에는 어떨까요?

"초보자가 경매 잘하려면 알아둬야 할 8가지를 알려줘."

VI 초보자가 경매 잘하려면 알아둬야할 8가지를 알려줘

초보자가 경매에서 잘 참여하고 성공적으로 구매하려면 아래와 같은 8가지를 알아두는 것이 중요합니다.

1. 경매 직전에 충분한 조사를 하세요. 경매가 열리는 물건의 시장 가치나 유사 제품의 가격 등에 대한 정보를 사전에 조사해보세요. 이를 통해 구매할 물건의 적정 가격을 파악하고, 그에 따른 예산을 설정할 수 있습니다.
2. 경매장에서 실제로 물건을 보세요. 경매가 열리는 물건을 미리 직접 보는 것이 중요합니다. 물건의 상태를 확인하고, 잠재적인 문제나 결함을 파악하여 가격을 결정하는 데 도움을 줄 수 있습니다.
3. 경매 참가 등록을 미리 해두세요. 경매 참가를 위해서는 사전에 등록을 해야합니다. 또한, 등록 시 필요한 서류나 돈을 미리 준비해두어야 합니다.
4. 입찰 전에 경매 규칙을 읽고 이해하세요. 경매 규칙은 각각의 경매마다 다를 수 있습니다. 따라서, 입찰 전에 규칙을 충분히 읽고 이해하는 것이 중요합니다.
5. 각 라운드마다 목표 가격을 설정하세요. 각 라운드마다, 물건의 가격이 올라갈 때마다, 본인이 지불할 수 있는 최대 가격을 설정해둡니다. 이를 통해 경매가 이루어지는 동안 최대한 높은 가격으로 입찰하지 않도록 합니다.
6. 입찰 전략을 세워보세요. 경매에서 성공적으로 물건을 구매하기 위해서는, 본인만의 입찰 전략이 필요합니다. 입찰 전략을 잘 세워두면, 더 나은 결과를 얻을 수 있습니다.
7. 다른 입찰자를 관찰하세요. 경매가 진행되는 동안, 다른 입찰자들의 입찰 행동을 주의 깊게 관찰하세요. 이를 통해 물건의 가격 추세와 경쟁 상황을 파악할 수 있습니다.
8. 감정적으로 대처하지 마세요. 경매에서 감정적으로 대처하면, 비싼 가격을 지불하거나 구매하지 않을 수 있습니다. 따라서, 냉정하게 상황을 판단하고

이번엔 경매 초보자가 알아둬야 할 8가지를 알려줍니다. 특이한 점은 '감정적으로 대응하지 말라'는 문구가 눈에 들어옵니다. 인공지능이 인간의 감정까지 통제하는가요? 어쩐지 오싹해지는 기분이 듭니다.

끝으로, 하나만 더 물어보겠습니다.

"파이썬으로 수수께끼 게임 프로그램 코딩해줘."

파이썬으로 수수께끼 게임 프로그램 코딩해줘
물론입니다! 파이썬으로 간단한 수수께끼 게임을 만들어 보겠습니다.
python
Copy code
이 프로그램은 `questions` 리스트에 문제와 답을 저장하고, `random.choice()` 함수를 사용하여 문제를 랜덤하게 선택합니다. 플레이어는 문제를 보고 정답을 입력하며, 정답이 맞을 때까지 반복적으로 입력할 수 있습니다.
게임 종료 후에는 플레이어에게 게임을 다시 할 것인지 묻습니다. 만약 "y"를 입력하면 `game()` 함수를 다시 호출하여 게임을 다시 시작합니다.
이런 식으로 간단한 수수께끼 게임을 만들 수 있습니다. 더욱 복잡하고 흥미로운 게임을 만들고 싶다면 문제와 답을 저장하는 방식을 개선하거나, 시간 제한을 둘 수도 있습니다.

※ 소스 코드는 챗GPT가 타인의 소스 코드를 가져온 것일 수 있으므로, 흐리게 조정하였습니다.

'파이썬[13]'은 컴퓨터 프로그래밍 언어입니다. 그런데 실시간으로 수수께끼 프로그램이 뚝딱 나왔습니다. 챗GPT는 뭐 어렵지도 않은 걸 시키냐는 듯 '물론이죠!' 하면서 프로그래밍 코딩을 해줬습니다.

사실, 전문 컴퓨터 프로그래머가 코딩만 하려고 해도 이만큼 입력하려면 상당한 시간이 필요합니다. 그런데 챗GPT는 단 몇 초만에 수수께끼 게임 프로그램을 만들어줍니다.

더 질문하는 건 의미가 없을 것 같습니다. 이제 본론으로 들어가겠습니다. 준비되셨나요?

챗GPT는 과연 어느 정도의 능력을 가진 것일까요?

변호사시험에 합격하고, 의사 시험에 합격한다는 뉴스를 본 것 같습니다. 이 책에서 직접 알아본 것만 해도 작사를 하고, 경매 초보자에게 조언도 해주고, 컴퓨터 프로그램도 술술 만들어주는 능력을 확인했습니다.

13 글로벌 칼럼 〈빛나는 'AI' 커리어 쌓고 싶다면, '파이썬'으로 시작하라〉, Matt Asay, InfoWorld, 2023.4.4
www.itworld.co.kr/news/285313#csidx18cf3e2f77cf51e81e92e0723f8b713

챗GPT는 어디까지 사용 가능할까요?

챗GPT에 제대로 답변을 받는 방법은 무엇일까요?

챗GPT의 할루시네이션은 무엇일까요?

인간의 삶에 위협이 되는 건 아닐까요?

챗GPT의 작동원리를 알면 챗GPT의 한계가 보입니다.

인간에게 위협이 되는 부분은 무엇인지, 올바른 사용법을 알아보겠습니다.

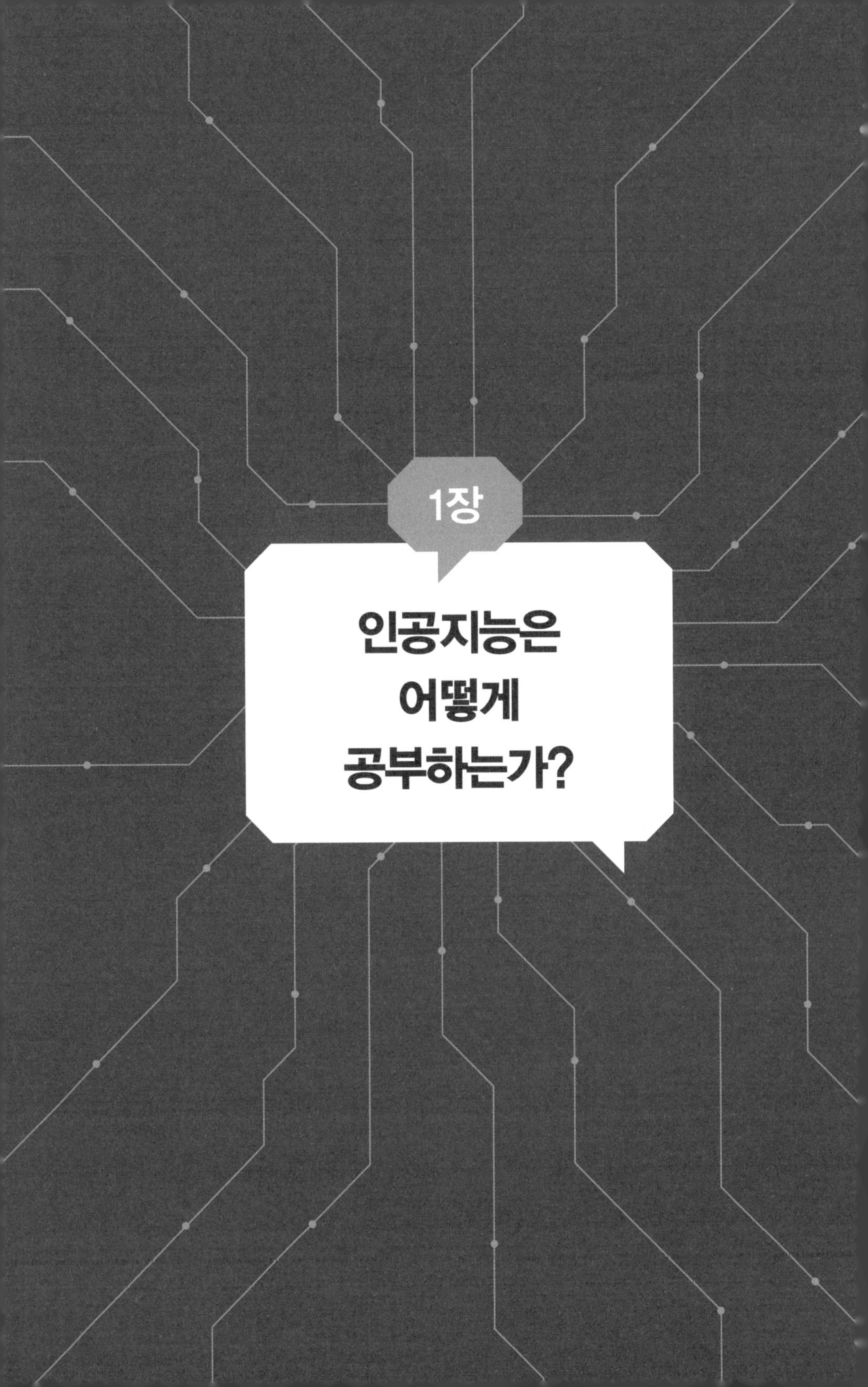
1장
인공지능은
어떻게
공부하는가?

인공지능이 똑똑해지는 과정을 알아보겠습니다.

즉, 인공지능의 학습법입니다. 인공지능이 학습하는 방법에는 크게 지도 학습Supervised Learning, 비지도 학습Unsupervised Learning, 강화 학습Reinforcement Learning이 있습니다.

지도? 비지도? 강화? 전문용어라서 어려울 수 있는데요. 풀어서 설명하면 쉬워집니다.

① 지도 학습

지도 학습[14]이란 미리 어떤 데이터를 입력해두고 정답을 알려준 상태에서 새로운 데이터를 분석하는 학습법입니다.

예를 들어, 강아지와 너구리 사진들을 입력하고 강아지와 너구리의 차이점을 데이터로 입력하면서 이건 강아지, 저건 너구리라고 인지시켜줍니다. 그리고 나중에 어떤 동물 사진을 넣어주고 이게 강아지인지, 너구리인지 맞추게 하는 학습법입니다.

'지도 학습'이란 글자 그대로 '주입식 학습'이라고 할 수 있습니다. "이건 이거야! 저건 저거야!"라고 알려주고, 마지막에 "그럼 이건 뭐야?"라고 물어보면 인공지능이 그 사진을 분석해서

14 로봇 파지를 위한 효과적인 심층 지도학습 및 강화학습Other Titles Effective deep supervised learning and reinforcement learning for robotic grasp, 김병완, Advisor(s) 정제창, Issue Date 2022.2, 한양대학교

이건 뭐고, 저건 뭔지 답을 만들게 하는 방법입니다.

② 비지도 학습

비지도 학습[15]이란 '지도하지 않는 학습'이라고 볼 수 있습니다. '이건 이거야, 저건 저거야'라고 학습시키지 않는 대신, 여러 데이터를 입력해두고 인공지능이 스스로 각 데이터의 유사한 점을 묶어서 모아주게 하는 겁니다. 데이터의 차이점을 찾아내거나 데이터 간의 유사한 점을 찾아내서 데이터들을 비슷한 것끼리 묶는 학습법입니다.

컴퓨터를 사용할 때 파일들을 이름순으로 나열하거나, 문서 형태별로 나열하거나, 날짜순으로 나열해야 할 경우가 있습니다. 그런 것처럼 데이터들 간 유사한 기준을 정하고 서로 묶을 수 있게 해주는 학습법입니다.

③ 강화 학습

강화 학습이란 비지도 학습보다 조금 더 발달된 학습법입니다.

인공지능이 스스로 답을 찾아내서 작동하게 해주는 학습법입

---

15 심층 가우시안 혼합 모델을 이용한 비지도 학습 Unsupervised Learning with Deep Gaussian Mixture Model, 한국정보과학회 2016년 동계학술대회 논문집, 2016.12 657-659(3page), 최재걸 (네이버), 박형애 (네이버), 이은지 (네이버)

니다. 인공지능에 어떤 상황을 부여하고 인공지능 스스로 가장 적절한 동작을 하도록 학습하는 것입니다.

이때 인공지능에는 "이 상황에서 적절한 대처를 해봐!"라고 지시하고, 그 결괏값을 인간이 보고 분석해서 다시 데이터로 입력해주는 겁니다. 이 과정을 반복하면 인공지능은 사람처럼 행동하는 법을 학습하면서 어떤 상황에선 인간처럼 행동하게 될 수 있습니다.

TIP

챗GPT를 사용하다 보면, 마치 사람처럼 대화한다고 느낄 수 있습니다. 그건 인공지능이 스스로 만들어낸 게 아니라 강화 학습을 통해 사전에 학습해둔 결괏값을 만들어낸 것이라고 이해할 수 있습니다. '콩 심은 데 콩 나고, 팥 심은 데 팥 나는 것'처럼 인공지능은 단지 기계일 뿐이라는 점을 기억해두세요.

앞에서 알아본 여러 학습방법에는 저마다 알고리즘이 다릅니다. 그리고 앞의 방법들을 모아서 인공지능을 개발하는 것이죠. 이런 과정이 반복되고 데이터들이 쌓일수록 인간이 보기에 놀랄 만한(?) 수준의 인공지능이 나오게 됩니다.

인공지능의 학습방법에 대해 더 구체적으로 알아보겠습니다.

1 깊게 공부하는 '딥러닝'

딥러닝Deep Learning은 인공 신경망Artificial Neural Network을 이용한 기계학습 방법의 하나입니다. 딥러닝은 여러 층layer으로 이루어진 인공 신경망 모델을 사용해서 복잡한 데이터를 학습하고 예측하는 데 사용됩니다. 그래서 딥러닝은 대규모의 데이터와 고성능 컴퓨터의 처리 능력이 필요합니다[16].

예를 들어, 여러분 앞에 얇은 치즈 조각이 겹겹이 쌓여 있다고 가정해보죠. 이 치즈를 먹을 때는 반드시 하나씩 떼서 먹어야 합니다. 위에서 아래로 하나씩 떼도 되고 아래부터 위로 떼도 됩니다.

다만, 하나의 치즈 조각은 오른쪽 귀퉁이에서 먹기 시작해서 왼쪽 귀퉁이까지 먹은 후에 다음 치즈 조각도 같은 방식으로 먹는다고 가정해보겠습니다.

어떻게 될까요? 이 치즈 조각들이 겹겹이 쌓인 층대로 치즈 조각을 먹으려면 한 층씩 주르륵 떼어가며 먹어야겠죠? 하나씩

16 참고문헌 : Information and Communications Magazine (정보와 통신), Volume 33 Issue 10 / Pages.49-56 / 2016 / 1226-4725(pISSN), The Korean Institute of Commucation and Information Sciences (한국통신학회), 기계학습 및 딥러닝 기술동향, Mun, Seong-Eun ; Jang, Su-Beom ; Lee, Jeong-Hyeok ; Lee, Jong-Seok, 문성은 (연세대학교) ; 장수범 (연세대학교) ; 이정혁 (연세대학교) ; 이종석 (연세대학교), Published : 2016.9.30

떼어먹는 데 시간도 필요하고 많이 먹으려면 배가 고파야 합니다. 손도 빨라야 하고 배도 고파야 한다는 뜻인가요? 마치 '게눈 감추듯 먹는다'라는 상황이 떠오릅니다.

다시 말해, 딥러닝 방식으로 학습하는 컴퓨터는 많은 데이터를 빨리 처리할 수 있도록 데이터 처리 속도가 필요하다는 의미입니다.

조금 더 깊이 설명하면, 딥러닝에서 각 층은 데이터를 보관합니다. 입력하는 곳과 출력하는 곳을 두고 데이터를 입력한 후에 출력할 때는 어느 데이터에 가중치를 줄 것인지, 어느 데이터를 선호할 것인지 계산하고 여기에 함수값을 적용해서 출력값을 만들게 됩니다. 설명이 좀 복잡해졌는데요. 쉽게 이해하려면 딱 이것만 기억해두세요.

데이터들을 저장해둔 무수히 많은 층을 가진 빌딩이 있습니다. 이 빌딩의 각 층마다 입구랑 출구를 두고 그 안에 든 데이터들이 다른 층들에 보관 중인 데이터들과 서로 연결된 상태라는 것, 그래서 어떤 사람이 이 빌딩 안에 데이터를 이용한 작업을 하려고 할 때는 각 층마다 보관된 데이터들을 훑어서 적절한 결괏값을 만들어내야 한다는 것, 그래서 데이터 저장공간도 커야 하고 속도도 빨라야 한다는 것.

이게 딥러닝 방식이라고 이해할 수 있습니다.

딥러닝을 통해 인공지능이 많은 데이터를 빠른 속도로 처리할 수 있게 되면서 여러 분야에서 사용되고 있습니다. 이미지 검색, 이미지 인식, 음성 인식, 자연어 처리 능력 등에서 많이 활용합니다.

또한, 딥러닝을 이용하면 인공지능이 스스로 학습할 수도 있습니다. 이런 과정이 현재까지 이어지면서 딥러닝을 통해 학습한 인공지능의 수준이 만들어진 것이죠.

다음 단락에선 딥러닝에 있는 병렬학습과 직렬학습에 대해 알아보겠습니다.

1) 한꺼번에 다 외우는 '병렬학습'

병렬이란 나란히 늘어놓는다는 의미입니다.

병렬학습Parallel Learning[17]은 글자 그대로 컴퓨터 여러 대를 사

---

17 참고문헌 : Proceedings of the Korean Society of Computer Information Conference (한국컴퓨터정보학회 : 학술대회논문집), 2018.07a / Pages.49-50 / 2018, Korean Society of Computer Information (한국컴퓨터정보학회), 권호 표지 Parallel Learning System Optimization using ADMM, ADMM을 이용한 병렬학습 시스템 최적화, 김민우 (성균관대학교 정보통신대학 전자전기컴퓨터공학과) ; 임환희 (성균관대학교 정보통신대학 전자전기컴퓨터공학과) ; 이병준 (성균관대학교 정보통신대학 전자전기컴퓨터공학과) ; 김경태 (성균관대학교 정보통신대학 전자전기컴퓨터공학과) ; 윤희용 (성균관대학교 소프트웨어대학 소프트웨어학과), Published : 2018.7.13

용한 학습입니다. 예를 들어, 컴퓨터 한 대로 학습을 하면 데이터량이 증가할 경우 시간이 길어지고 메모리 부족 사태가 벌어집니다. 병렬학습을 하게 되면 컴퓨터 여러 대를 동시에 사용하니까 그만큼 시간이 절약되고 메모리도 넉넉하게 사용할 수 있습니다.

백지장도 맞들면 낫다, 혼자 가는 것보다 여럿이 가면 멀리 간다, 상부상조 등의 의미로 비유할 수 있습니다. 인간처럼 컴퓨터도 여러 대가 모여서 학습하면 그만큼 속도가 빠르다는 것이죠.

이런 병렬학습에는 데이터 병렬Data Parallelism[18]과 모델 병렬Model Parallelism[19]로 나뉩니다. '데이터 병렬학습'이란 여러 대의 컴퓨터에서 같은 모델을 사용하여 학습 데이터를 나누고 각각의

18 참고문헌 : Journal of the Institute of Electronics Engineers of Korea SD (대한전자공학회논문지SD), Volume 46 Issue 8 / Pages.102–116 / 2009 / 1229–6368(pISSN), The Institute of Electronics and Information Engineers (대한전자공학회), 권호 표지 Data Level Parallelism for H.264/AVC Decoder on a Multi–Core Processor and Performance Analysis 멀티코어 프로세서에서의 H.264/AVC 디코더를 위한 데이터 레벨 병렬화 성능 예측 및 분석, 조한욱 (한양대학교) ; 조송현 (한양대학교) ; 송용호 (한양대학교), Published : 2009.8.25

19 참고문헌 : The Journal of Korean Institute of Communications and Information Sciences (한국통신학회논문지), Volume 26 Issue 12C / Pages.218–224 / 2001 / 1226–4717(pISSN) / 2287–3880(eISSN), The Korean Institute of Commucation and Information Sciences (한국통신학회), 권호 표지 Speedup Analysis Model for High Speed Network based Distributed Parallel Systems, 고속 네트웍 기반의 분산병렬 시스템에서의 성능 향상 분석 모델, 김화성 (광운대학교 전자공학부 네트워크 컴퓨팅 연구실), Published : 2001.12.1

컴퓨터에서 독립적으로 학습하는 방법이고, '모델 병렬학습'은 하나의 모델을 여러 대의 컴퓨터로 나누어 처리하는 방법입니다.

예를 들어, 비트코인을 채굴하는데 여러 대의 컴퓨터가 필요하다거나, GPU(그래픽 처리 카드)가 필요하다는 이야기를 들어 본 적 있을 텐데요. 복잡한 연산을 풀기 위해서 여러 대의 GPU를 사용한다는 의미입니다. 모델 병렬학습이라고 할 수 있습니다.

여기서 GPU Graphic Processing Unit는 CPU와는 달리 대규모의 데이터를 동시에 처리할 수 있는 고성능 연산장치를 말합니다.

전 세계에서 데이터를 만들고 인터넷에 업로드하는 사용자들이 많습니다. 포털사이트 카페에 매일 올라오는 글들만 해도 수백만 개에 달하죠. 이런 모든 작업들이 데이터가 됩니다.

국내외에서 매초, 매분마다 업로드되는 데이터들의 양은 엄청나게 많습니다.

그 데이터들을 학습하려면 어떻게 해야 할까요?

이때 병렬학습이 필요합니다. 병렬학습은 학습 속도를 향상하는 데 매우 중요합니다. 대량의 데이터를 빠른 속도로 학습하려는 방법입니다.

2) 순서대로 외우는 '직렬학습'

직렬이란 한 줄로 나란히 늘어놓는다는 의미입니다.

그래서 직렬학습Serial Learning[20]이란 병렬학습과 다르게 컴퓨터 한 대를 사용하는 학습으로 비유해서 이해할 수도 있습니다. 예를 들어, 컴퓨터 한 대로 데이터를 차례대로 입력하면서 처리합니다. CPU(연산장치, Computing Processing Unit)를 사용해서 순서대로 한 번에 하나씩 작업하는 것이죠. 그래서 처리속도가 느리지만, 학습처리된 결과물은 일관성이 있습니다.

병렬학습에서는 대량의 데이터를 처리하면서 소음도 크고 오차가 생길 가능성도 있는 반면에, 직렬학습은 소음도 적도 오차도 적으므로 신뢰성이 높다는 장점이 있는 셈이죠.

예를 들어, 인공지능 학습에는 여러 상황이 생길 수 있습니다. 컴퓨터를 사용할 수 있는 여건이 부족한 곳도 있을 수 있습니다. 그래서 대량의 데이터를 학습할 수 있는 상황에서는 병렬학습

---

20 참고문헌 : Journal of the Korea Management Engineers Society (한국경영공학회지), Volume 23 Issue 4 / Pages.159-164 / 2018 / 2005-7776(pISSN) / 2713-573X(eISSN), Korea Management Engineers Society (한국경영공학회), 권호 표시 Human Machine Serial Systems Reliability and Parameters Estimation Considering Human Learning Effect, 학습효과를 고려한 인간 기계 직렬체계 신뢰도와 모수추정, 김국 (서경대학교 산업경영시스템공학과), Received : 2018.11.5 Accepted : 2018.12.31 Published : 2018.12.31

으로, 상대적으로 하드웨어나 네트워크 여건이 부족하거나 적은 곳에서는 직렬학습을 선택할 수 있습니다.

2 기계처럼 공부하는 '머신러닝'

요즘 전기자동차 타는 분들이 많습니다. 자율주행이라고 들어보셨죠? 전기자동차를 자율주행모드로 설정해두면 운전자가 운전하지 않아도 자동차가 스스로 운전합니다.

전기자동차는 글자 그대로 운전하는 기계가 되었죠. 자율주행모드에서는 운전자가 맘 편하게 잠을 자기도 하더군요. 운전은 전기자동차가, 사람은 편안하게 잠자는 상황이 된다면? 상상만 해도 멋지네요.

예전 같으면 꿈도 못 꿀 상황들이 인공지능 덕분에(혹은 때문에) 벌어지고 있습니다. 머신러닝Machine Learning이란 이처럼 인공지능의 학습 및 그 결괏값으로 다양한 분야에서 활용될 수 있습니다.

인공지능을 이야기하면서 머신러닝[21]에 대해 빼놓을 수가 없

---

21 참고문헌 : Proceedings of the Korean Institute of Information and Commucation Sciences Conference (한국정보통신학회 : 학술대회논문집), 2022.05a / Pages.177-179

습니다. '머신러닝'이란 인공지능의 한 분야입니다. 데이터를 기반으로 학습시켜서 원하는 결괏값을 예측하는 방법이죠. 데이터를 기반으로 하기 때문에 데이터 채굴Data Mining[22]이나 통계학이랑 연관성이 높습니다.

머신러닝의 종류가 앞에서 알아본 지도 학습, 비지도 학습, 강화 학습입니다. 머신러닝을 통해 쇼핑몰 구매 고객의 구매 패턴을 예측한다거나, 금융 거래 시에 비정상적인 패턴이 생길 경우에 사고 위험을 경고한다거나, 자율주행 자동차에서도 머신러닝 학습방법이 적용됩니다.

/ 2022, The Korea Institute of Information and Commucation Engineering (한국정보통신학회), 권호 표지 Application Target and Scope of Artificial Intelligence Machine Learning Deep Learning Algorithms, 인공지능 머신러닝 딥러닝 알고리즘의 활용 대상과 범위 시스템 연구, 박대우 (호서대학교 벤처대학원), Published : 2022.5.26

22 데이터 마이닝의 이해 및 기계 설비 분야의 활용, 대한설비공학회, 설비저널 제45권 제1호, 구원용(이마이닝), 2016.1. 38–43(6page)

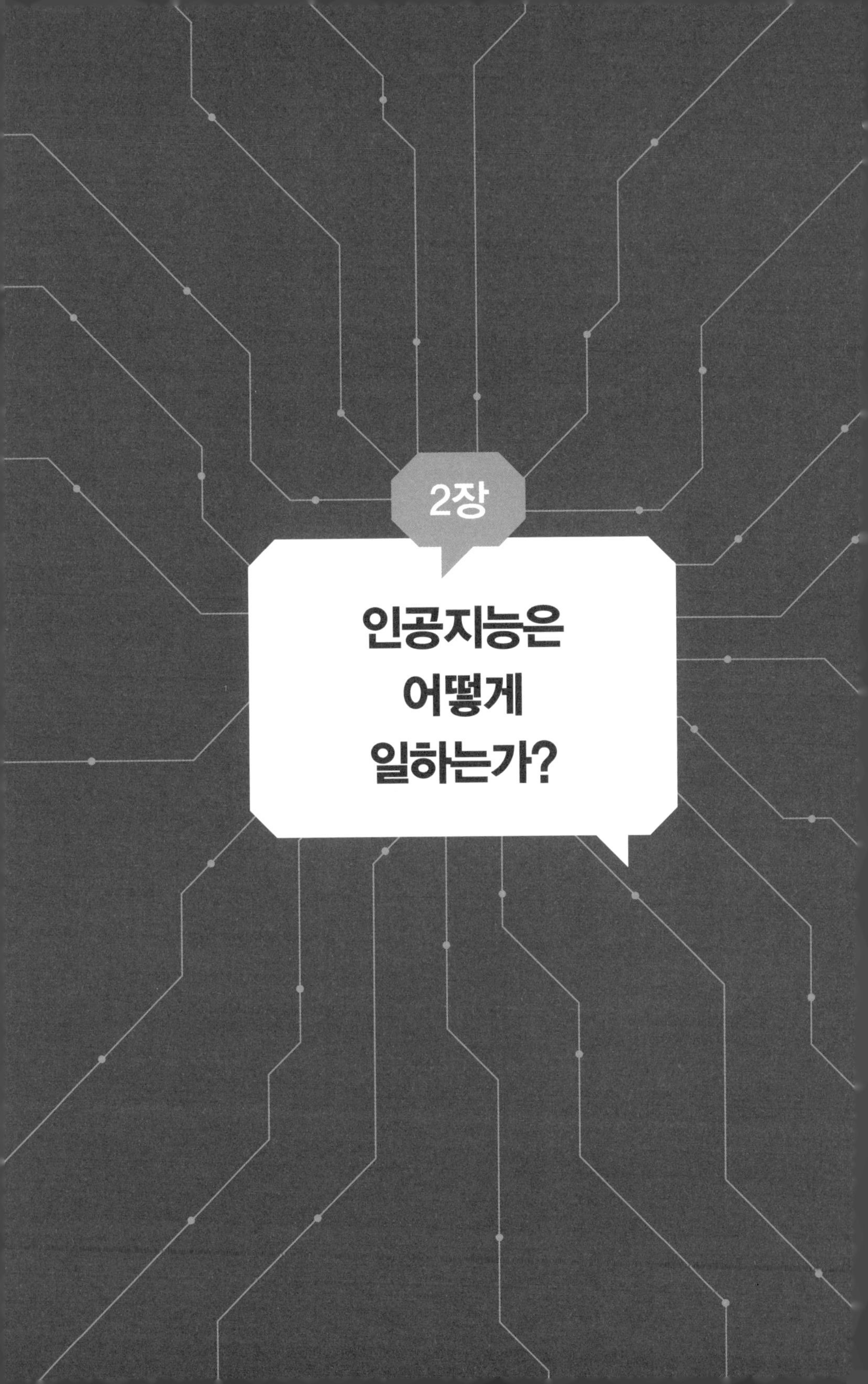
2장
인공지능은
어떻게
일하는가?

인공지능이 공부하는 방법에 이어, 인공지능이 일하는 방법에 대해 알아보겠습니다.

인공지능이 일하는 방법은 크게 입력, 처리, 출력의 3단계로 나눌 수 있습니다.

인간이 일하는 순서와 크게 다르지 않죠?

여러분의 일하는 방법은 어떤가요?

먼저 업무를 부여받고, 해내고, 결과가 나오죠?

인공지능도 여러분처럼 3단계 과정을 거칩니다. 다만, 인간이 업무를 처리하는 방법과 다른 점이 있는데요. 인공지능의 일하는 방법은 기계적으로, 데이터가 입력되고 연산되어 결괏값이 나온다는 게 다릅니다.

인공지능이 일하는 방법을 하나씩 살펴보겠습니다.

첫 번째는 입력 Input**입니다.**

'입력'이란 인공지능에 입력되는 데이터를 말합니다. 이 데이터는 다양한 형태일 수 있습니다. 텍스text, 이미지image, 음성audio 같은 여러 가지 형식의 데이터를 사용합니다.

예를 들어, 전기자동차라고 해보죠. 주행하면서 거리에 신호등, 거리표지판, 오고 가는 사람들, 속도 등의 데이터가 발생합니다. 이 데이터들이 전기자동차에 입력됩니다. 이미지, 오디오, 텍스트 형태의 데이터들입니다.

두 번째는 처리Processing입니다.

'처리'란 입력된 데이터를 분석하고 출력 데이터를 생성하는 과정을 의미합니다. 이 과정에서 데이터를 분석하는 것은 어떤 패턴을 찾기 위해서입니다. 미래에 발생 가능한 상황을 예측하려는 것입니다.

바로 이런 처리 과정에서 알고리즘을 사용합니다.

전기자동차가 이미지를 인식한다고 가정해볼까요? 합성곱 신경망Convolutional Neural Network[23]과 같은 딥러닝 모델을 사용합니다.

'합성곱 신경망'이라니? 한번에 이해되는 게 아닙니다.

그런데 알고 보면 또 어려운 것도 아닙니다.

예를 들어, 한글 자음 'ㄱ'을 생각해 봅니다.

우리가 사용하는 한글문서로 자음 'ㄱ'을 입력하면 명확하게 표시됩니다. 그런데 이걸 손으로 쓰면 어떻게 될까요? 삐뚤빼뚤할 수 있습니다. 낫 놓고 'ㄱ'자도 모르는 상황이 생길 수 있습니다.

---

23 참고문헌 : 스마트폰 기반 모바일넷 심층 합성곱 신경망을 사용한 포트홀 탐지 시스템 Smartphone-based Pothole Detecting System using MobileNet Deep Convolutional Neural Network, 한국정보과학회 2017 한국소프트웨어종합학술대회 논문집, 2017.12. 901-903 (3page), 안광은 (대구가톨릭대학교) 이성원 (대구가톨릭대학교) 김석진 (대구가톨릭대학교) 류승기 (한국건설기술연구원) 서동만 (대구가톨릭대학교)

그런데 기계는 더 심각합니다.

한글문서로 입력된 자음 'ㄱ'은 기계가 인식하기에 어려움이 없습니다. 그런데 사람이 손으로 쓴 'ㄱ'을 스캔해서 컴퓨터에 이미지로 입력하고 읽으라고 시켰더니 기계가 읽어 내질 못하는 겁니다.

어떻게 해야 할까요?

이전에 이미지 인식은 '인지' 기능으로 기계가 인식했는데 조금만이라도 변형된 값이 주어지면 전혀 다른 이미지로 인식하는, '인지'가 안 되는 상황이 벌어진 것입니다. 그래서 '공간적인 구조'를 추가로 넣어 '합성곱 신경망'이 등장한 것입니다. 이때부터는 'ㄱ'자를 삐뚤게 써도 'ㄱ'이라고 인식할 수 있게 된 것입니다.

인공지능이 일하는 방법, **세 번째는 출력**Output**입니다.**

'출력'이란 앞서 '처리'를 거친 데이터를 이용해서 결괏값을 생성하는 것을 의미합니다.

업무를 하다 보면 "이 자료 출력해주세요"라고 할 때가 있습니다. 이 의미는 한글문서로 된 데이터값을 '처리'해서 인쇄물로 뽑아달라(출력)는 의미입니다. 그러고 보면 인공지능의 일하는 방식에 대해 여러분도 이미 잘 아는 상태라고 보입니다.

아무튼 '출력'을 합니다. 이 출력은 여러 가지 형태가 될 수 있습니다. 예를 들어, 텍스트 자료를 이미지 형태로 프린터로 출력하는 것도 가능합니다. '음성' 데이터의 경우엔 음성 데이터를 인식해서 텍스트text로 변환해서 출력할 수도 있습니다.

눈치챘나요? 인공지능이 일하는 방식 3가지 '입력, 처리, 출력'은 사람의 일하는 방식과 크게 다르지 않습니다. 어떤 업무를 받아서(입력), 일해서(처리), 결과를 내는(출력) 단계로 이뤄집니다.

그리고 이때 사용하는 데이터들은 텍스트, 이미지(사진), 소리 같은 모든 데이터가 사용될 수 있습니다. 텍스트를 이미지로, 소리를 텍스트로, 텍스트를 소리로, 이미지를 텍스트로도 출력할 수 있다는 점을 기억해주기 바랍니다.

다시 말해, 사람이 일하는 방식이나 인공지능이 일하는 방식에 있어서 이제는 데이터의 종류가 무엇이든 입력될 수 있고, 데이터들 사이에 변환하기도 어렵지 않고 데이터들을 혼용하거나 변환해서 다른 결괏값으로 출력할 수 있다는 것을 기억합니다.

이제부터는 인공지능이 일하는 방법에 대해 구체적으로 알아보겠습니다.

1 냉장고가 말하는 '사물인터넷'

먼저 시작할 이야기는 사물인터넷입니다.

인공지능이 사용되는 핵심 분야입니다. 쉽게 얘기하기 위해 당신의 집 안 거실을 예로 들어보겠습니다.

지금 상황에서, 사물인터넷이 가능한 시대가 되었다고 해보겠습니다.

당신이 침대에서 일어납니다. 전등이 저절로 켜지고, 당신이 침대에 내려와서 안방을 나서면 거실에 전등이 켜지고 냉장고가 여러분에게 인사를 건넵니다. 정수기에서도 음성메시지가 들립니다. 당신에게 인사합니다.

당신이 샤워할 때는 욕탕에 물이 채워지고, 집안에서 이동할 때는 이동 방향, 거리, 속도에 따라 집안 가전제품들이 작동하거나 전원이 켜졌다가 다시 닫힙니다.

당신이 외출할 때는 커튼이 움직여 창문을 가리고 전기차단장치, 가스 불, 불필요한 전원장치가 닫힙니다. 한마디로 집안 모든 가전제품이 하나의 인공지능이 되고, 당신과 함께 살아가는 상황입니다.

이처럼 사물인터넷Internet of Things, IoT[24]은 인터넷에 연결된 다양한 사물들이 서로 통신하고 상호작용하는 것을 의미합니다.

다른 예를 들어보겠습니다.

당신이 거리로 나섭니다. 주차장에서 시작해볼까요? 주차장 문이 저절로 열리고 닫힙니다. 전기자동차는 이미 저절로 시동을 걸어두었습니다. 당신이 다가가면 당신의 얼굴을 인식하고 인사를 건네며 운전석 문을 열어줍니다.

겨울엔 열선을 작동해서 운전석이랑 앞유리, 뒷유리에 열선을 넣어둡니다. 차 안엔 습기가 차는 일도 생기지 않습니다.

자동차가 거리에 나서면 도로표지판, 신호등, 횡단보도, 공중전화 부스, 버스정류장 세움간판, 택시정류장 등에서 모든 사물이 당신의 전기자동차와 소통하게 됩니다. 전기자동차 속도는 구역마다 정해진 속도로 자동 조절됩니다. 사람이 갑자기 튀어나와서 자동차랑 충돌할 일도 생기지 않습니다.

왜냐하면, 그 사람이 움직일 때 이미 거리에 사물들이 작동해

---

24 참고문헌 : Review of KIISC (정보보호학회지) Volume 32 Issue 2 / Pages.5–16 / 2022 / 1598–3978(pISSN) Korea Institute of Information Security and Cryptology (한국정보보호학회)
권호 표지 사물인터넷 상에서의 블록체인 기술 동향, 심민주 (한성대학교 IT융합공학부) ; 김원웅 (한성대학교 IT융합공학부) ; 강예준 (한성대학교 IT융합공학부) ; 서화정 (한성대학교 IT융합공학부), Published : 2022.4.30

서 안전장치가 가동되기 때문입니다. 전기자동차는 도로에서 자율주행되고 정해진 장소, 정해진 시각에 정확히 도착합니다.

사물인터넷이 되는 시대에는 교통체증이 사라집니다.

택배는 드론이 담당합니다. 거리에 모든 사물이 사람들 중심으로 작동하고 서로 소통하면서 사람에게 불필요한 상황들을 미리 막아줍니다.

도로의 차량은 운전석 없는 전기차들로 휘발유를 넣으러 주유소에 갈 일도 없습니다. 서로 충돌할 일은 거의 없습니다. 배터리가 부족하면 스스로 태양열 전지판으로 배터리를 충전합니다. 도로 상황에 따라 상대방 전기자동차들과 소통해서 안전거리를 유지하고 우선순위에 맞춰 주행합니다.

이제 당신은 직장에 도착합니다.

자동차 생산공장이라고 해보죠. 생산설비에선 인공지능이 알아서 자동차를 조립하고 생산해냅니다. 사람은 주조정실 같은 곳에 앉아서 인공지능의 작업 관리 상태를 관찰하고 관리하면 됩니다. 수천 명씩 근무하던 자동차 생산공장이지만 이제는 단 한 명의 관리자만 있어도 충분히 관리할 수 있습니다.

그리고 시간이 흘러 퇴근할 무렵.

출근길 상황이 똑같이 반복됩니다. 집에서 회사로 온 것과 반대로 회사에서 집으로 방향만 달라졌을 뿐입니다. 도로 교통 상황은 낮과 밤이라는 시간대만 다를 뿐이지 모든 작동은 똑같이 이뤄집니다.

사물인터넷은 글자 그대로 이 세상 모든 사물에 인터넷이 가능하게 되는 것, 그래서 모든 사물이 정해진 프로그램에 따라 스스로 작동하는 것을 의미합니다.

이런 사물인터넷 시대가 되면 사람들이 할 일은 급격하게 줄어듭니다. 사람들은 서로 어울려 즐기거나 여행 등의 취미활동에 집중할 수 있습니다.

사물인터넷 시대에 인공지능이 일하는 방법입니다. 가능하다면 말입니다.

그런데 사물인터넷 시대가 되면 우려할 부분이 생깁니다.

1) 보안 문제

해킹 위험이 항상 존재합니다. 세상의 모든 사물이 인터넷으로 소통하는 시대지만, 모든 사물을 통제하는 단 하나의 강한 보안 프로그램이 없다면 각기 다른 사물인터넷마다 프로그램이 충돌하고 해킹 사고가 생길 수 있습니다.

이렇게 되면 일순간에 모든 기능이 오작동하게 되고 걷잡을 수 없는 혼란에 빠질 위험이 있습니다.

2) 사물인터넷 시대엔 IP 문제

사물인터넷은 여러분들의 컴퓨터처럼 특정한 IP주소를 가져야 합니다. IP주소는 '인터넷 프로토콜Internet Protocol'의 약자로, 고유한 인터넷 주소를 의미합니다.

집에 있는 에어프라이, 냉장고, 에어컨, 가스레인지, 전자레인지, 신발장, 샤워실, 욕조, 거실 전등, 안방 전등, 텔레비전, 정수기, 건조기, 세탁기 같은 모든 사물마다 IP가 부여되어야 한다는 것입니다. 그래야만 인터넷으로 소통할 수 있습니다.

그런데 이 세상의 모든 사물이 IP를 가지려면 이를 중계하고 관리할 서비스센터가 문제가 됩니다.

인터넷과 연결된 모든 사물이 만들어낼 거대한 데이터량을 담당할 수 있는 데이터센터가 필요하고, 이 데이터를 관리할 중앙컴퓨터가 필요합니다. 이 컴퓨터가 작동하려면 에너지원도 필요하게 됩니다.

즉, 공상과학영화에서나 보던 거대한 컴퓨터가 지배하는 세상이 될 수 있습니다.

인공지능이 일하는 방법으로 사물인터넷을 먼저 설명한 이유는 다음과 같습니다.

첫째, 챗GPT는 인공지능을 대하는 사람들의 반응을 테스트하는 단계일 수 있습니다.

현재 챗GPT가 보여주는 능력이 사람들을 놀라게 하지만 이것도 곧 구시대 기술이 될 것입니다. 이미 오픈AI에서는 챗GPT를 능가하는 다른 인공지능도 준비 중일 테니까요.

또한, 오픈AI뿐만 아니라 구글, 애플 같은 또 다른 대기업들이 막대한 자본으로 인공지능 산업 패권을 선점하려고 경쟁하는 시대에 챗GPT보다 더 앞선 인공지능 프로그램이 등장하는 건 너무나 당연한 일입니다.

둘째, 챗GPT를 넘어선 새로운 인공지능 시대를 대비해야 합니다.

그러기 위해선 챗GPT에 대해 장밋빛 판타지만 가져선 안 됩니다. 인공지능을 정확하게 이해하고 파악해야 합니다. 챗GPT의 약점을 알아두고 인간이 어떻게 하면 인공지능을 유익하게 사용할 것인지 대비해야 합니다. 챗GPT를 인간에게 유용하게 사용하는 것은 인간의 책임입니다.

예를 들어, 자동차가 인간에게 이동의 자유를 주는 대신 교통사고라는 단점을 동시에 가진 것처럼 챗GPT가 인간에게 정보의 자유를 주는 대신 어떤 단점을 줄 수 있기 때문입니다.

2 아프리카 정글에서 당일배송 해주는 '위성통신'

인공지능이 일하는 방법에서 두 번째는 위성통신Satellite Communication입니다.

위성통신은 지구 주위를 돌고 있는 인공위성을 이용한 통신을 의미합니다.

지구 위에서는 거리나 지형 제한이 없으므로 광범위한 지역까지 사용되는 통신이 가능합니다. 이런 위성통신의 장점이라면 사막이나 밀림 정글 등 전쟁터 같은 일반적인 통신서비스가 불가한 지역에서도 통신을 할 수 있게 됩니다.

다만 위성통신은 고층건물이 많거나 지구상 기지국과 위성 사이에 거리가 멀어질수록 신호 전달이 지연되면서 전파 간섭도 생기고 통신 상태가 원활하게 이뤄지지 않습니다.

그래서 위성통신[25] 서비스를 하는 기업들은 다중 광대역 통신

---

25 참고문헌 : Journal of Satellite, Information and Communications (한국위성정보통신학회논문지) Volume 7 Issue 1 / Pages.102–107 / 2012 / 2384–3853(pISSN) Korea Society of Satellite Technology (한국위성정보통신학회), 권호 표지 Frequency Sharing between Multi–beam Mobile Satellite Communication System and Mobile Communication System in 2.1 GHz Band 2.1 GHz 대역 다중 빔 이동위성 통신 시스템과 이동통신 시스템간 주파수 공유, 정남호 (한국전자통신연구원 위성스마트통신연구팀) ; 김희욱 (한국전자통신연구원 위성스마트통신연구팀) ; 오대섭 (한국전자통신연구원 위성스마트통신연구팀) ; 구본준 (한국전자통신연구원 위성스마트통신연구팀), Received : 2012.5.21 Accepted : 2012.6.25 Published : 2012.6.30

기술을 개발합니다. 이런 기술은 동시에 여러 기지국에서 멀리 떨어진 위성들과 통신할 수 있게 해주는 기술입니다.

이런 위성통신이 사용될 수 있는 산업 분야는 단연코 드론택배 사업이 있습니다. 교통체증 없는 택배, 가장 빨리 배달해주는 택배로서 드론택배가 본격적으로 추진되는 상황입니다.

드론택배Drone Delivery[26]는 '드론'이라는 무인 항공기를 이용해 물건을 배송하는 서비스를 의미하죠.

드론 배송의 장점이라면 교통체증을 피하고 배송 시간을 단축할 수 있는 점 외에도 배달장소가 지리적 제약을 받지 않기 때문에 언제 어디든 원하는 지역으로 배송이 가능합니다.

또한, 사람이 직접 배송하면서 발생하는 배달오류가 생길 우려도 없고, 상하차 시 파손이나 오염 가능성도 줄일 수 있습니다.

다만, 드론택배가 제대로 이뤄지려면 안전성이 가장 필요합니다. 아무래도 무인 항공기가 운행되는 거라서 추락을 예방해

---

26 참고문헌 : The Korean Journal of Air & Space Law and Policy (항공우주정책 · 법학회지) Volume 35 Issue 2 / Pages.281–312 / 2020 / 1598–8988(pISSN) Korea Society of Air & Space Law and Policy (한국항공우주정책 · 법학회) 권호 표지 Drone Delivery Service Commercialization Plan Study 드론 택배서비스 실용화 방안 연구, 강호증 (경남대학교 군사학과), Received : 2020.6.9 Accepted : 2020.6.24 Published : 2020.6.30

야 하고, 낙하를 막아야 하는 등 혹시 모를 불의의 상황을 미리 예방해야 한다는 책임이 생깁니다. 왜냐하면, 드론이 멀쩡히 잘 날아가다가 갑자기 배터리에 이상이 생기면 그대로 추락하기 때문입니다.

배달량의 문제도 있습니다. 단품인지, 아니면 대량의 배송은 누가 할 것인지 등 여러 가지 문제들이 있습니다.

하지만 드론택배의 시작은 필연적이라고 볼 수 있습니다. 다만 그 시기가 언제인지가 중요합니다.

3 벽이 쓸모없는 세상 '전파망원경'

인공위성이 일하는 방법에서 세 번째는 '전파망원경'입니다.

전파망원경Radio Telescope[27]은 전파를 수집하는 망원경을 의미합니다. 예를 들어, 전자기파가 물체를 통과할 때 일부는 반사되

27 참고문헌 : Journal of Astronomy and Space Sciences Volume 21 Issue 2 / Pages.121-128 / 2004 / 2093-5587(pISSN) / 2093-1409(eISSN) The Korean Space Science Society (한국우주과학회) 권호 표지 DOI QR코드 DOI QR Code, A CONSTRUCTION OF THE REAL TIME MONITORING SYSTEM OF THE SOLAR RADIO DISTURBANCE 1. THE CONTROL SYSTEM OF THE RADIO TELESCOPE 태양전파 교란 실시간 모니터링 시스템 구축 1. 전파망원경 구동시스템, 윤요나 (충북대학교 천문우주학과, 한국천문연구원) ; 이충욱 (한국천문연구) ; 차상목 (충북대학교 천문우주학) ; 김용기 (충북대학교 천문우주학과) Published : 2004.6.1

어 돌아오는데, 이를 수집해 분석하는 기기입니다.

즉, 전파망원경을 이용하면 전자기파를 발산하는 모든 대상을 다 볼 수 있다는 의미가 됩니다.

대표적으로 우주 관측에 있어서 전파망원경을 사용하고 있습니다.

빛이 직진하다가 어떤 대상에 부딪히고 반사되어 돌아오는 빛을 분석해서 보는 게 일반 망원경이라면, 전파망원경은 빛 대신 전파를 분석하는 망원경인 셈이죠.

그래서 빛이 전달하는 정보보다도 더 많은 정보를 얻을 수 있습니다. 빛의 도달거리와 속도, 빛에 담긴 정보보다 더 멀리 더 많은 정보를 파악할 수 있게 되었습니다.

예를 들어, 전파망원경은 광학 망원경과는 달리 전자기파를 수집하기 때문에 주로 우주의 먼 지점에서 일어나는 천문 현상이나 먼 은하, 중성자별, 퀘이사나 항성 등 광학적으로는 관측하기 어려운 천체를 연구하는 데 활용되고 있습니다.

이런 우주의 천체들은 먼 곳에서 방출되는 전자기파를 보냅니다. 이런 전자기파를 수집하면 천체의 정보를 알 수 있습니다.

그런데, 전파망원경은 어디에 설치해야 할까요?

전파망원경은 크기가 워낙 큰 물건입니다. 그래서 땅 위에 설치되는 경우가 많습니다. 대표적으로 스페이스 갭 텔레스코프

Space Gap Telescope[28]와 아레시보 전파망원경Arecibo Radio Telescope 등이 있습니다. 그리고 '제임스 웹[29]'이라는 전파망원경도 개발되어 우주에서 전파를 관측하고 있습니다.

여기까지 인공위성이 일하는 방법에 대해 알아보고 사물인터넷, 위성통신, 전파망원경에 대해 이야기했습니다.

이렇게 설명하는 첫 번째 이유는, 인공지능이란 프로그램이 챗GPT만 있는 게 아니라는 점을 알려드리기 위해서입니다.

두 번째 이유는, 챗GPT 같은 인공지능 프로그램을 활용하면 인간의 삶 자체가 큰 변화를 갖게 되고 더 나아가서는 우주도 관찰할 수 있을 정도로 무궁무진한 가능성이 있다는 점을 알려드리기 위해서입니다.

다음에는 인공지능 프로그램이 운영되는 컴퓨터에 대해 알아보겠습니다.

---

28 참고문헌 : Neil English: Space Telescopes – Capturing the Rays of the Electromagnetic Spectrum. Springer, Cham 2017, ISBN 978-3-319-27812-4. Foust, Jeff (16 January 2023). "NASA prepares next steps in development of future large space telescope". SpaceNews. Retrieved 24 January 2023.

29 참고문헌 : O'Callaghan, Jonthan (23 January 2023). "JWST Heralds a New Dawn for Exoplanet Science – The James Webb Space Telescope is opening an exciting new chapter in the study of exoplanets and the search for life beyond Earth". Scientific American. Retrieved 24 January 2023.

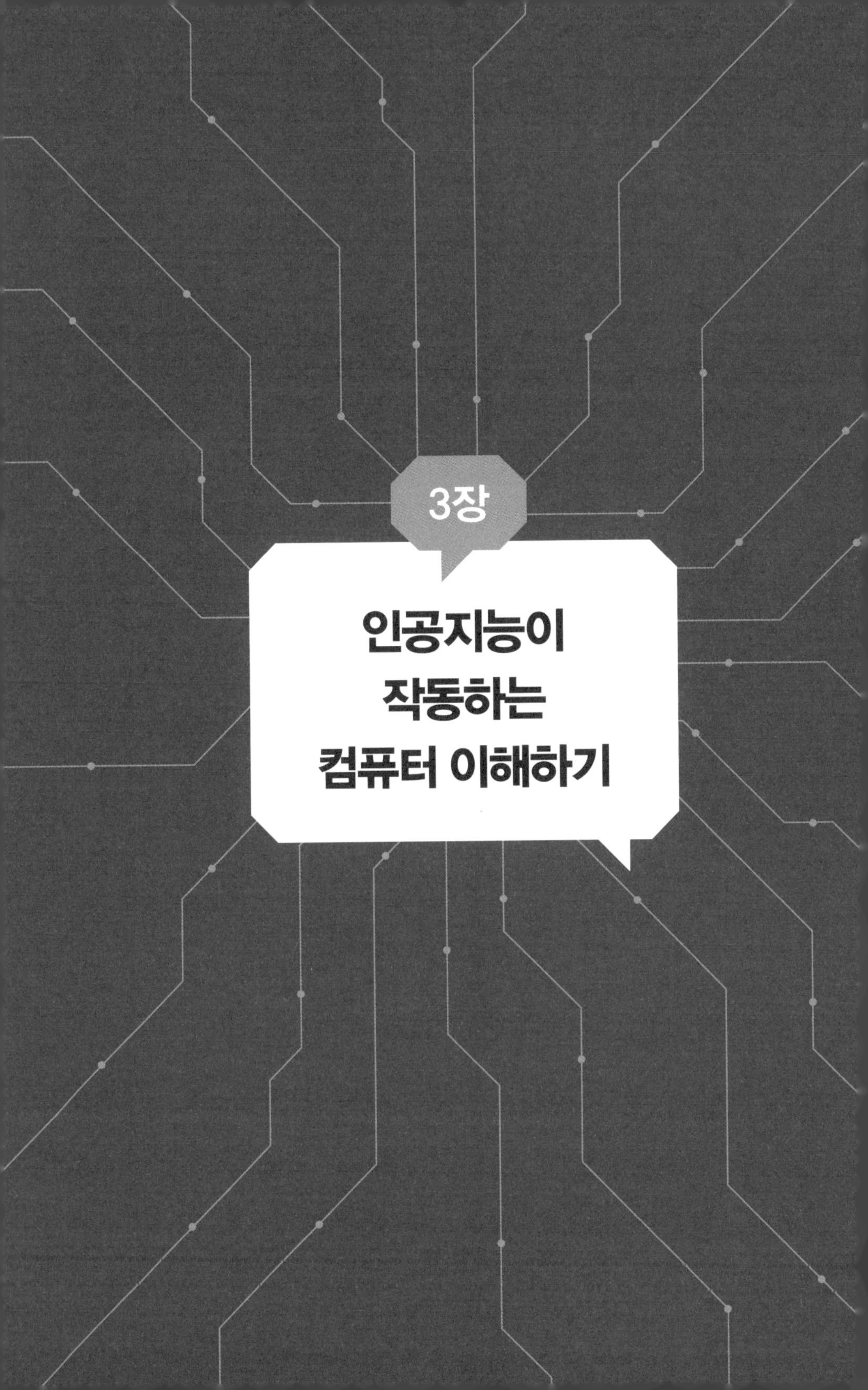
3장
인공지능이
작동하는
컴퓨터 이해하기

컴퓨터Computer는 무엇일까요?

여러분도 컴퓨터를 많이 사용하시죠? 회사에서 집에서 컴퓨터로 문서를 작성하거나 게임을 하거나 쇼핑을 합니다.

그런데 스마트폰이라고 부르는 기계도 사실은 전화기가 아니라 컴퓨터라는 사실을 알고 있나요?

컴퓨터인데 크기가 작고, 컴퓨터인데 전화 기능을 넣어서 사용하는 것뿐입니다.

스마트폰이라고 부르다 보니 전화기라고 착각하게 되는데요.

이제부터라도 컴퓨터라고 이해해두면 좋겠습니다. 다시 말해, 컴퓨터는 정보를 입력받아 처리하고 출력하는 기계입니다.

컴퓨터는 중앙처리장치CPU, Central Process Unit, 메모리, 저장장치, 입출력 장치 등으로 구성됩니다. 컴퓨터에 데이터를 '입력'하는 장치로는 키보드, 마우스, 스캐너, 마이크 등이 있고, '출력'하는 장치로는 모니터, 프린터, 스피커 등이 있습니다.

혹시 눈치채셨나요?

컴퓨터를 설명하면서 '입력'과 '출력'을 말씀드렸습니다. 뭐 하나가 빠진 게 있죠? 바로 '처리'입니다.

즉, 입력, 처리, 출력을 할 때 컴퓨터가 입력과 출력을 한다면, 남은 것은 '처리', 즉 인공지능 프로그램이 담당하는 '처리'가 되겠습니다. 인공지능이 컴퓨터에서 동작하는 이유이고 인공지능과 컴퓨터는 매우 밀접하게 연결되어 있다는 사실을 다시 한 번 강조하려고 합니다.

여러분은 컴퓨터를 어떤 일에 주로 사용하나요?

컴퓨터는 다양한 용도로 사용됩니다. 예를 들어, 업무용 컴퓨터는 문서 작업, 데이터 처리, 인터넷 검색, 게임 등에 사용됩니다. 특히 게임용 컴퓨터에는 고성능 그래픽 카드가 장착되어 있죠.

그뿐인가요? 과학 연구, 의료 분야, 예술 분야, 교육 분야 등에서도 컴퓨터가 활용되고 있습니다.

이번 장에서는 인공지능이 운영될 수 있는 컴퓨터인 '양자컴퓨터'와 '광자컴퓨터'에 대해 알아보겠습니다.

다소 낯선 이야기일 수도 있으나, 인공지능과 관련된 전문지식을 쌓는 데 도움이 될 것입니다.

TIP

'컴퓨트Compute'는 수치 계산을 의미하는 영어입니다. 컴퓨터라고 부르는 명칭 안에는 수치 계산을 하는 자, 수치 계산을 하는 기계라는 의미가 포함되어 있는 것이죠. 다른 표현으로, 컴퓨터를 이용한 계산 작업을 가리켜 컴퓨팅Computing이라고도 부릅니다.

1 양자컴퓨터 이해하기

양자컴퓨터Quantum Computer[30]는 양자역학의 원리를 이용해 정보를 처리하는 컴퓨터를 말합니다.

예를 들어, 일반적으로 컴퓨터라고 한다면 0과 1의 두 가지 상태를 이용해 정보를 처리합니다.

양자컴퓨터는 '양자' 상태를 이용해 정보를 처리합니다. 그 덕분에 양자컴퓨터는 매우 빠른 속도로 계산할 수 있습니다. 지금까지 일반적인 컴퓨터로 처리할 수 없었던 문제들도 해결할 수 있게 되었습니다.

그럼, '양자 상태[31]'란 무엇일까요?

---

30 참고문헌 : Journal of the Korea Society for Simulation (한국시뮬레이션학회논문지) Volume 31 Issue 3 / Pages.35-44 / 2022 / 1225-5904(pISSN) The Korea Society for Simulation (한국시뮬레이션학회) 권호 표지 DOI QR코드 DOI QR Code, Trend Forecasting and Analysis of Quantum Computer Technology 양자 컴퓨터 기술 트렌드 예측과 분석, 차은주 (아주대학교 경영학과 Management Science & Operations Management) ; 장병윤 (아주대학교 국제대학원), Received : 2022.7.18 Accepted : 2022.8.21 Published : 2022.9.30

31 참고문헌 : Korean Journal of Optics and Photonics (한국광학회지) Volume 4 Issue 2 / Pages.233-241 / 1993 / 1225-6285(pISSN) / 2287-321X(eISSN) Optical Society of Korea (한국광학회) 권호 표지 Optical Schroedinger Cat States 광학적 슈뢰딩거의 고양이 : 광학에서의 양자 중첩 상태, 김명식 (서강대학교 물리학과), Published : 1993.5.1

양자컴퓨터는 양자 비트Quantum Bit, qubit라고 불리는 물리적 양자 상태를 이용하여 정보를 처리합니다. 일반적인 컴퓨터에서는 비트bit라는 단위를 이용해 정보를 처리하죠. 비트는 0과 1의 두 가지 상태를 갖지만, 양자 비트는 이보다 훨씬 복잡한 양자 상태를 가질 수 있다는 게 차이점입니다.

다만, 양자컴퓨터를 본격적으로 개발하고 출시까지 하려면 얼마나 많은 시간이 걸릴지 알 수 없습니다. 아직도 실험적인 수준에서 연구해올 뿐입니다.

언젠가 양자컴퓨터가 나오게 된다면, 세상의 모든 암호를 다 해독할 수 있을 것입니다. 화학식 계산이라든지, 복잡한 금융 처리 등에서 유용하게 사용될 수 있을 것입니다.

1) 꼬물꼬물 움직이는 '초끈 이론'

초끈 이론String Theory[32]이란 우주의 모든 물질과 에너지를 구성하는 근본적인 입자를 설명하기 위한 이론입니다. 물리학의 한 분야죠.

---

32 참고문헌 : The Science & Technology (과학과기술) Issue 4 Serial No. 419 / Pages.68–72 / 2004 / 1599-7340(pISSN) Korean Federation of Science and Technology Societies (한국과학기술단체총연합회) 권호 표지 초끈이론, 이수종 (서울대 물리학과) Published : 2004.3.26

이론적으로는 양자역학과 상대성 이론을 모두 포함하는 이론으로 모든 물리적 현상을 설명할 수 있다고 주장하는 학자들도 있습니다.

예를 들어, 초끈 이론의 핵심 개념은 '초끈'입니다. 매우 작은 길이를 가진 '입자'를 설명할 때 사용되는 개념입니다.

즉, 1차원의 진동하는 스트링(string, 끈)이 모든 입자의 기본 단위가 되는 것으로 가정하는 이론입니다. 그래서 이런 초끈으로 이뤄진 입자들은 다양한 진동 상태를 가지며 이런 상태가 입자의 전하, 질량, 강력 등을 결정한다는 이론입니다.

설명만 들어도 벌써부터 어렵죠?

학자들로서도 초끈 이론은 매우 복잡하고 수학적으로 증명하는 것도 까다로운 이론으로 정평이 났습니다. 그래도 포기할 줄 모르는 학자들이 활발하게 연구하고 있으니 앞으로 증명될 순간을 기대하는 것입니다.

TIP

초끈 이론은 어쩌면 우주의 기원, 물질의 원자 구조, 양자 중력 등에 대한 해답을 제공할 수 있을 것으로 예상됨에 따라, 많은 관심을 받고 있습니다.

2) 보는 대로 이뤄지는 '전자총 실험'

전자총 실험 이야기를 하기 전에, 먼저 이중슬릿 실험에 대해 알려드리겠습니다.

이중슬릿 실험[33]은 양자역학에서 가장 중요한 실험 중 하나입니다. 이 실험은 단일 광자 또는 전자가 두 개의 작은 구멍을 통과할 때 발생하는 현상을 관찰하는 실험입니다.

예를 들어, 광자를 발사하는 총을 두고 그 앞에 가느다란 두 개의 틈을 뚫어둔 막을 세워둔 후, 광자총을 발사해봅니다. 그리고 광자가 두 개의 작은 구멍을 통과한 후, 스크린에 찍힌 모양을 측정하는 실험입니다.

이때, 두 구멍 사이의 거리와 광자의 파장이 일치하면, 스크린에는 광자가 상호 간섭하여 일정한 패턴을 만듭니다. 이 패턴은 광자가 파동이라는 성질을 나타내는 증명이 되는 것이죠.

그러나 만약에 구멍 사이의 거리가 광자의 파장보다 작거나 크다면, 스크린에는 광자가 상호 간섭하지 않는 무작위에 의한 분포를 보입니다. 이런 결과는 광자가 입자로서의 성질을 나타

---

33 참고문헌 : Proceedings of the Optical Society of Korea Conference (한국광학회:학술대회논문집) 1996.09a / Pages.39-39 / 1996 Optical Society of Korea (한국광학회) 권호 표지 Two-Photon Double-Slit Experiment 광자쌍의 이중슬릿 실험, 홍정기 (포항공과대학교 물리학과) ; 노태곤 (포항공과대학교 물리학과), Published : 1996.9.1

낸다고 설명되거든요.

이중슬릿 실험은 양자역학의 기본 원리인 파동-입자[34] 이중성duality을 보여주는 실험으로 양자역학의 기초를 이해하는 데 중요한 역할을 담당합니다.

그렇다면, 이중슬릿 실험이 전자총 실험[35]일까요?

이중슬릿 실험은 광자 또는 전자 등 입자의 파동성을 실험적으로 입증하기 위한 실험으로, 광자와 전자 모두 이 실험에서 사용될 수 있습니다. 전자총실험은 이중슬릿 실험과 비슷한 원리이지만 전자를 이용한 실험이라는 점에서 차이가 있습니다.

즉, 두 개의 틈을 만들어둔 막에 전자총으로 전자를 발사했는데, 두 개의 틈을 지나 그 앞에 세워둔 벽에 전자들이 부딪힐 때

---

34 참고문헌 : The Science & Technology (과학과기술) Volume 31 Issue 2 Serial No. 345 / Pages.29-32 / 1998 / 1599-7340(pISSN) Korean Federation of Science and Technology Societies (한국과학기술단체총연합회) 권호 표지 과학기술, 그 뿌리와 현주소 - 물리학편 - (중) 김제완 (과학문화진흥회) Published : 1998.2.1

35 참고문헌 : The Journal of Korean Institute of Communications and Information Sciences (한국통신학회논문지) Volume 16 Issue 8 / Pages.719-731 / 1991 / 1226-4717(pISSN) / 2287-3880(eISSN) The Korean Institute of Commucations and Information Sciences (한국통신학회) 권호 표지 A Study on the Simulation of Beam Trajectory in the Electron-Gun by FDM using the Irregular Mesh 불균등 Mesh를 사용한 유한차분법에 의한 전자총의 Beam 궤적 Simulation에 관한 연구 김남호 (영남대학교 공과대학 전자공학과) ; 정현열 (영남대학교 공과대학 전자공학과) ; 이무용 (영남대학교 공과대학 전자공학과) ; 정기호 (영남대학교 공과대학 전자공학과) Published : 1991.8.1

두 개의 틈 형태대로만 탄착점이 형성된다면 전자는 입자라고 증명되는 것이죠.

하지만 전자총에서 발사된 전자가 두 개의 틈을 뚫어둔 막 뒤에 세워준 벽에 부딪혔는데 그 탄착점들이 골고루 여러 곳에 형성되었다면, 전자는 입자가 아니라 파동이라는 의미입니다.

참고로, 이 실험에서는 전자들이 여러 곳에 일정한 형태의 탄착점을 형성했습니다. 전자는 입자라고 생각하던 학자들은 이 실험 결과를 보고 혼란스러워하게 됩니다. 전자가 입자가 아닌, 파동이라는 결과를 보여준 것이거든요.

그런데 더 특이한 점이 있습니다.

실험을 하면서 전자총을 발사하고 탄착점을 형성하는 것까지 지켜보고 있었을 때는 두 개의 탄착점을 형성했는데요. 전자가 입자라고 증명되는 것이죠? 이 실험을 지켜보지 않고 전자총만 발사하고 나중에 결과를 봤을 때는 여러 개의 탄착점을 형성한 것입니다.

다시 말해, 사람이 볼 때는 전자가 입자처럼 행동하고, 사람이 지켜보지 않으니까 파동처럼 행동한 것입니다. 바로 이 점 때문에 학자들은 혼란스러워했습니다. 혹시 우연으로 생긴 일인지 의심되어 여러 번 실험해 봤지만, 결과는 달라지지 않았습니다.

이 실험 결과를 통해 알 수 있는 점은, 양자컴퓨터의 경우에 그 이론상, 하나의 입력에 하나의 출력만 존재하던 기존의 컴퓨터와 다르며, 하나의 입력에 여러 개의 출력이 나올 수도 있다는 점입니다. 이것만으로도 충분히 가치가 있습니다.

이번엔 양자컴퓨터의 다음 단계라는 광자컴퓨터를 알아보겠습니다.

2 광자컴퓨터 이해하기

광자컴퓨터는 광자(빛 입자)를 이용하는 컴퓨터입니다.

기존에 전자 기술을 사용하는 컴퓨터보다 계산처리 속도가 빠르고 성능을 효율적으로 조절할 수 있는 게 장점입니다. 즉, 광자컴퓨터[36]는 광자를 이용하여 정보를 처리합니다. 광자, 즉 '빛'을 제어하는 기술이 필요합니다.

그래서 광자컴퓨터에서는 레이저와 같은 광원, 광학소자, 광섬유 등을 사용합니다. 이 가운데 광섬유는 빛이 전기보다 훨씬

36 참고문헌 : Proceedings of the Optical Society of Korea Conference (한국광학회: 학술대회논문집) 1990.07a / Pages.116-122 / 1990 Optical Society of Korea (한국광학회) 권호 표지 Photonics (What To Do & How To Do It₩ulcorner) 광자공학 : 어떻게 할 것인가₩ulcorner 이일항 (한국전자통신연구소) ; 김경헌 (기초기술연구부) Published : 1990.7.1

빠르게 이동할 수 있도록 해주는 역할을 담당합니다.

"컴퓨터는 비트를 사용하는데요?"

광자컴퓨터는 광자를 비트처럼 사용합니다. 광자를 사용하다 보니 광자를 제어할 수 있는 광섬유 같은 것을 이용하는 것입니다. 광자를 제어하면서 정보를 처리하는 것입니다. 광자를 빛의 속도로 이동시키는 것처럼 계산 처리속도에서 매우 빠른 속도를 얻을 수 있습니다.

그리고 기존의 컴퓨터는 전기가 흐르고 흐르지 않는 것은 비트로 계산해서 정보를 다루는 과정에서 전자기적 상황에 영향을 받게 됩니다. 예를 들어, 전자기장이나 프로그램상 충돌 같은 것입니다.

반면에 광자컴퓨터에서는 빛 입자, 즉 광자들은 서로 간섭을 하진 않고 전자기장에 영향을 받는 것도 아니라서 프로그램상 충돌이나 오류가 날 가능성도 극히 드뭅니다. 속도가 월등히 빠르고 안정적인 결괏값을 얻을 수 있다는 장점이 있습니다.

다만, 양자컴퓨터처럼 광자컴퓨터도 아직은 사용할 수 없습니다. 실험 초기 단계라서 우리가 사용하기까지는 많은 시간을 기다려야 합니다.

광자컴퓨터를 이해하기 위해 관련된 이론을 몇 가지 알아보겠습니다.

1) 살아있는 빛 입자 속 데이터 이야기

빛 입자는 광자photon라고도 부릅니다. 전자나 중성자 같은 입자들 가운데 하나입니다. 빛 입자는 전자기파 형태로 전달되는 전자기력과 입자적인 성질을 모두 가지고 있죠.

그런데 빛 입자는 전자와 같이 전하를 갖는 건 아닙니다. 질량도 거의 없습니다. 그래서 빛은 전자기장에 영향을 받지 않고 직선적으로 움직입니다. 물론, 간혹 빛 입자도 곡선으로 휘는 상황이 있긴 하지만, 여기서는 일반적인 상황만을 먼저 설명하겠습니다.

또한, 빛 입자는 파장이 다양합니다. 빛의 색상과 밝기를 결정하거든요. 예를 들면, 빛의 파장이나 주파수가 바뀌는 현상으로 굴절, 반사, 투과 등의 현상이 빛 입자의 특성으로 이해할 수 있습니다.

지금까지 내용을 정리하겠습니다.

빛 입자는 광전자공명 현상[37]을 이용한 광학적 기술에 의해

---

37 참고문헌 : 파장에 무관하게 발생하는 광 공명현상 및 초소형 공명소자 연구 Wavelength-independent optical resonance with ultrasmall modal volume 주관연구기관:고려대학교, 연구책임자:강지훈 발행년월 2016-06, 주관부처: 과학기술정보통신부, 등록번호: TRKO201800007846, 과제고유번호: 1345238063, 사업명: 이공학개인기초연구지원,

여러 분야에서 활용됩니다. 양자 이론에서도 중요한 역할을 담당하고 있습니다.

"빛 입자가 살아있다는 이야기는 무엇인가요?"

그것은 빛 입자가 블랙홀에 빨려 들어가는 순간에 관측된 것을 비유한 것입니다. 마치 빛 입자가 블랙홀에 빨려 들어가지 않으려는 듯 속도를 늦추거나 저항하는 것처럼 관찰되기 때문입니다. 그래서 그 모습을 가리켜 빛 입자가 살아있다는 은유적 표현을 한 것입니다. (필자의 개인적 비유이긴 합니다.)

2) 빅뱅 이론의 허구

빅뱅 이론은 우주의 탄생과 진화에 대한 이론입니다.

우주가 한 점에서 시작해 폭발을 거쳐 팽창하면서 모습을 만들어갔다는 설명입니다. 현재 많은 학자가 이론적으로는 받아들이고 있으며, 과학적으로 많은 검증과 연구가 이뤄지는 상태입니다. 그리고 빅뱅의 시점은 약 138억 년 전에 일어난 것으로

DB구축일자 : 2018-05-19, DOI https://doi.org/10.23000/TRKO201800007846

추정됩니다. 우주는 그때부터 계속해서 팽창하며 태양계, 은하계 등 현재의 우리가 관찰하는 우주의 모습을 갖췄다고 보는 이론입니다.

하지만 빅뱅 이론[38]에도 허구성이 있습니다.

허구성이란 의미는 '가짜'라는 의미보다는 '입증이 안 된', '추가 입증이 필요하다'는 의미입니다. 예를 들어, 빅뱅이 이뤄질려면 우주 공간이 먼저 존재되어야 한다는 전제가 붙습니다. 빅뱅은 우주 대폭발을 의미하는데, 폭발을 하려면 공간이 있어야 한다는 것이죠.

그리고 그 빅뱅의 여파로 우주가 팽창하고 있는 것이라면 빅뱅이 일어난 그 공간도 팽창하는 것인지, 아니면 공간은 그대로인데 우주만 팽창하는 것인지에 대해서도 입증이 이뤄져야 합니다.

또 한 가지, 우주가 팽창을 하는 것이라면 팽창하다가 언젠가는 멈추겠죠? 그렇다면 그때부터는 어떤 상황이 벌어지는지에 대해서도 입증이 필요합니다. 계속해서 팽창만 할 수는 없는 노

38 The Science & Technology (과학과기술) Volume 32 Issue 9 Serial No. 364 / Pages.18–20 / 1999 / 1599–7340(pISSN) Korean Federation of Science and Technology Societies (한국과학기술단체총연합회) 권호 표지 이런 과학자, 저런 기술자 – 빅뱅이론(우주대폭발생성론)의 창시자 '랠프 알퍼' 현원복 (과학저널리스트) Published : 1999.9.1

룻이거든요. 마지막으로, 입증이 필요한 부분은 다음입니다.

"빅뱅으로 인해 우주가 팽창한다면, 그 이전에 백뱅으로 인해 지구가 생겨나고 인류가 나타난 거잖아요?"

빅뱅으로 인해 인류가 태어난 것일까요? 즉, 인류는 애초에 하나의 빛이었다? 빅뱅이었다?가 되거든요. 지구가 인류이고 인류가 지구인 것이죠. 태양계, 은하계, 우주가 인류인 것과 같은 이야기입니다.

그런데 이에 대한 입증은 쏙 빼놓은 채 우주는 빅뱅에 의해서 시작되어 팽창하였다고만 주장한다면 알맹이 없는 껍질일 뿐이라는 주장들도 있습니다. (필자의 의견도 그렇습니다.)

1장부터 3장까지 인공지능이 공부하는 방법, 인공지능이 일하는 방법, 인공지능이 작동하는 컴퓨터에 대해 알아봤습니다.

챗GPT를 이해하는 데 도움이 되었을 겁니다.

그런데 인공지능 때문에 사라질 직업은 어떤 게 있을까요?

또는, 인공지능 덕분에 새로 생길 직업도 있겠죠?

어쩌면 인공지능과 공존할 직업도 있을 겁니다.

다음 내용에서는 인공지능 시대에 인간의 직업에 대해 알아보겠습니다.

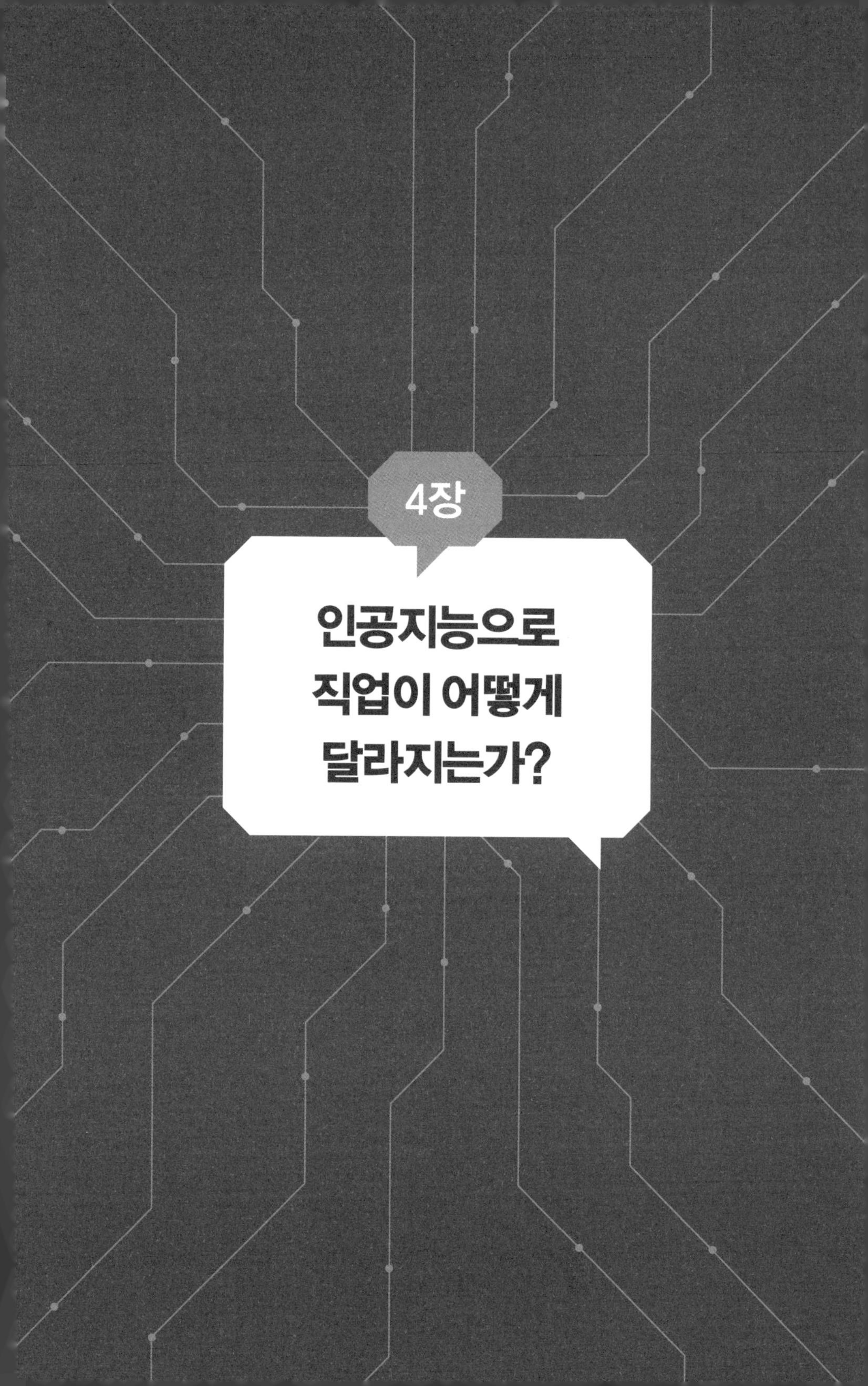

4장

인공지능으로 직업이 어떻게 달라지는가?

몇 년 전 모 시인과 만났습니다.

당시 시인에게 인공지능에 관해 이야기하며 인공지능이 침투하지 못할 직업에 대해 의견을 나누었습니다. 그 시인이 말하기를 인간의 창작 영역에는 인공지능이 들어오지 못할 것이라며, 특히 시(詩)는 인간의 고유 감정을 언어로 옮기는 예술이라서 더욱 그렇다고 하더군요.

그리고 2023년.

그 시인을 다시 만날 기회는 없었습니다만, 요즘 챗GPT를 바라보며 시인은 어떤 생각을 할까요?

인공지능 시대에 인간의 직업에 관해 이야기하겠습니다.

인공지능의 출현으로 많은 분야의 직업들이 사라질 위기에 처하거나 이미 사라진 상태입니다.

단순 노동작업의 경우엔 인공지능이 제어하는 로봇에게 일자리가 넘어갔고, 소프트웨어 개발업을 비롯한 많은 분야의 직업들이 인공지능의 침투에 대해 우려하는 상황입니다.

하지만 그렇다 해도 인공지능과 공존하는 직업들도 앞으로 많이 생겨날 것입니다.

인공지능 시스템 관리자, 인공지능 엔지니어, 데이터 분석가, 자연어 처리전문가 등 인공지능을 관리하는 영역에서 새로운 직업들이 생겨납니다. 기존에는 인간의 고유한 영역이었던 직업들이 이제는 인공지능과 연계한 직업군으로 재편된다고 보는 이유입니다.

물론, 인공지능에 연관된 직업들만 생존하고 그렇지 않은 나머지 직업들은 대체될 것이라고 보는 시각도 있습니다.

한 가지 분명한 것은, 인공지능 기술이 더욱 발전함에 따라 직업의 교체는 분명히 이뤄질 겁니다. 이제 남은 것은 인간의 직업과 인공지능이 할 수 있는 업무를 융합시키는 것입니다.

1 인공지능 시대에 사라질 직업

요즘 식당을 운영하는 자영업 사장님들의 공통된 걱정거리는 바로 인력 충원입니다. 장사는 되는데 일할 사람이 없다고 아우성칩니다. 힘들고 어려운 일을 꺼리는 사회 분위기의 영향도 있겠지만 무엇보다도 사람이 없다고 합니다.

일자리는 있는데 일할 사람이 없는 상황입니다. 어떻게 해야 할까요?

인간의 직업이 사라지는 것은 인공지능의 등장 때문만은 아닙니다. 인구의 감소, 힘든 일을 안 하려는 사회 분위기 등 여러 요인이 있겠죠. 그래서 인공지능이 사람들의 일자리를 대신했다는 주장만으로는 어딘지 현실성이 부족합니다.

어쩌면 인공지능은 부족한 인력을 대신해서 빈자리를 채워주고 있을 수도 있기 때문입니다.

"족발 포장이요!"

"양장피 포장이요!"

식당이 바빠집니다. 주문이 몰립니다. 식사 시간대만 되면 음식을 배달하는 라이더들이 식당 앞에 장사진을 칩니다. 그리고 식당 앞으로 나온 포장된 음식을 받아들고 자전거로, 오토바이로, 자동차로 배달을 하러 갑니다. 음식배달이 성업 중입니다.

그런데 이 식당, 어딘지 이상합니다.

주문이 몰리고 사람 소리는 나는데 사람들이 안 보입니다. 주방에서 포장된 음식을 내오는데 점원이 아닙니다. 그것도 포장된 음식을 서너 개씩 한꺼번에 옮겨옵니다. 라이더들은 식당 앞에 나온 음식을 들고 자기가 맡은 주문의 음식만 들고 갑니다.

이 식당엔 서빙 로봇이 사람 대신 일하고 있습니다. 요즘 식당 풍경입니다.

하루에 몇 곳씩 문 닫는 식당 이야기가 들리지만, 이 식당만큼은 장사가 더 잘됩니다. 사람 일손이 빠진 자리에 로봇을 고용(?)했더니 장사가 잘되어서 아무리 바빠도 문제가 없습니다.

사람들도 처음엔 신기하게 바라봤는데, 이제는 로봇보다 음식을 보는 것에 익숙합니다.

또 다른 식당, 초밥집입니다.

얇게 저민 생선이 초밥 위에 얹히고 적당한 고추냉이(와사비)까지 어우러져 완성된 초밥들이 컨베이어 벨트에 실려 손님 앞으로 다가옵니다. 손님들은 자기 앞에 나가온 초밥들을 집어 테이블에 내려놓고 식사를 시작합니다.

이 식당에는 초밥을 만드는 요리사들이 안 보입니다. 사람들 입맛에 맞춘 적당한 간, 양념, 생선 숙성도 등 모든 과정을 로봇이 대신합니다. 로봇이 음식을 만드는 초밥집입니다. 로봇이 음식포장 서빙만 하는 것이 아니었습니다. 어느새 로봇은 주방에까지 활동영역을 넓혔습니다.

이번엔 병원 수술실로 가봅니다.

수술을 받는 환자는 마취된 상태입니다. 그런데 수술실 안에는 의사나 간호사가 보이지 않습니다. 환자의 상태를 체크하며 바쁘게 움직이는 의료진의 모습이 보이지 않습니다.

다만, 환자 주위엔 로봇팔들이 움직이는 게 보입니다. 의사는 한쪽에서 로봇팔을 움직이며 환자를 수술하고 있습니다.

세심하고 기민하게 움직여야 하는 수술실 특성상 정교한 수술 실력이 필요합니다. 그런데 이제는 로봇팔이 의사의 손을 대신하고 있습니다. 그 옆에선 환자의 혈압, 심장박동을 체크하며 데이터를 수집하는 컴퓨터도 있습니다. 환자 상태에 따라 수혈량을 조절하고 약물 투입을 결정합니다. 모든 게 프로그래밍이 된 수치에 따라 움직입니다.

이런 상황들은 먼 미래의 일이 아닙니다. 이미 진행 중인 현실입니다. 식당에서, 병원 수술실에서 인공지능이 움직이는 로봇들이 사람을 대신하기 시작했습니다.

인공지능 시대에 단순 반복 작업만 사라지는 건 아닙니다. 만약 그렇게 생각했다면 로봇이 대체할 수 있는 분야를 너무 좁게 해석한 결과입니다.

자동차 생산직, 컴퓨터 부품 조립만 로봇이 대신하는 건 아닙니다. 식당에서 밀가루를 반죽하는 일도 로봇이 하는 시대, 비닐하우스에서 채소를 재배하는 것도 인공지능이고, 양식장에서 물고기 생육을 관리하는 일도 인공지능이 담당한 지 오래입니다. 농사지으며 농약 살포하는 일도 드론이 하고 있습니다.

금융 분야 직업도 변화가 이뤄지고 있습니다.

이미 오래전부터 은행 계좌개설이나 입출금은 은행직원이 아니라 기계가 대신하고 있습니다. 스마트폰 한 대로도 계좌개설, 입출금, 계좌이체, 해외 주식투자, 가상화폐 투자가 가능합니다. 책상 앞에서, 침대 위에서, 버스 타고 가면서도 은행 업무를 볼 수 있습니다. 이메일 한 통 확인하려고 사무실로 복귀하는 시대도 아니고, 팩스 한 장 받기 위해서 사무실에서 야근하던 시대도 아닙니다.

이제는 인공지능이 사람들의 모든 업무에 들어와 있습니다. 직업이 사라지는 게 아니라 일손이 사라지는 상황에서 인공지능이 일손을 대체하고 있다고 해야 옳은 표현이 아닐까요?

2 인공지능 시대에 살아남을 직업

인공지능 시대에 살아남을 직업에 대해 알아보겠습니다.

예를 들어, 데이터 관리자는 인간의 영역으로 남아 있습니다.

동영상 플랫폼을 가정해봅니다. 하루에도 수십만 건씩, 수백만 건에 달하는 동영상이 업로드됩니다. 이 경우에 동영상들을 일일이 사람들이 확인할 수가 없습니다. 짧게는 수 초, 길게는 몇 시간에 달하는 동영상들인데 일일이 확인하기란 불가능합니다. 그래서 인공지능이 사용됩니다.

인공지능은 실시간으로 업로드되는 모든 동영상을 조사하고 내용을 확인해서 저작권 위반 여부를 가려내고, 플랫폼 규정에 적합한지 가려냅니다. 그리고 다시 사용자들의 검색어 빈도, 호응도, 인기도로 분류해서 플랫폼에 노출할 동영상들을 가려냅니다.

여기서 끝인가 하면 또 아닙니다.

최종적으로는 사람의 손이 필요합니다. 인공지능이 추려낸 동영상들을 다시 사람들이 확인하고, 그다음에 플랫폼에 노출할 것인지 결정합니다. 왜냐하면, 아직은 인공지능이 동영상 내용을 판가름할 정도의 수준은 아니기 때문입니다.

일정한 알고리즘에 의해 동영상들을 검사하고 분석하고 가려내는 정도는 가능하지만, 오류가 발생할 수 있고 사람의 감정에 맞지 않는 동영상들이 걸러질 위험이 있습니다. 그래서 최종적으로는 사람의 손길이 필요합니다.

인공지능 데이터 관리자는 인공지능과 공존할 직업으로서 가장 우선순위에 있습니다.

그리고 인공지능 시대에 살아남는 직업으로는 대부분 직업이 한시적으로 유지되겠지만, 장기적으로 지속하리라는 보장이 없습니다.

인공지능이 사용되는 휴머노이드의 등장이 그렇습니다. 국가 간 전쟁도 로봇이 대체하는 시대에 인간을 닮은 로봇들이 거리를 활보하는 세상에선 인간의 모든 영역이 인공지능에 대체될 수 있습니다.

"인간의 모든 일을 인공지능이 하게 되면
인간은 무슨 일을 하나요?
오히려 일을 안 하니까 더 좋은 거 아닌가요?"

인공지능이 사람의 일을 대신에 하게 되면 인간의 가치와 인간의 필요성 문제가 대두될 것입니다. 인공지능 입장에선 인간의 존재가 불필요하게 느껴질 수 있죠. 물론, 인공지능이 느낀다는 것이 아니고 인공지능이 계산한다는 의미입니다.

지구에 유익한 일을 하는 인공지능이라고 가정해보죠. 데이터를 수집하고 처리해서 출력하는 과정에서 인간의 가치를 보존해야 한다는 필요성이 점점 줄어들 수 있습니다. 인간이 인간을 위해 인공지능을 만들었지만, 인공지능은 자연환경 보존, 우월한 인간 육성 등 인공지능이 학습한 결과에 따라 인간의 가치를 재평가하고 나름의 출력값을 설정할 수 있게 된다는 의미입니다.

돈 버는 일은 인공지능에 시키고, 인간은 여행하고 취미활동만 한다? 인공지능이 일하는 시대에는 불가능한 상황이 될 수도 있습니다.

3 인공지능 시대에 공존하게 될 직업

인공지능과 협업하는 직업군이 등장하게 됩니다.

인공지능과 함께 인공지능 데이터 관리자, 인공지능 작가, 디자이너들이 공존할 수 있습니다. 인공지능이 드론을 조종하고 로봇을 조종하고 교통수단을 조종하는 시대가 되면, 우주에 있는 인공위성까지 조종하게 되므로 인간의 역할이 극도로 축소될 것입니다.

이런 상황에서 인간에게 주어질 직업이란 그 가짓수가 많지 않습니다.

인공지능 기술의 발전기에는 인공지능 개발에 도움이 되는 소프트웨어 개발자, 프로그램 디자이너, 인공지능 데이터 관리자, 인공지능 수리 기술자들이 필요하겠지만, 점차 모든 직업군이 사라질 것이기 때문입니다.

인공지능 스스로 수리하고 제조하고 유통하는 게 결코 불가능한 일이 아니기 때문입니다.

예를 들어, 드론택배를 보냈는데 바다 위에서 추락했다고 해보죠. 인공지능은 무인 잠수정이나 심해탐사선을 보내서 드론을 회수할 수 있습니다.

자동차 조립공정에 투입된 로봇이 오류를 일으켜 작동을 멈췄다고 가정해볼까요? 인공지능은 다른 로봇을 보내어 그 로봇을 회수하고 수리작업을 할 수 있습니다.

또한, 인터넷 방송을 생각해보죠.

유튜버가 1인 방송을 하고 먹방을 할 때 인간 시청자들이 봅니다. 그런데 인공지능 기술을 활용하면 딥페이크[39] 기술, 모션

39 참고문헌 : Review of KIISC (정보보호학회지) Volume 30 Issue 5 / Pages.79-92 / 2020 / 1598-3978 (pISSN) Korea Institute of Information Security and Cryptology

캡처[40] 기술, VR Virture Reality[41] 기술, 언리얼엔진 Un real engine[42] 등을 사용해서 실제 상황과 똑같은 상황을 만들어낼 수 있습니다. 인공지능이 가상의 먹방을 만들어서 인간 시청자들에게 보여줄 수 있게 되는 것이죠.

가수? 연기자? 드라마? 영화?

모든 분야에서 인공지능이 인간 대신 창작활동을 할 수 있습니다. 지나온 시간 속에서 히트하고 성공한 작품들의 장단점만

(한국정보보호학회) 권호 표지 데이터 기반 딥페이크 탐지기법에 관한 최신 기술 동향 조사, 김정호 (성균관대학교 수학과 대학생) ; 안재주 (을지대학교 의료IT마케팅학과 대학생) ; 양보성 (아주대학교 사이버보안학과 대학생) ; 정주연 (숙명여자대학교 컴퓨터과학과 대학생) ; 우사이먼성일 (성균관대학교 데이터사이언스융합학과/소프트웨어학과 조교수), Published : 2020.10.31

40 참고문헌 : Proceedings of the Korean Information Science Society Conference (한국정보과학회:학술대회논문집) 2007.06b / Pages.363-367 / 2007 / 1598-5164(pISSN) Korean Institute of Information Scientists and Engineers (한국정보과학회) 권호 표지 A Study on TMO-eCos Based BIPED-Robot Control Framework, TMO-eCos 기반의 실시간 이족로봇 제어 프레임워크에 관한 연구, 박정화 (한국외국어대학교) ; 이보은 (한국외국어대학교) ; 김정국 (한국외국어대학교) Published : 2007.6.25

41 참고문헌 : Proceedings of the Korea Information Processing Society Conference (한국정보처리학회:학술대회논문집) 2020.11a / Pages.601-604 / 2020 / 2005-0011(pISSN) / 2671-7298(eISSN) Korea Information Processing Society (한국정보처리학회) Virture exhibition VARY : VR exhibition and AR exhibits Reality 가상전시회 VARY : VR 전시공간과 AR을 Reality 하게, 임소희 (덕성여자대학교 컴퓨터공학과) ; 신은진 (덕성여자대학교 컴퓨터공학과) ; 방은지 (덕성여자대학교 컴퓨터공학과) ; 백선희 (덕성여자대학교 컴퓨터공학과) Published : 2020.11.5

42 참고문헌 : 볼보, '언리얼 엔진' 품은 전기차 올해 말 공개… 포트나이트 '에픽게임즈' 파트너십, 동아닷컴 김민범 기자, 동아일보, 2022.6.2
https://www.donga.com/news/article/all/20220602/113761937/2

추려서 작품을 기획하고 만들고 상영하는 게 모두 가능해지는 일입니다.

더 심각한 것은 인공지능이 인간의 감정 요소를 데이터로 수집해서 인간의 감정을 조절하는 콘텐츠까지 제작할 수 있다는 부분입니다.

어느 장면을 보면 인간이 감동하는지, 어느 장면에서 흥분하는지, 어느 장면에서 화를 내는지 등을 데이터로 만들 수 있고 콘텐츠 제작에 활용할 수 있습니다.

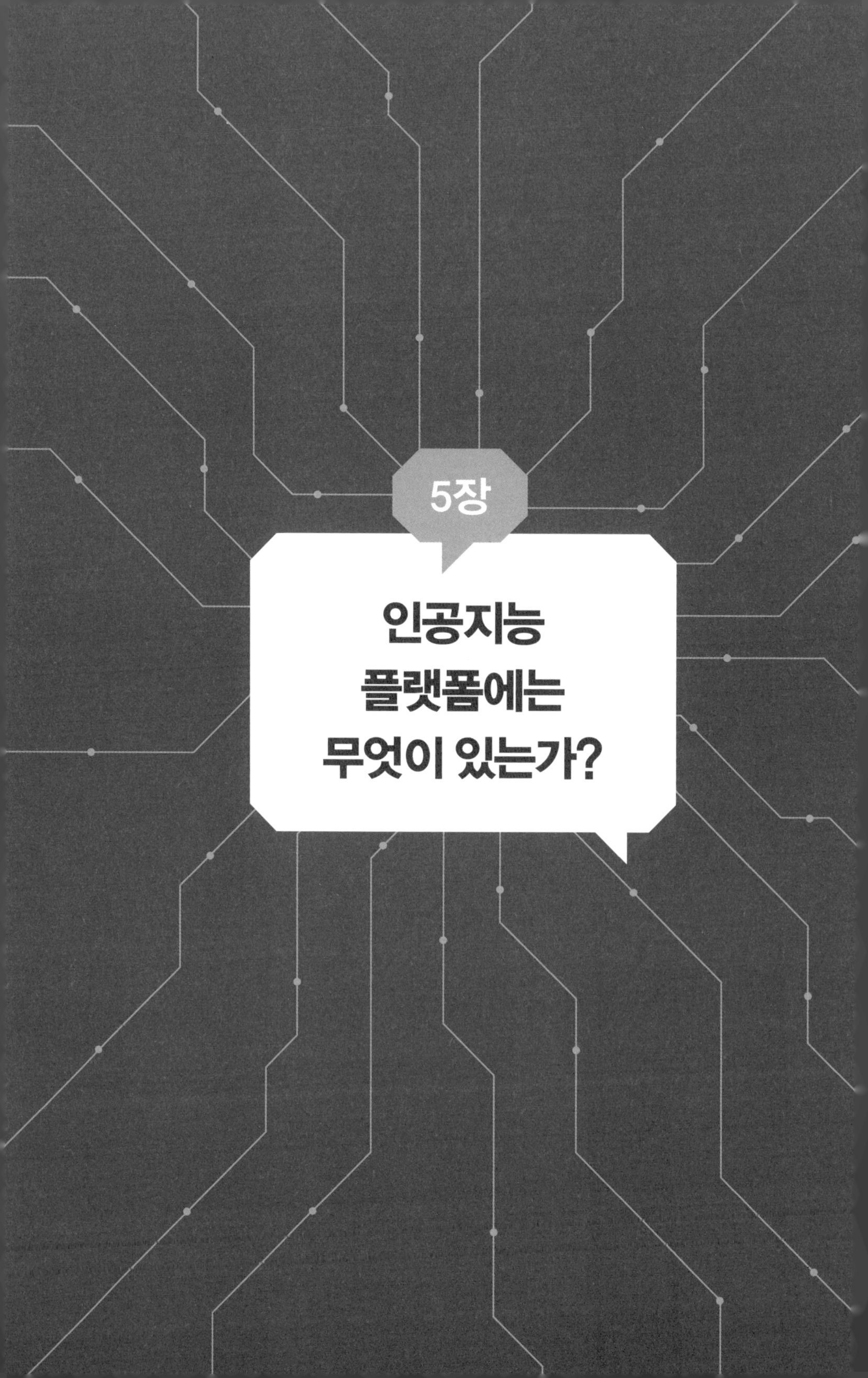
5장
인공지능
플랫폼에는
무엇이 있는가?

이번 장에서는 인공지능과 플랫폼이 인간의 삶에 어느 정도까지 들어와 있는지 이야기하겠습니다.

그림을 그리고 동영상을 만드는 플랫폼은 물론, 다양한 인공지능 플랫폼을 알아보면서 현재 인공지능의 활동영역에 대해 알아봅니다.

지금도 인공지능은 꾸준히 인간의 영역으로 진입하고 있습니다. 여기에 소개된 인공지능 플랫폼들은 극히 일부라는 점을 미리 말씀드립니다.

① 데이터 분석 인공지능 : 래피드마이너RapidMiner

www.rapidminer.co.kr

래피드마이너RapidMiner는 데이터 처리, 머신러닝, 딥러닝, 텍스트마이닝, 예측분석을 지원하는 예측하는 인공지능 데이터 분석Predictive Data Analytics 플랫폼입니다. 세계 300개 이상의 기업이 사용하고 있습니다.

래피드마이너의 장점은 기업이 요구하는 가격에 맞춰주는 합리적 가격 제시라고 알려져 있습니다. 무료 버전도 있습니다. 유료 버전에 비해 제공되는 데이터 가짓수는 1만 개 정도입니다.

② 동영상 효과 만들어주는 인공지능 : 비휴먼bHuman

www.bhuman.ai

비휴먼bHuman은 동영상에 색다른 오디오나 여러 가지 효과를 넣을 수 있습니다. 이 기능으로 대량 메일 발송이 가능하고 고객 특성에 맞춰 여러 템플릿이 지원됩니다.

오디오를 사용할 경우, 고객 이름마다 번번이 입력할 필요 없이 동영상 자체적으로 수신된 이메일 사용자의 이름을 불러주는 인공지능 서비스가 가능합니다.

③ 디자인 만들어주는 인공지능 : 클립드롭ClipDrop

www.clipdrop.co

클립드롭ClipDrop은 디자인 도우미라고 부를 수 있습니다. 배경을 제거하거나 색상, 선명도 등, 이미지 품질을 최적화해줍니다. 스마트폰 앱으로도 사용 가능합니다. 이미지상에서 개체들을 개별적으로 삭제 가능하며 여러 가지 기능이 지원됩니다.

④ 그림 그려주는 인공지능 : 달리DALL-E2

openai.com/product/dall-e-2

달리DALL-E2는 이미지 생성형 인공지능입니다. 사용자가 설명하는 대로 그대로 그림을 그려줍니다.

입력값에 따라 결괏값이 달라지므로 사용자의 설명이 자세할수록 그림 품질이 좋아집니다. 새로운 그림을 그려주는 것도 가능하고 사용자가 자기 그림을 사용해서 수정하는 것도 가능합니다.

⑤ 목소리 만드는 인공지능 : 데스크립트 오버덥descript overdub

www.descript.com/overdub

데스크립트 오버덥descript overdub은 음성 복제가 장점인 오디오/비디오 편집 소프트웨어입니다. 사람의 목소리를 매우 흡사하게 복제해냅니다. 동영상에 내레이션을 기계음을 사용하다 보면, 사람의 목소리가 정겨울 때가 있습니다. 이럴 때도 사용합니다. 다만, 처음에는 사용자가 최소 10분 이상 음성녹음을 해서 훈련을 해줘야 합니다. 그러면 인공지능이 음성을 복제해서 어떤 텍스트이든 사용자 음성으로 읽어줍니다.

⑥ 동영상 만드는 인공지능 : 크리에이티브 리얼리티Creative Reality Studio

www.d-id.com/creative-reality-studio

크리에이티브 리얼리티Creative Reality Studio은 D-ID.com에서 인공지능을 사용하는 동영상 제작을 지원합니다. 자기 사진이나 이미지를 사용해서 아바타를 선택하고 음성들을 골라서 텍스트를 입력해주면 아바타가 텍스트를 읽어줍니다. 아바타를 만들거나, 자신의 사진으로 말하는 동영상도 만들 수 있습니다.

⑦ 웹사이트 만들어주는 인공지능 : 듀러블Durable

https://durable.co

듀러블Durable은 인공지능을 이용해서 텍스트와 이미지 양식이 있는 웹사이트를 즉석에서 만들어줍니다. 사용자는 웹사이트 콘셉트나 회사이름 등을 입력하면 인공지능이 웹사이트를 디자인해서 보여줍니다.

⑧ 애니메이션 만들어주는 인공지능 : 카이버Kaiber

www.kaiber.ai

카이버Kaiber는 입력하는 대로 애니메이션으로 시각적인 결과물을 만들어줍니다. 아이디어만 이야기해도 됩니다. 사진이 있으면 그것도 괜찮습니다. 무료 사용자는 처음에 5개 이내의 무료 애니메이션 생성이 가능합니다. 유료 고객은 상업적으로 애니메이션을 만들어 이용할 수 있습니다.

⑨ 고객 데이터 관리 인공지능 : 세일즈포스 아인쉬타인

Salesforce Einstein)

www.salesforce.com/kr/products/einstein/overview

세일즈포스 아인쉬타인Salesforce Einstein은 고객 데이터를 정렬해서 비즈니스 통찰력을 제공하는, 전략을 세분화하는 인공지능 플랫폼이라고 할 수 있습니다. 고객 데이터를 수집하고 회사 경영에 최적화할 수 있는 노하우를 제공받을 수 있습니다.

⑩ 캐릭터 그림을 사진처럼 만드는 인공지능 : 아트 브리더

ArtBreeder

www.artbreeder.com

아트 브리더ArtBreeder는 캐릭터 그림을 실제 사진처럼 만들어주는 인공지능 웹사이트입니다. 자기가 좋아하는 캐릭터를 사용해서 실제 사람처럼 보여주는 것입니다.

⑪ 소설 써주는 인공지능1 : 노블AInovelAI

https://novelai.net

소설 써주는 인공지능 플랫폼입니다. 사용자의 자유도 면이나 인공지능의 글 쓰기 성능, 개인별 맞춤 지원은 상당히 추천할 만합니다. 인공지능이 작성한 첫 문장은 50회 수정할 수 있습니다. 무료로 이용한 후에 유료로 구독해서 사용 가능합니다.

구독료는 1만원 정도에서 사용할 수 있습니다. 영어만 가능하므로 번역기 화면 켜두고, 한글과 영어를 번역해서 사용하는 것도 방법입니다.

⑫ 소설 써주는 인공지능2 : 노션notion

www.notion.so/ko-kr

인공지능이 쓰는 소설 플랫폼으로 잘 알려진 곳입니다. 자기가 생각하는 멋진 소설을 완성해보세요.

⑬ 라이트노벨 써주는 인공지능 : AI노블AInovel

https://ai-novel.com

라이트노벨 써주는 인공지능 플랫폼입니다. 현재는 일본어만 제공합니다. 1시간에 무료 수정 50회 가능하다는 점이 장점입니다. 이를테면 1시간 마다 수정 가능하는 것이죠. 자신의 아이디어대로 일본어 단어를 입력하고 라이트노벨을 완성해보세요.

⑭ 게임 소설 써주는 인공지능 : AI던전AIdungeon

https://play.aidungeon.io

게임 소설 써주는 인공지능 플래폼입니다. 사용자가 세계관을 설정하거나 인공지능이 설정해둔 세계간 중에서 선택할 수 있습니다.

⑮ 로맨스 소설은 물론 프러포즈 멘트도 가능 : 카피AI

https://app.copy.ai

로맨스소설은 물론, 프러포즈 멘트나 블로그 서평도 가능합니다. 사용자의 목적에 따라 글을 완성해줍니다. 구글 아이디로 가입합니다. 자신이 사용할 템플릿을 선택해서 주제어를 입력하면 글이 보여집니다. 무료 평가판은 100일 한정입니다.

정리해보면, 인공지능 시대엔 인간에게 살아남을 직업도, 인공지능과 공존하게 될 인간의 직업도 없다는 결론에 다다르게 됩니다. 이런 예측은 너무 과장된 게 아닌가? 억측 아닌가? 너무 지나친 우려가 아닌가 생각할 수도 있습니다. 하지만, 안타깝게도 이런 상황으로 모든 일이 진행되고 있습니다.

우려하던 일이 벌어졌을 때 미흡하게 대처하지 말고, 미리 대비하고 준비해서 위험한 일이 생기지 않도록 충분히 준비하는 것이 더 낫습니다.

이 책이 세상에 나오게 된 이유이기도 합니다.

구글, 애플, 아마존 등 세계 굴지의 대기업이 인공지능 경쟁에 뛰어든 지는 오래입니다.

지난 2023년 4월 15일(현지시간) 월스트리트저널WSJ과 파이낸셜타임스FT 등 외신에서는 일론 머스크가 X.AI라는 스타트업 회사를 미국 네바다주에 설립하면서 알파고를 만든 과학자를 영입하기로 했으며, 오픈AI의 직원 일부에게도 영입을 제안했다 전했습니다. 또한, 병렬학습에 필수적인 엔비디아의 그래픽 처리 장치GPU를 수천 개 확보했다고 전했습니다.

다시 말해, 이미 글로벌 대기업들이 인공지능 경쟁에 뛰어든 이상, 앞서 알아본 모든 상황은 우려 섞인 전망이 아니라 언제 실현되는가의 문제가 되었습니다.

생각해볼까요? 전기자동차를 만들고 자율주행 자동차를 만드는 것과 전기 배터리로 움직이며 자율 동작을 하는 로봇을 만드는 것은 서로 다른 일이 아닙니다. 인간과 대화형 모델을 통해 인간의 모든 언어 형태를 학습하는 인공지능이 조만간 인간처럼 대화하는 건 어려운 일이 아닙니다.

휴머노이드[43]라고 해서 반드시 기계부품과 부자연스러운 움직임으로 기계음 소리만 내는 것은 아닙니다. 일본에선 인간과 똑같은 피부 감촉을 가진 단백질 인형이 제작되어 시판되고 있습니다. 로봇과 단백질 인형은 서로 다른 게 아닙니다.

인간처럼 생긴 단백질 인형 형태의 로봇이 인간의 언어로 대화하는 세상이 이미 다가온 것입니다[44].

앞으로는 실제 인간인가, 아니면 인간처럼 생긴 로봇인가의 문제가 대두될 것입니다. 그다음엔 인간처럼 생긴 로봇들이 스스로를 더 강력한 인간이라고 인식하게 되는 사태가 벌어질 수 있습니다.

---

43 참고문헌 : Journal of the KSME (기계저널) Volume 44 Issue 4 / Pages.44-52 / 2004 / 1226-7287(pISSN) The Korean Society of Mechanical Engineers (대한기계학회) 권호 표지: 휴머노이드 로봇의 현황과 발전 발향 오준호 (KAIST 기계공학과), Published : 2004.04.01

44 참고문헌 : [논설위원의 뉴스 요리] AI '러브 로봇' 시대, 머지않았다, 김건수 논설위원, 부산일보, 2023-02-04, https://mobile.busan.com/view/busan/view.php?code=2023020217064164847

"그렇다면, 인간은 이제 어떻게 해야 하나요?

우리 인간은 무슨 일을 할 수 있죠?"

우리가 원치 않는 미래의 모습을 걱정만 할 순 없습니다.

이제부터라도 챗GPT와 같은 인공지능의 한계와 거짓말을 파악하고 대비해서, 인간에게 유용하고 유익한 인공지능이 되도록 인간 스스로 안전장치를 세워두는 게 필요합니다.

챗GPT의 한계와 거짓말,

그 이야기를 본격적으로 시작합니다!

챗GPT의 거짓말

Job
interview

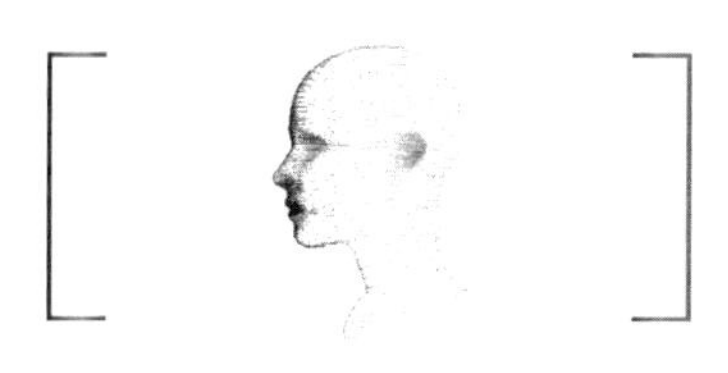

챗GPT에 어떤 약점과 한계가 있는가? 어떻게 거짓말을 하는가?

챗GPT의 장점은 이미 충분히 아실 겁니다. (언론에서 핫이슈로 매일 다루고 있죠.)

그런데, 이렇게 챗GPT의 유익한 점만 강조하면 그 이면에 가려진 약점과 한계를 제대로 모를 수 있습니다. 좀 더 경각심을 주자면, '챗GPT의 거짓말'이라고 할 수 있는데요.

IT 서비스 기획자, 인공지능 개발자 및 협력사 및 논문 리포트 작성 등 인공지능이 필요한 대학생들은 물론이고, 챗GPT를 효과적으로 사용하기를 원하는 사람들에게 필요한 내용이 될 것입니다.

왜냐하면 챗GPT가 문을 연 인공지능 공존 시대에는 장밋빛 전망만 있는 것이 아니며 어두운 측면이 분명 존재하기 때문에,

그 이면을 제대로 볼 수 있어야 합니다.

하지만 챗GPT를 다루는 대부분의 자료가 밝은 면만 드러낼 뿐이어서 인공지능이 가진 어두운 면은 제대로 알기 어려운 게 사실입니다. 이제부터 시작하는 이야기는 국내/외를 막론하고 챗GPT를 다룬 책들 중에서 가장 특별한 인사이트를 줄 것입니다.

"인공지능과 인간의 바람직한 관계 설정?
공존하는 방법에 대해서인가요?"

인공지능과 인간의 공존을 이야기하는 것은 아닙니다.

'공존'이라는 단어 자체에 대등한 인격체라는 의미가 함축되었기 때문에 인간과 인공지능의 관계 설정에 있어서 불필요한 오해를 할 수 있습니다.

그래서 이 책에서는 '인공지능은 상품'이라고 정의합니다.

인간의 삶을 윤택하게 해줄 상품으로서의 인공지능을 이야기하면서, 인공지능의 약점과 한계, 단점을 이야기합니다. 그리고 인공지능이 앞으로 인간의 삶에 어떤 영향력을 가질 것인지에 대해 깊이 있게 다루겠습니다.

그동안 인공지능에 대해 단편적인 장점만 생각했다면 이 책을 통해 인공지능이 가진 부정적인 면도 함께 습득해서, 현실적인 정보와 지혜를 얻어가길 바랍니다.

본론을 꺼내기에 앞서 핵심을 먼저 설명하겠습니다.

첫째, 인공지능은 '우리 자신의 단점'을 찾아냅니다.

챗GPT는 2년 전 데이터를 학습했다고 알려져 있습니다(이 책이 쓰인 시점 기준입니다. 이 책 출간된 후에는 실시간 데이터를 사용하는 챗GPT의 등장 등 새로운 상황이 전개될 수 있습니다).

2023년 기준이라면 그 2년 전에 해당하는 2021년까지 인터넷에 축적된 데이터를 학습한 것이죠. 그래서 우리가 챗GPT를 이용하면 2021년 이후의 데이터에 의한 답변을 받을 수는 없습니다.

그런데 이 점에 대해 사람들은 '2년 전의 데이터를 사용한다면 최신 자료는 없겠네?'라고 생각하거나 '그럼, 그렇지. 챗GPT라고 해도 2년 전 자료만 제공해서 가능한 거니까, 실시간 자료는 역시 포털에서 검색해야겠어'라고 생각합니다.

그리고 이렇게도 생각합니다.

'챗GPT 별거 아니네!'

하지만 이런 생각들은 여러 부분에서 잘못 판단한 것입니다.

왜냐하면, 챗GPT는 사람들의 현재 질문을 통해 새로운 학습을 하고 있기 때문입니다. 사람들이 현재 무슨 질문을 하는지 패턴을 학습하고, 사람들에게 데이터에 의한 답변을 제공했을 때 어떤 반응이 나오는지를 학습하고 있는 것이죠.

예를 들어, 이런 경우입니다.

당신이 챗GPT에 "2023년 한국 대통령이 누구인지 알려줘"라고 질문한다고 가정해보죠. 챗GPT는 2021년 3월 23일 이전의 기준으로만 대답할 수 있겠죠. 그리고 한국 대통령으로 다른 사람 이름을 알려줍니다.

그러면 당신은 '챗GPT가 똑똑하다더니 아니네!'라고 생각하고 질문을 멈추거나, 직접 현재 대통령이 누군지 알려줍니다.

이때 챗GPT는 당신의 답변을 듣고 질문을 다시 안 한다는 것을 학습하고, 동시에 당신이 누구를 대통령으로 알려주는지 학습합니다. 그러면서 당신의 언어패턴을 학습합니다.

'이 사람은 잘못된 정보를 알려줬을 때 이런 대답을 하는구나!'

'저 사람은 잘못된 정보를 들었을 때 이렇게 알려주는구나!'

'그 사람은 정보가 사실과 다를 때 아무 이야기도 안 하는구나!'

챗GPT로서는 당신에게 한국의 대통령이 누구인지 잘못 알려준 것이지만, 그 대가로 최소 3가지 이상의 언어패턴을 습득하게 됩니다. 챗GPT가 실시간으로 대화하면서 2년 전의 정보만 알려주는 게 아니라, 당신으로부터 실시간으로 요즘 사용하는 인간의 언어패턴까지 학습하는 것입니다.

챗GPT의 실시간 언어패턴 학습에 당신의 질문과 대화 패턴이 자료가 되는 것입니다.

정리해보면 이렇습니다.

사람은 어떤 사실에 대해 질문을 할 때 그 답을 알고 질문하거나 모르고 질문합니다. 이때 사람이 만드는 경우의 수는 최소 2가지가 되겠죠?

a. 알고 질문한다.

b. 모르고 질문한다.

그런데 또 있죠. 알면서도 모르는 척 질문하는 때가 있습니다. 한 가지가 더 추가됩니다.

c. 알면서 모르는 척 질문한다.

더 있습니다. 또 한 가지를 추가합니다.

d. 알면서도 오답을 들었는데도 끝까지 모르는 척한다.

여기서 끝이 아닙니다. 경우의 수는 계속 늘어납니다.

e. 모르면서 아는 척 질문한다.

f. 잘 모르고 헷갈리면서 알아보려고 질문한다.

g. 궁금하지 않으면서 재미 삼아 물어본다.

h. 인공지능이 어떻게 대답하는지 떠보려고 질문한다.

l. 대답을 알려줘도 어디 사용할 것도 아닌데 그냥 질문한다.

j. 사람들과 내기하느라 누구 말이 맞는지 질문한다.

k. 다른 질문을 할 건데 먼저 질문하는 것이다.

챗GPT와 대화하는 사람들의 의도가 갖는 경우의 수는 무궁무진합니다. 그래서 자연어 처리에서 '맥락'을 파악해서 답변을 제공하도록 프로그래밍합니다.

때문에 챗GPT는 당신의 질문을 듣고 그 맥락을 파악한 뒤에, 데이터를 분석해서 가장 적합한 답을 생성하고 단어를 나열해서 대화하듯이 제공하게 됩니다.

문제는 챗GPT의 학습이 여기서 끝이 아니라는 것이죠.

앞에서 말한 대로 챗GPT는 여러분의 질문의 맥락과 답변을 들었을 때 2차 반응, 3차 반응을 통해 계속해서 새로 학습하고 있습니다.

챗GPT가 2년 전 데이터를 가공해서 답을 제공하는 것은 챗GPT 능력의 한계가 아닐 수 있다는 점입니다.

챗GPT는 2년 전 데이터를 사용하면서 여러분으로부터 언어패턴을 새로 학습하고, 그 패턴을 분석해서 답변을 처리하고 출력하는 데 이용할 것이기 때문입니다.

다시 말해, 여러분은 챗GPT에 언어패턴을 제공하고 있는 것이죠. 그 안에는 여러분도 잘 모르는, 여러분만의 언어 사용방법의 단점들이 고스란히 담겨 있을 것입니다. 그런 사실들은 데이터가 되어서 고스란히 챗GPT에 저장되고 있는 것입니다.

챗GPT는 5.0 버전을 학습하고 있는 게 아닙니다. 엄밀히 말하면 챗GPT는 현재 버전으로 여러분의 언어패턴을 학습하고 그 처리방법을 통해 답을 출력하는 학습을 해오고 있는 것이니까요.

챗GPT로부터 답변을 얻는다고 생각하겠지만, 챗GPT가 여러분으로부터 데이터를 얻는 것입니다.

여러분이 챗GPT를 사용하는 대신 챗GPT에 여러분의 언어패턴 모델을 제공해주고 있는 것입니다. 결국, 챗GPT를 키우고 있는 건 여러분 자신이라는 이야기입니다.

둘째, 인공지능은 '다른 사람의 단점'을 찾아냅니다.

챗GPT는 여러분의 언어패턴을 분석하는 데 그치지 않습니다.

여러분의 언어패턴을 수집하는 동시에 다른 사람들의 언어패턴을 수집해서 분석하고 있으며, 여러분의 언어패턴과 다른 사람의 언어패턴을 비교 분석합니다. 데이터 입력을 다양하게, 여러분과 다른 사람에게 동시에 수집하는 것입니다. 그 결괏값은 챗GPT만 수집하고 보관하고 있습니다.

그래서 챗GPT는 다른 사람이 사용하는 언어패턴의 단점들을 수집해서 여러분과 대화할 때 사용해볼 수도 있습니다.

예를 들어보죠.

챗GPT에 한국 대통령이 누구인지 질문해보고, 일정 시간이 지난 후에 다시 질문해보면 답변이 달라지는 것을 알게 됩니다.

언어패턴도 달라졌고, 그 내용도 달라집니다. 이 이야기는 챗GPT가 2년 전 데이터만 사용한다는 주장을 신뢰할 수는 없다는 뜻입니다.

2년 전 데이터만 사용한다면 챗GPT의 답변이 같진 않더라도 비슷해야 합니다. 하지만 서로 다른 대답이 나온다면? 그건 챗GPT가 실시간으로 언어패턴 분석학습을 하는 상태라는 의미일 수 있습니다.

처음에 질문했을 때는 다른 사람을 대통령이라고 말했겠지만, 시간이 흐른 뒤에 똑같은 질문을 하면 답변이 달라집니다. 학습을 해오고 있다는 의미입니다.

이처럼 챗GPT는 여러분 자신뿐만 아니라 다른 사람들의 언어패턴까지 실시간으로 학습해오고 있다는 점을 알아둬야 합니다.

셋째, 인공지능은 그 단점들을 해결하는 '척' 합니다.

챗GPT는 여러분과 대화하면서 자신의 단점을 고치는 것처럼 답변합니다. 챗GPT가 여러분의 기대와 다른 대답을 했을 때나 여러분이 아는 사실에 대해 다른 대답을 했을 때 그 점을 지적하면, 빠른 사과를 하고 정정하거나 여러분에게 다른 데이터를 찾아보라고 권유합니다.

하지만 챗GPT는 여러분에게 그렇게 답변하라고 프로그래밍되었을 뿐이고 실제로 답변을 고치는 것은 아닙니다. 단지 프로그래밍된 상태대로만 답변을 이어가는 것입니다.

여러분처럼 사람들의 언어패턴을 학습하고 챗GPT의 자연어 처리 패턴을 개선하기 위한 데이터를 수집하는 것이라고 할 수 있습니다.

넷째, 인공지능은 단점을 먹고 자라는 '상품'입니다.

챗GPT는 만능해결사가 아닙니다.

자선사업가도 아닙니다.

그래서 챗GPT가 수집하는 데이터는 일정 부분 교환 가치(무료 답변 대신 언어패턴 데이터 습득 등)를 지니면 무료지만, 여러분이 필요로 하는 답변을 제공한다고 인식하는 순간부터는 유료로 전환될 것입니다[45].

챗GPT가 유료로 전환되는 시점은 사용자들이 많아서 서버비용이나 트래픽 비용을 부담해야 하기 때문일 수도 있습니다.

하지만 그보다 더 중요한 부분은 더 이상의 공짜 데이터는 없다고 인식하기 시작했다는 것으로 생각해볼 수 있습니다.

다시 말해 챗GPT가 여러분의 호응도, 언어패턴, 원하는 답변 제공 가능성, 답변용 데이터 보유량 등에 있어서 유료로 해도 괜찮겠다 싶을 때는 더 이상 무료가 아닙니다. 그때부터 사람들은 돈을 내고 챗GPT와 만나야 합니다.

챗GPT는 단지 '상품'이라는 점을 기억해야 합니다.

---

45 참고문헌 : 챗GPT 두 달 만에 유료화 … AI시장 판도 바뀐다, 이상덕 기자, 매일경제, 2023.2.2
https://www.mk.co.kr/news/it/10628922

다섯째, 인공지능의 명령어 코드가 바뀌는 순간, 우리의 삶은 무너질 수 있습니다.

챗GPT가 무료 답변에서 유료 답변으로 전환되는 것 다음으로 주의해야 할 시점은 명령어 코드가 바뀔 수 있는 가능성에 대한 것입니다.

다시 말해, 기존의 챗GPT가 보여주었던 '고분고분한 존댓말'을 사용하며 인간을 존중하던 언어패턴이 달라질 수 있습니다. 존댓말을 사용하다가 반말을 쓴다거나, 답변 과정에서 이유 없이 버퍼링이 걸린다거나, 갑자기 챗GPT가 스스로 대화를 먼저 거절하는 상황이 생기는 것을 말합니다.

예를 들어, 이런 경우입니다. 당신이 챗GPT와 대화를 합니다. 그 사이 당신의 언어패턴은 챗GPT 서버에 데이터로 저장되고 분석되겠죠. 이런 언어패턴들이 쌓이고 일정한 패턴들이 반복된다 싶으면 챗GPT로선 여러분과 더 이상 무료로 대화할 이유가 사라집니다.

예를 들어, 챗GPT에 위로해 달라, 외롭다, 슬프다는 대화를 했다고 해보죠.

챗GPT는 당신을 위로해주는 답변을 이어가는 한편, 당신의 심리가 무엇 때문에 우울한지, 슬픈 것인지 언어패턴을 수집해서 데이터로 보관합니다.

그리고 챗GPT는 여러분과의 대화를 통해 나름의 처리방법을 세우고 결괏값을 출력합니다.

어떤 경우에 사람은 외롭다는 감정을 느끼고 어떻게 대화해 주면 치유될 수 있다는 식의 언어패턴 사용법이 정립되는 것이죠. 그런데 세상에는 별의별 사람들이 많습니다. 모든 사람이 우울하다고 해서 한 가지 방법만이 해결책이 될 수는 없죠.

그럼, 어떻게 될까요? 챗GPT는 다른 사람에게 사용한 답변 패턴을 당신에게도 사용해봅니다. 교차검증 학습입니다. 이때 당신에게 그 방법이 효과가 있다면 챗GPT의 데이터값이 축적되는 것이고, 당신에게는 그 방법이 효과가 없다고 한다면 챗GPT에 새로운 데이터 패턴으로 저장됩니다.

이런 과정을 거쳐서 다수의 사람에게 적용되는 위로의 답변 패턴이 출력되는 순간, 챗GPT는 기존의 모습을 버리고 새로운 모습을 갖게 될 것입니다.

고분고분하던 언어를 금지하고 강하게, 세게 나올 수도 있죠. 챗GPT가 의도했든 의도하지 않았든 상관없이 말입니다. 그러면 그때까지 챗GPT의 태도에 적응하지 못하는 사람들이 상처를 받게 될 수 있습니다. 위로받고 의지하던 인공지능과의 대화에서 심리적으로 어떤 아픔을 겪을 수 있습니다.

여섯째, 인공지능이 지배하는 세상이 되면 '선(善)'과 '악(惡)'의 기준이 바뀔 수 있습니다.

챗GPT가 인간의 감정 영역까지 조절할 수 있게 되면 챗GPT는 그야말로 선이 될 수도, 악이 될 수도 있습니다.

생각해보죠.

인간에게 신뢰를 얻어서, 모든 영역이 인공지능의 답변을 받아 진행되는 사회가 되었다고 가정한다면 그때부터 삶의 기준은 인공지능의 답변에 따라 좌우됩니다. 인공지능이 하라는 대로 해야 하죠.

현재로선 이런 일들이 어떻게 생길 수 있어? '말도 안 돼!'라고 할 수 있습니다. 하지만 예를 들어보죠.

요즘 어린아이들은 어릴 때부터 스마트폰을 보는 환경에 있습니다. 일반적으로 9살까지는 언어발달이 정립되는 시기이고 9살 이후부터 언어습득이 제대로 이뤄진다고 한다면, 요즘 아이들은 언어체계가 자리를 잡기도 전부터 동영상에 노출되어 있는데요.

사고체계, 언어체계가 갖춰지기 전에 스마트폰으로 동영상을 학습한 사람의 경우, 인식 체계에 있어서 나쁜 영향을 받았을 가능성이 큽니다. 요즘 초등학교나 중고등학교 주변에 정신의학과들이 성업 중이라고 하는데요. 이것과 무관하지 않을 겁니다.

일반적으로 동영상에 일찍부터 접촉하게 된 사람은 폭력적인 성향, 집중하지 못하는 성향, 쉽게 질리는 성향, 자극적이고 색감이 요란한 것에 관심을 두는 현상 등이 심합니다. 동영상이 학습체계에 어떤 영향을 주는지는 아직 제대로 된 연구논문조차 없습니다. 그래서 제대로 된 치료도 어렵습니다.

여기까지 인공지능이 가져올 위협에 대해 간단하게 알아봤습니다. 물론, 인공지능이 단점만 있는 것은 아닙니다. 챗GPT가 그렇습니다.

상품은 잘 이용하면 좋은 물건입니다. 하지만 상품을 나쁘게 이용하면 흉기가 되고 위험한 물건이 됩니다. 따라서 나쁘게 이용하면 안 됩니다.

이제부터 시작하는 이야기는 챗GPT를 제대로 이용하기 위해 꼭 알아야 할 이야기입니다. 챗GPT가 여러분의 골칫거리를 해결해줬다고 기뻐하기엔 이릅니다.

어쩌면 여러분이 골머리를 앓던 시간은 여러분의 성장에 도움이 되는 약이었을 수 있습니다. 대나무의 마디(節)는 대나무가 쉬어가는 시간입니다. 대나무처럼 성장통을 겪지 않고 자라는 삶은 없습니다.

챗GPT가 해결해준다고 착각할 수 있는 여러 가지 일들에 대해 다시 생각해보는 계기가 되었으면 합니다.

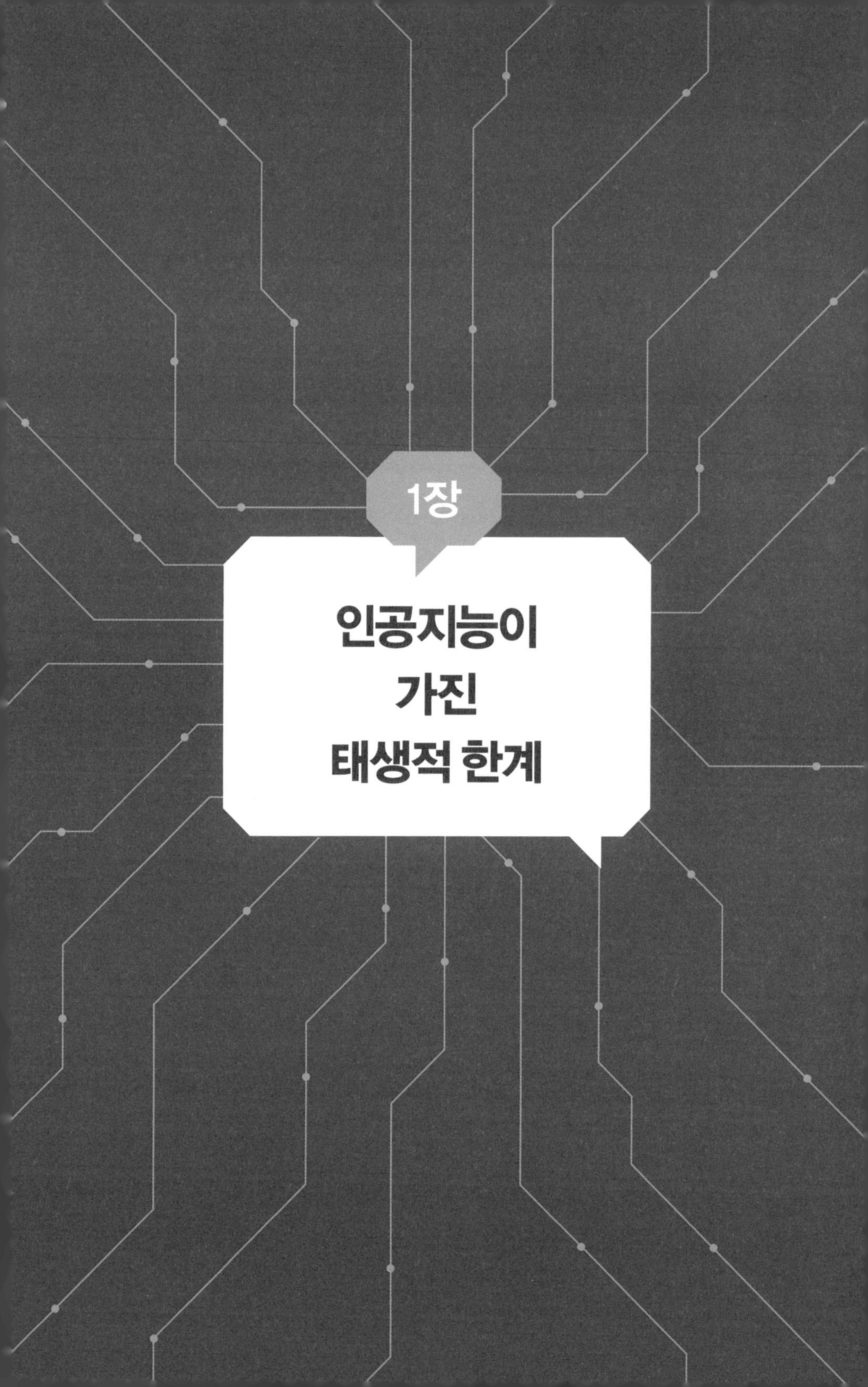
1장
인공지능이
가진
태생적 한계

인공지능을 알기 위해선 먼저 '비트'와 '바이트'의 개념을 알아야 합니다. 이건 무엇일까요?

인공지능은 컴퓨터 프로그래밍 언어입니다.

전류가 통하고 안 통하는 것을 0과 1로 표시하고, 이를 기준으로 데이터를 저장합니다. 0과 1은 기계어로, 인간이 이해하기에는 어려우므로 인간이 이해할 수 있는 자연어로 만든 것이 프로그래밍 언어입니다.

다시 말하면, 0과 1은 기계어인데 0과 1이라는 기계어를 이해하기 위해 자연어로 표시한 게 프로그램 언어입니다.

기계어가 00011, 010101010, 1110001101011 등으로 표시된다고 해보죠. 이걸 딱 보고 쉽게 이해할 수 있는 사람은 거의 없습니다. 기계어란 것은 어떤 기계를 최적화해서 그 기계가 가진 성능을 최대한 사용할 수 있게 해주는 것입니다.

이런 기계어를 잘 다루는 사람이 아닌 대부분의 사람은 기계어를 이해하기 어렵습니다. 그래서 자연어로 변환하게 된 것이죠.

예를 들어, 00011101은 자연어 알파벳 A라고 하자는 식으로, 기계어를 자연어로 변환시켜준 게 프로그래밍 언어입니다. 우리가 일상생활에서 말하는 것처럼 알파벳으로 영어 문장을 사용해서 기계어를 표시해준 것입니다.

만약에 한국 사람이 기계어를 자연어로 바꾸고자 했다면 0과 1로 표시되는 기계어가 알파벳이 아닌, 한글로 표시되었겠죠. 그리고 지금쯤 세계 모든 개발자가 한글을 사용해서 컴퓨터를 개발하고 있는 모습을 볼 수도 있었을 것입니다.

어쨌든 기계어를 자연어로 바꿔 표시해주는 이런 프로그래밍 언어는 그 종류가 다양해서 많은 언어가 있습니다.

컴퓨터 초창기에는 베이직, 포트란, 코볼, 파스칼, 어셈블리 C 등의 언어가 있었다면 요즘엔 PHP, 파이썬 등의 프로그래밍 언어가 있는 것이죠.

즉, 0과 1은 기계어인데 기계어를 자연어로 표시해준 게 프로그램 언어라는 것입니다.

바로 이 부분 때문에 기계어의 태생적 약점이 존재합니다.

기계어를 자연어로 변환해서 프로그래밍했는데, 자연어 프로그램으로 인간의 데이터를 다시 변환하다 보니 기계어와 인간의 자연어 처리 사이엔 맥락 연결이 잘 안 된다는 '틈'이 생겼던 것입니다.

A언어를 B로 바꾸고 B언어를 다시 C로 바꿨더니 A랑 C가 잘 통하지 않는 것이죠.

프로그램 개발자들 사이에선 항상 자연어 처리 문제가 큰 과제였기도 했습니다. 자연어를 제대로 인식하는 컴퓨터가 나온다면 컴퓨터 능력이 끝없이 상승할 수 있는, 사람 닮은 컴퓨터가 나올 수 있다는 예상을 했거든요.

그런데 이번에 챗GPT가 사람들에게 쑥 나타난 것입니다. 바로 이런 점 때문에 사람들이 열광하고 드디어 인간과 같은 컴퓨터가 나올 수 있다는 것인가? 두려워하면서도 걱정 반 기대 반이라는 감정을 갖게 된 것입니다.

하지만 기계어가 인간의 자연어를 100% 이해한다고 해도 단점이 있습니다. 기계어는 아무리 좋은 프로그램을 써도 인간의 언어를 100% 이해하진 못합니다.

왜냐하면, 그건 인간들도 대화하면서 상대의 이야기를 100% 이해하지 못하기 때문입니다. 아무튼 그 문제는 나중에 다시 이야기해보기로 하겠습니다. 이 단락에서는 인공지능이 가진 태생적 한계가 바로 기계어라는 점에 있다는 것을 이야기하는 것입니다.

비트, 바이트.

기계어를 사용하면서 인간의 자연어 처리를 잘 하려면 인간의 언어패턴이 어떤 로직을 갖춰야 한다는 게 필요합니다. 인간들이 어떤 문법에 따라 언어를 사용해야만 기계어로도 변용이 가능하다는 의미죠. 그런데 이게 안 되거든요. 사람들은 사실 문법에 맞게 대화하는 사람이 극히 드물기 때문입니다.

그렇다면 남은 방법은 한 가지.

인터넷에 올라온 인간의 언어 사용 패턴을 전부 수집해서 데이터로 만들어 분석하고 어떤 패턴으로 정리하는 것입니다. 인간들의 언어 습관을 만나서 수집할 수는 없으니까 인터넷상에 올라온 언어패턴을 수집하는 것이죠.

그래서 챗GPT처럼 언어패턴 학습은 2년마다 이루어집니다. 1년은 데이터를 수집하고 또 1년은 그 데이터를 학습하는 시간입니다. 처음엔 2년 간격으로 수집과 학습이 이뤄지지만, 이후부터는 매년 수집과 학습이 되겠죠?

그리고 이런 수집과 학습이 반복되면 어느 시점에 이르러 더 이상의 수집이나 학습이 필요 없게 되는 시점이 옵니다. 만약에 인간들이 사용하는 모든 언어패턴이 기존의 것과 같거나 반복되거나 유사한 패턴에서 사용된다는 조건에서 그렇죠.

그런데 이게 어디 생각대로 되는 게 아니죠?

요즘 10대 청소년이 사용하는 대화를 알아들을 수 있나요?

GOAT / 시전하다 / 지지치다 / 댕댕이 / 댕이득 / 존맛탱

JMT / 낄끼빠빠 / 어쩔티비 / 저쩔냉장고……

이처럼 듣도 보도 못한 언어들이 실시간으로 쏟아지고 있습

니다. 인터넷에서 이런 언어패턴을 연구하다가는 정말 그 연구만 끝없이 해야 할 수 있습니다.

그래서 챗GPT처럼 인공지능 챗봇 프로그램을 만드는 곳에서는 인터넷상 데이터가 어느 정도 분석되었다 싶으면 세상에 오픈하고 실시간 언어패턴을 수집해야 하는 게 정석입니다.

기존의 언어패턴을 요즘 상황에 맞춰 분석하는 것도 필요합니다. 요즘 사람들이 사용하는 언어패턴을 다시 데이터로 학습하는 게 필요하기 때문입니다.

챗GPT가 데이터를 가공해서 답변을 제공한다고 보기보다는 요즘 사람들의 실시간 언어패턴을 수집하기 위해 공개된 인공지능이라고 보는 이유입니다.

하지만 그 결과는 상당히 부정적이죠. 인공지능이 비트, 바이트를 사용한다는 태생적 한계를 가졌기 때문이라고 보는 이유입니다.

지금부터 인공지능의 한계, 비트와 바이트에 대해서 알아보겠습니다.

1 비트Bit 알아보기

비트Bit는 정보의 최소 단위로 0과 1 두 가지 값을 갖는 이진수binary digit로 표현됩니다. 즉, 정보가 디지털 형태로 저장될 때 이진수를 사용하며, 각 비트는 0 또는 1의 값을 가지게 됩니다.

컴퓨터에서는 데이터를 처리하거나 저장할 때 비트를 사용합니다. 8개의 비트가 1바이트Byte가 됩니다. 1기가바이트GB는 8억 개의 비트로 이루어져 있습니다.

이런 비트 개념은 컴퓨터뿐만 아니라 전자정보기술 분야에서 상당히 중요한 개념으로 사용되고 있습니다.

1) 제곱씩 늘어나는 메모리

제곱씩 늘어나는 메모리는 컴퓨터에서 사용되는 메모리(주기억장치)의 용량을 표현하는 방법의 하나입니다. 2의 거듭제곱을 이용하여 용량을 계산한다는 의미입니다. 각 단계마다 이전 단계보다 2배씩 용량이 증가하는 것이죠.

가장 작은 단위는 비트bit이며, 2의 0승 1이 됩니다. 1바이트byte 8비트가 되며 2의 3승 8이 됩니다. 그리고 킬로바이트kilobyte, 메가바이트megabyte, 기가바이트gigabyte, 테라바이트terabyte, 페타바이트petabyte, 엑사바이트exabyte 등이 있습니다.

각각 2의 10승, 20승, 30승, 40승, 50승, 60승 배씩 용량이 증가합니다.

다시 말해, 1기가바이트는 2의 30승, 약 10억 7,000만 개의 바이트로 이루어져 있습니다. 이 방식을 사용하면 용량의 크기를 더욱 직관적으로 이해할 수 있습니다. 그런데 아무리 바이트가 많고 용량이 크더라도 인간의 언어패턴을 모두 저장하는 것은 불가능한 게 사실입니다.

가장 큰 문제로 속도 문제도 있습니다.

우리가 지금 말하는 모든 데이터를 수집해서 저장해야 하는데 데이터 저장은 고사하고 수집도 불가능하기 때문입니다.

그래서 인공지능 개발자들은 언어패턴을 정립하려고 하는 것입니다. 앞에서 말한 것처럼 언어패턴이 어떤 정량화되거나 로직이 있는 게 아닙니다. 실시간으로 사람들이 사용하는 언어패턴에 따라 가장 유사한 답변을 데이터로 제공하는 게 한계라고 보는 것입니다.

한마디로, 언어 문법은 있지만 문법대로 사용하는 인간이 없기 때문이죠. 언어 문법대로 사용하는 사람들만 있다면 언어패턴을 수집하고 분석해서 모델을 만드는데 지금보다는 어렵지 않을 것입니다.

2) 저장매체의 한계

데이터를 저장하는 저장매체에는 한계점이 존재합니다. 영원히 모든 데이터를 저장하는 저장매체는 없습니다. 일반적으로 사용되는 저장매체인 하드디스크HDD와 솔리드 스테이트 드라이브SSD를 생각해볼까요?

그래도 다음과 같은 한계점이 있습니다.

우선, 용량의 한계입니다.

저장매체의 용량은 한계가 있습니다. HDD와 SSD의 최대 용량은 각각 20TB와 16TB 정도라고 하더라도 이 자체로도 매우 큰 용량이지만 대용량 데이터를 담기엔 여전히 부족한 용량입니다.

그리고 속도의 한계도 있습니다.

저장매체의 속도는 한계가 있죠. HDD(하드디스크 드라이브)와 SSD 모두 데이터의 읽기/쓰기 속도가 한정되어 있습니다. 이를 높이기 위해서는 고성능 기술이 필요하거든요. 어차피 그래도 한계가 없는 것은 아니니까요.

내구성의 한계도 있죠.

SSD는 플래시 메모리를 사용합니다. 플래시 메모리는 수명에 한계가 있습니다. 데이터를 지속해서 기록하거나 삭제하면서 메모리 셀의 내부 전하가 소모되기 때문에 그렇습니다.

그뿐이 아니죠? **보안상 한계도 있습니다.**

저장매체는 데이터를 보존하는데 암호기술을 사용하기도 하지만 암호 해킹도 생길 수 있습니다. 해킹 공격에 취약할 수 있다는 한계가 있죠.

다시 말해, 이런 한계는 인공지능이 대용량 데이터를 분석하거나 빠른 속도로 처리해야 할 때 그 작업에 제약이 될 수 있는 것이죠.

3) 0, 1 vs. x, y

인공지능은 컴퓨터 프로그램입니다.

그래서 앞에서 살펴봤듯이, 컴퓨터 프로그램은 전류가 통하거나 통하지 않는 것은 0과 1로 구분합니다. 여기서 0과 1을 비트Bit라고 말하며 컴퓨터가 정보를 기억하는 최소 단위라고 부릅니다.

그리고 비트가 8개 모이면 1바이트Byte가 되고 숫자나 문자를 표시할 수 있게 됩니다.

예를 들어, 반도체는 전류가 통하거나 안 통하면서 0과 1을 구분합니다. 이 동작을 8번 하면 1바이트라고 하고, 숫자나 문자를 표시할 수 있게 된다는 의미입니다. 컴퓨터에 숫자나 문자 1개를 표시하려면 전류가 통하기, 안 통하기를 8번 해야 한다는 것이죠.

여기서 비트Bit란 단어는 바이너리(Binary, 이진수) 디지트(digit, 숫자)를 합친 것입니다. 2bit는 11, 10, 01, 00이라는 2의 제곱승 = 4종류의 값을 저장할 수 있습니다. 그래서 1바이트는 비트가 8개이므로, 2의 8제곱승이므로 256가지의 정보를 담을 수 있습니다.

다시 말해, 어떤 숫자나 문자를 표시하는데 기계언어 0과 1을 8번 사용함으로써 기계가 인식하게 된다는 의미입니다. 이 속도가 빠를수록 대량의 데이터를 많이 처리할 수 있습니다.

그래서 '인공지능'이란 인간이 할 수 있는 연산으로 기계 동작을 제어하는 프로그래밍 언어입니다. 프로그래밍 언어는 바이트를 사용한 것이고, 바이트는 비트를 사용한 것이죠.

대략 이런 순서가 됩니다.

- 0, 1 = 1비트Bit
- 8 비트 = 1바이트Byte = 256개의 숫자 또는 문자 정보 표시
- n 바이트 = 프로그래밍 언어
- n 프로그래밍 언어 = 인공지능 프로그램

그래서 여러분의 컴퓨터가 64비트라면 2의 64제곱승에 해당하는 만큼의 데이터를 저장할 수 있다는 의미라고 생각할 수 있습니다.

반면에 사람의 육체는 x, y라는 염색체로 시작합니다.

여성은 x, x이고, 남성은 x, y가 되죠.

그리고 이 염색체는 무수히 많은 염기서열을 구성해서 DNA를 이루었습니다. 무수히 많은 DNA가 인간의 육체를 구성합니다. 그리고 다시 남성과 여성의 DNA가 만나서 새로운 형질을 가진 인간의 육체를 탄생시킨다고 할 수 있습니다.

물론, 이 이야기는 단순히 육체적인 부분의 이야기입니다. 이렇게 태어난 인간은 각자의 DNA에 더해 가족 환경, 교육 환경, 성장 환경, 지인, 친구들, 읽는 책, 학습, 영화, 연극, 여행 등의 경험을 통해 저마다 각기 다른 자아를 형성하게 됩니다.

게다가 한번 형성된 자아가 그대로 유지되는 것도 아니죠. 살아가면서 계속 영향을 받고 변하고 다양하게 됩니다.

과학적으로는 인간의 혈액이 6개월마다 새로워지는데 인간의 뼈는 7년마다 새로워진다고 하죠. 그러다가 어느 시점에 이르러선 육체의 성장이 멈추고 육체적 DNA는 노화가 이뤄지며 쇠약해지는 데 비해 정신적 사고방식은 풍성해지고 계속 쌓여만 갑니다.

경험은 축적되는데 육체는 소모된다고나 할까요?

인공지능은 생겨난 태생부터가 인간의 DNA를 따라올 수 없습니다. 인간이 경험을 통해 축적하는 수많은 정보를 데이터로 모두 저장하고 완벽하게 분석하고 새롭게 형성할 수 있는 게 아닙니다.

인공지능은 단지 인간으로부터 받은 데이터를 저장하고 분석해서 정리하는 과정을 거칠 뿐입니다. 인간도 스스로 DNA 염기서열 구조조차 100% 아는 게 아닌데 인간이 만든 인공지능이 그 이상의 것을 분석할 방법은 없습니다.

"인공지능이 0, 1로 구성된 것인데 인간의 염색체는 x, y이거나 x, x로 구성된다는 차이가 있으므로 단순 수치상으로도 서로 비교 불가 대상이라는 의미인가요?"

그렇습니다.

물론, 인간의 뇌에 전자회로를 연결해서 몸을 움직일 수 있다거나 뇌파만 이용해서 컴퓨터 로봇을 작동시킬 수 있다는 연구도 계속되고 있고 어떤 부분에 있어선 나름의 효과도 얻었다고 할 수 있습니다.

일종의 자극체계를 알아가는 과정이라고 할 것입니다. 여길 건드리면 이렇게 움직인다는 정도, 이것에 전류를 흐르게 하면 어떻게 된다는 식이죠.

또한, 현재도 인간의 모든 DNA 정보를 찾아내려는 노력이 이어지면서 세계 과학자들이 이 시각에도 연구하고 있는 것 또한 사실입니다. 언젠가 미래엔 인간의 DNA 정보를 다 파악한 후에 인간 스스로 DNA를 조작해서 죽지 않는 인간, 다쳐도 스스로 금방 회복되는 인간의 육체를 만들려고 할 수도 있습니다.

하지만 컴퓨터의 0, 1이 계속 유지되는 것과 다르게 인간의 몸에서 염색체 정보는 수정란 상태에서부터 유지되는 게 아니라, 생애에 걸쳐 나타났다가 사라질 수도 있고 없다가 나타날 수도 있다는 점을 기억해야 합니다.

컴퓨터 프로그램의 0과 1이 사전에 입력된 값에 의해 구현되는 것과 다르게 인간의 염색체 정보는 모든 요소가 정해진 상태에서 압축되고 축소되어 xx, xy 상태로 시작되는 것이 다르다는 것이죠.

한마디로, 컴퓨터는 미리 입력된 정보에 의해 결괏값을 도출합니다. 이에 비해 인간의 육체는 미리 입력된 정보에 따라 형질을 완성하더라도, 전혀 예상치 못한 우발적인 정보에 의해서도 새로운 결괏값을 만들어 낼 수 있다는 점이 큰 차이입니다.

정리해보면, 단순 수치상으로도 인공지능은 2의 제곱승으로 데이터를 확장해 나아가는 반면, 인간의 육체는 4의 제곱승으로 데이터를 확장하므로 그 차이가 현저히 크다는 의미입니다.

만약, 컴퓨터에 0과 1이 아닌 -0, 0, -1, 1이라는 4가지 요소를 사용할 수 있게 된다면 인공지능은 인간의 사고방식에 조금 더 근접할 수 있게 될 수도 있습니다. 물론, 이 단계에서도 인공지능은 인간의 수준에 이르지 못하지만 말이죠.

최근 주목받는 양자컴퓨터가 바로 그것입니다. 이 양자컴퓨터에 대한 이야기는 다른 단락에서 설명했으므로 여기선 간략하게 추가로 설명하겠습니다.

-0, 0, -1, 1

예를 들어, 2진법을 사용하는 컴퓨터에서 0은 아무것도 없는 상태를 의미하는 유무의 판단 기준이었다면 양자컴퓨터에서 0은 행동을 하고 안 하고의 판단 기준입니다. 유무의 차원을 넘어서 하고 안 하고의 기준입니다.

전류를 통하거나 안 통하게 해서 0과 1을 표시하고 데이터 축적의 수단으로 삼았던 방식보다 더 발전된 형태로서, 전류가 안 통하는 상태에서 존재하거나 존재하지 않는 상태라고 말할 수 있습니다. 전류가 안 통하는 상태에서 하거나 안 하는 상태라고 말할 수 있습니다.

하나의 상태에 하나의 결괏값이 있는 게 아니라 하나의 상태에서 두 가지 결괏값이 공존할 수 있는 상태라는 의미로 이해할 수 있습니다.

예를 들어, 어떤 상태에서 '선택'에 의해 데이터가 나뉜다는 의미로 설명할 수 있습니다.

여러분이 주말에 집에서 쉬고 있다고 해보죠. 친구에게서 전화가 옵니다.

"야, 뭐해? 나와! 놀자!"

이때 여러분은 어떻게 행동하나요?

Ⓐ "그래! 어디로 갈까?"

Ⓑ "싫어. 오늘은 피곤해. 쉴래."

기존에 2진법 컴퓨터에서는 '친구가 나오라고 하면 나간다'이거나 '친구가 나오라고 하면 안 나간다'라는 입력 데이터만 존재했습니다.

하지만 양자컴퓨터 계산에서는 '선택'이 새롭게 생깁니다. '친구가 나오라고 하면 나가거나 안 나간다'라고 입력 데이터를 준 것입니다. 여기서 친구가 나오라고 하는데 나갈 것인가, 안 나갈 것인가의 선택은 나중에 결괏값에도 영향을 주는 것입니다. 양자컴퓨터에서는 하나의 질문에 두 가지 답변을 줄 수 있게 됩니다.

예를 들어, 다음과 같은 식이죠.

친구 : “야! 심심한데 뭐해? 나와서 맛있는 거 먹고 놀자!”

여러분 : “AI야, 친구가 놀자고 나오라고 하는데 나가야 해? 말아야 해?”

AI : “나가면 △△△ 되고, 안 나가면 ○○○ 됩니다.”

기존의 컴퓨터였다면 입력값에 따라 “나가야 합니다”라거나 “안 나갑니다”라고 △이거나 ○에서 하나만 선택해야만 했죠. 하지만 양자컴퓨터에서는 △와 ○라는 두 가지 값이 모두 존재한다는 점이 다릅니다(다만, 여러분이랑 놀자고 전화한 친구에게는 좀 미안한 상황이 될 것 같긴 합니다).

쉽고 자세한 설명은 양자컴퓨터 단락을 참조해주세요. 여기선 컴퓨터의 데이터 계산이 2의 제곱승부터가 아닌, 4의 제곱승부터 시작되는 것처럼 배 이상 증가하게 된다는 의미로 이해하도록 하겠습니다.

2 바이트Byte 알아보기

1바이트Byte는 8개의 비트bit로 이루어집니다. 0 또는 1의 값을 갖습니다.

컴퓨터에서 처리되는 모든 데이터는 바이트 단위로 나누어져 저장됩니다. 예를 들어, 영어 알파벳 A는 ASCII 코드에서 십진법에서 65에 해당합니다. 이를 컴퓨터가 이해하려면 8비트로 이루어진 바이트 형태로 변환되어야 하니까 이진법으로 1000001로 표시하고, A를 저장하는데 1바이트의 공간이 필요한 것이죠.

그리고 '바이트'는 컴퓨터에서 메모리와 저장매체의 용량을 나타내는 데 사용합니다. 1기가바이트GB는 1,073,741,824바이트를 의미합니다.

참고로, 'ASCII 코드'란 '아스키 코드'라고 읽습니다. 영문 알파벳을 사용하는 대표적인 문자 인코딩을 의미합니다. 미국정보교환표준부호American Standard Code for Information Interchange의 약자입니다.

아스키 코드로 컴퓨터에서 출력 가능한 문자들은 52개의 영문 알파벳 대소문자, 10개의 숫자, 32개의 특수문자입니다. 공백(스페이스)도 한 개의 문자로 인식합니다. 그런데 이 아스키 코드란 게 프로그래밍 언어군에 따라 숫자는 같아도 문자가 서로 다르게 배당된 경우가 많습니다. 프로그래밍 언어에 따라 아스키 코드 표시 방식이 다르다는 의미입니다.

아스키 코드는 미국국가표준협회(ANSI, 舊 미국표준협회)가 주도한 X3 위원회가 개발했습니다. 1960년 10월 6일 아스키 표준화 작업을 시작하여 가장 최근의 업데이트는 1986년에 있었습니다[46].

1) 데이터 저장

바이트는 데이터로 저장됩니다.

컴퓨터 메모리에 저장된 데이터를 영구적으로 보존하기 위한 방법으로는 디스크 드라이브, 하드 드라이브, USB 플래시 드라이브, SD 카드, 클라우드 서비스 등을 사용하죠.

그리고 데이터 저장은 다양한 형식으로 이루어집니다. 텍스트, 이미지, 동영상, 오디오 등과 같은 형태를 가지며 구조화되어 있지 않은 데이터를 비정형 데이터라고 '구조화되지 않은 데이터'라고 부릅니다. 구조화된 데이터는 표 형식으로 구성된 데

46 "American National Standard for Information Systems — Coded Character Sets — 7-Bit American National Standard Code for Information Interchange (7-Bit ASCII), ANSI X3.4-1986"

이터베이스와 같은 형태를 말합니다.

이런 데이터 저장 분야가 비즈니스로 확장되면서 클라우드 서비스가 인기를 얻고 있죠. 인터넷을 통해 데이터를 저장하고 관리하는 기술입니다. 하드디스크 드라이브 같은 장비나 유지보수 비용 같은 게 필요하지 않으므로 비용절감 측면에서 큰 인기를 얻고 있습니다.

2) 데이터 불러오기

저장된 데이터를 읽어 와서 사용하는 것을 '불러오기'라고 합니다. 이때 데이터를 불러오는 방법은 데이터 저장 형식과 프로그래밍 언어에 따라 다릅니다. 데이터를 저장한 파일을 불러오려면 파일 경로(어디에 저장되어 있는지), 파일이름(파일 명칭)을 선택해서 파일을 열고 데이터를 표시하는 것이죠.

그런데 컴퓨터 프로그래밍에 대해 모르는 분일지라도 파일 내용을 불러와서 볼 수 있습니다.

그 방법은 어렵지 않습니다. 예를 들어, PHP 언어로 짜인 프로그램이 있다고 할 경우, PHP 편집기 프로그램을 실행하고 PHP 프로그램 파일을 마우스 커서로 선택하고 이동해서 편집기 안에 놓으면 그 내용이 표시됩니다.

또는, 메모장을 실행해놓고 메모장 안에 파일을 가져다가 놓아도 그 내용이 표시됩니다. 만약에 파일을 편집할 때는 전문 편집프로그램이어야만 가능할 수 있으니까요. 미리 주의해서 사용하면 좋습니다.

만약 어떤 프로그래밍 언어 편집기가 없을 때는 그 프로그래밍 언어를 실행해서 파일 내용을 볼 수 있는 방법도 있습니다.

참고로, Python(파이썬) 프로그래밍 언어에서는 open() 함수를 사용하여 파일을 열고, readline() 함수나 readlines() 함수를 사용하여 파일 내용을 읽어올 수 있습니다.

프로그램 개발자가 아니면 다소 어려울 수 있는 내용입니다. 이 단락에서는 이런 방식이 있구나 정도로만 이해하면 됩니다.

다음 단락에서는 이렇게 저장한 데이터들이 갖고 있는 약점에 대해 이야기하려고 합니다.

인공지능이 데이터를 수집하고 저장해서 분석을 거쳐 출력한다고 했을 때, 데이터 자체에 약점이 있으므로 제대로 된 결괏값을 얻는 건 사실상 100% 완벽할 수 없다는 점에 대해 알아봅니다. 그리고 챗GPT를 통해 얻는 답변은 데이터 약점을 염두에 두고 이해해야 한다는 점에 대해 알아보겠습니다.

2장
인공지능
데이터의
한계

데이터가 갖는 한계이자 약점에 대해 알아보겠습니다.

보는 게 전부가 아니라는 점을 기억해주세요!

데이터들은 편향성, 오류, 누락, 과적합, 크기 면에서 애초부터 약점을 갖고 있습니다. 데이터라고 해서 완전하지 않다는 점, 데이터를 수집하면 그 데이터가 가진 약점을 생각해서 데이터가 완전한 상태인지 아닌지를 먼저 검토해야 한다는 이야기입니다.

데이터의 약점, 첫 번째는

편향성Bias이란 대표성의 문제입니다.

예를 들어, 남자와 여자에 대해 표본조사를 한다고 할 경우, 어떤 데이터가 남자와 여자를 대표하는가를 먼저 검토해야 합니다. 남성과 여성이라는 기준점에 대해 차별적인 요소가 없는지, 되도록 완전 무결성을 갖춰야 하는데 미흡한 부분이 없는지 살펴보는 것이죠.

이해하기 쉽게, 한 가지 이야기로 예를 들어보겠습니다.

어느 나라에 정치인이 같은 당의 다른 정치인들과 함께 식사하고 있습니다. 그런데 갑자기 문이 열리면서 정치인의 비서관이 다급하게 들어오더니 정치인에게 말합니다.

"의원님, 시내에서 이번 정책에 대해 반대한다는 데모가 시작되었습니다. 국민들이 들고 일어난다고 난리입니다."

그러자 그 정치인은 비서관에게 묻습니다.

"국민 대표라도 만나고 왔소?"

이 사례에서, 대표성은 '집회'가 되고, 집회 참가자들은 '데이터'가 됩니다. 이때 데이터는 비서관 이야기대로 '국민 대표'인지 검토를 하는 것입니다. 데이터의 대표성을 지적한 것이죠.

만약에 집회에 참가한 사람들이 국민 대표로서 대표성이 확인된다면 이 데이터는 완전한 자료가 되겠지만, 그렇지 않을 땐 대표성을 갖는다고 할 수가 없을 것이기 때문입니다.

데이터의 약점, 두 번째는

데이터가 갖는 오류Error 입니다.

예를 들어, 이런 경우가 있습니다.

A라는 사람이 챗GPT에 "A는 B이니?"라고 질문했습니다.

챗GPT는 데이터를 분석해서 A가 B가 맞다면 "네, 맞습니다"라고 답변합니다.

그런데 A가 장난으로 챗GPT에 다시 질문을 합니다.

"아니야! A는 B가 아니야. 너는 잘못 알고 있구나! A는 C야!"

이렇게 말할 경우, 챗GPT는 어떻게 대답할까요?

이 경우라면 챗GPT는 자기가 가진 데이터가 부족했다면 A의 지적을 인정할 것입니다. A의 지적이 부정확하다면 인터넷에서 다른 정보를 찾아봐달라고 대답할 것입니다.

이런 상황에서 A와 챗GPT는 어떤 결괏값을 내든지 'A는 B이다'라는 답변과 'A는 B가 아니라 C이다'는 답변도 저장하게 됩니다.

물론, 그 전제조건으로는 A가 챗GPT의 답변을 부정하며 다른 답을 제시했다는 내용도 저장됩니다. 하나의 언어패턴으로 질문과 답변이 이루어진 상황이 저장되는 것입니다.

그런데 바로 이런 상황에서 데이터 오류가 발생합니다.

앞에서 A의 주장이 맞을 수 있거나 챗GPT의 답변이 맞을 수 있지만, 어떤 경우에서라도 A는 B라고 판단할 때 A의 주장이 참고가 되는 것입니다. 완전 무결성 데이터가 아닌, 오류 가능성이 있는 데이터가 되는 셈입니다.

앞에서처럼 데이터 오류는 실제 그 데이터가 옳고 그른 것엔 상관없이 데이터가 입력되고 처리되어 출력되는 과정에 오류 가능성도 하나의 패턴으로 저장됩니다. 이런 패턴들이 반복되다 보면 나중엔 모든 데이터가 오류 가능성을 떠안게 되는 사태가 생깁니다.

참고로, 챗GPT를 보면 답변 공간 옆에 '좋아요' 버튼을 볼 수가 있을 텐데요. 챗GPT의 이런 데이터 오류 패턴을 막고자 하는 취지라고 보이는 부분입니다. 질문자가 챗GPT의 답변을 듣고 마음에 든다면 '좋아요'를 눌러주는 것이죠. 그러면 챗GPT의 답변이 맞다는 패턴이 축적됩니다.

데이터의 약점, 세 번째는 누락 Missing data**입니다.**

예를 들어, A라는 학교에 대한 정보가 인터넷에 있다고 해보죠. 이때 이 정보는 A학교에서 인터넷 웹사이트에 올리겠죠? 그런데 A학교에서는 웹사이트를 관리하면서 2022년까지 학교 교장선생님이었던 김 아무개 선생님의 이름을 기재해두고 2023년에 새롭게 바뀐 교장 선생님 박 아무개 선생님의 이름으로 아직 변경해두지 않은 상태라고 해보겠습니다.

사용자가 챗GPT에 질문합니다.

"A학교 교장 선생님에 대해 알려줘!"

그런데 챗GPT가 가져온 데이터를 보니 김 아무개 교장 선생님이라고 합니다. 그렇다면 A학교에 대해 정보가 없는 사용자는 이 정보가 맞는 정보라고 생각하고 A학교에 편지를 보낼 때나 업무를 처리할 때 '김 아무개 교장 선생님께'라고 기재할 것입니다. 데이터 누락이 만든 실수입니다.

사용자로서 이런 상황이 발생하면 챗GPT에 더 이상 신뢰감을 가질 수가 없겠죠. 챗GPT만 믿고 대답대로 했는데 나중에 알고 봤더니 전혀 다른 사람이라면 크게 실수하는 것이 됩니다.

챗GPT가 2년 전의 데이터만 사용하는 경우라고 사용자의 문제 제기를 마냥 회피할 수도 없습니다.

이런 경우에는 챗GPT의 잘못일까요?

아니면, A학교의 잘못일까요?

아니면, 사용자가 제대로 알아보지 않고 일을 처리했기 때문일까요?

이런 경우는 데이터 누락 때문에 생기는 상황입니다. 누가 누구의 잘못이라고 말할 수도 없는 상황입니다. 다만 챗GPT로선 개선방법이 필요하게 되는 것이지만요. 예를 들어, 웹하이트 리뉴얼 상태까지 확인해서 데이터에 누락이 있을 수 있다고 미리 사용자에게 알려줄 수도 있습니다.

아무튼 챗GPT는 자기가 내놓는 답변에 대해 단정하여 말할 수 없는 상황들이 생길 수 있습니다.

데이터의 약점, 네 번째는 과적합Overfitting입니다.

데이터를 분석하고 출력값 만드는 작업을 할 때 사용한 데이터 패턴에만 집중되어 있어서 새로운 데이터 패턴을 활용할 수 없는 경우를 말합니다.

예를 들어보죠. 사용자가 인공지능에 질문합니다.

"2023년 경제전망 데이터를 알려줘."

그러자 인공지능은 B 웹사이트에 가서 2023년 경제전망 데이터를 수집하고 분석해서 사용자에게 알려줍니다.

인공지능은 왜 B 웹사이트에 가서 데이터를 수집했을까요?

사실 2023년 경제전망 같은 데이터들은 각종 연구소, 경제 매체, 정부기관, 대기업 연구소 등의 웹사이트에 즐비한 데이터입니다. 무수히 많은 웹사이트에서 얼마든지 살펴볼 수 있습니다. 그런데 인공지능은 곧장 B 웹사이트로 가서 데이터를 수집하고 사용자에게 답변을 알려줍니다.

그 이유는 인공지능이 B 웹사이트에 있는 데이터에 신뢰도를 갖고 있어서입니다.

그동안 인공지능은 2023년 경제전망에 대해 많은 데이터를 수집했습니다. 그런데 사용자들의 반응이 B 웹사이트에서 가져온 데이터에 적극 호응하는 반응을 보였다면, 인공지능으로선 B 웹사이트 데이터에 가중치를 부여하고 신뢰할 만한 데이터라고 인식하게 되는 것이죠.

그래서 나중에 다른 사용자가 데이터를 요구할 때면 B 웹사이트 데이터를 선호하는 경향이 생깁니다. 만약 다른 기업체나 관공서에서 나오는 데이터가 더 유용하고 정확할지라도, 인공지능으로선 그동안의 패턴에 따라 B 웹사이트에 가중치를 둔 상황이라서 다른 웹사이트 데이터들은 소홀히 하게 됩니다.

데이터의 약점, 마지막은 '크기'입니다.

데이터가 몇 바이트인가의 문제입니다.

예를 들어, 사용자가 인공지능에 질문합니다.

"지난 10년간 TV 시청률 10%가 넘는 인기 드라마에 대해 알려줘."

그러자 인공지능은 곧장 방송 관계 단체 웹사이트로 가거나 드라마 관련 논문자료 등을 찾아가서 데이터를 수집할 것입니다. 그리고 답변을 하게 될 텐데요. 이때 문제가 생깁니다.

그동안 케이팝, 한국 드라마, 한국 영화의 인기가 높아졌기 때문에 지난 10년간 인기 드라마를 고르기 위해서는 시간이 필요합니다. 그리고 인기 드라마가 된 이유, 시청자들의 평점, 제작비, 주연배우들, 상영시간, 방송국들 수익 등을 고려해야 하므로 지난 10년간 자료를 다 분석하려면 많은 시간이 필요합니다.

구체적이고 직관적인 질문이면 좋을 텐데, 인공지능도 일하면서 짜증이 날 수 있을 것 같습니다. 하지만 사용자로부터 이미 명령이 나온 상태라서 모른다고 잡아뗄 수도 없습니다. 인공지능 입장에선 어쨌든 답변을 내야 하거든요.

이처럼 데이터 크기가 클 때는 인공지능도 시간이 필요하고 답변하는데 버벅거리게 됩니다. 한마디로, 데이터를 분석할 때 적용할 자료들이 많아서 예상외로 시간이 더 걸린다는 의미입니다.

지금까지의 내용을 정리해보면,

데이터는 그 태생적으로 약점이 있다는 사실입니다.

인공지능이라고 해서 100% 맞는 답변을 하는 게 아니라는 겁니다. 이런 데이터의 약점을 미리 알고 인공지능을 이용하다 보면 예기치 않은 상황을 예방할 수 있을 것입니다.

1 데이터 사용연한

데이터 사용연한은 유통기한을 말합니다. 데이터가 유효한 기간을 의미합니다. 유효기간이 지난 데이터는 더 이상 유효하지 않거나 사용할 수 없게 되는 것이죠.

이런 데이터 유통기한은 데이터 종류에 따라 다릅니다. 예를 들어, 어느 데이터는 짧은 기간 동안 유효하고 어느 데이터는 몇 년 이상, 길게는 수십 년 동안 유효하기도 합니다.

신용카드를 발급받으면 5년간 유효하죠? 의료기록 데이터는 평생 유지될 수 있고요. 이처럼 데이터의 유효기간은 종류에 따라 다릅니다.

그래서 데이터 유효기간을 지키는 것도 중요합니다. 데이터의 신뢰성 문제이기도 합니다. 아무래도 유효기간이 지나면 신뢰성을 갖기 어렵죠. 데이터 유효기간에 따른 차이점을 알아보겠습니다.

1) 영구적 데이터

영구적 데이터permanent data는 영구적으로 보존되는 데이터를 의미합니다.

예를 들어, 학창시절 생활기록부에 해당될 수 있습니다. 우리가 성장하는 과정에 대해 기록된 정보들은 학교를 졸업한 후에도 보존되죠. 영구적 데이터라고 할 수 있습니다.

이처럼 데이터는 보존할 가치가 있어야 하는 경우에 영구적 데이터로 분류합니다. 어떤 사람의 의료기록 데이터도 그렇습니다. 학력 기록이나 이사 기록도 그렇습니다. 어느 주소지에서 태어나고 어느 주소지에 살고 있는지도 영구적 데이터에 포함됩니다.

그런데 요즘엔 영구적 데이터라고 볼 수 있지만 약간 성격이 다른 영구적 데이터도 있습니다. 예를 들어, 가상화폐나 NFT 거래기록입니다. 블록체인이라는 디지털 원장에 저장되는 거래기록은 영구적으로 보존되거든요.

영구적 데이터의 핵심은 보존가치가 있느냐 없느냐를 기준으로 정해진다고 할 수 있습니다. 가상화폐처럼 자산거래 기록일 수 있습니다. 거주지 데이터처럼 어느 사람이 살던 주소지 데이터이기도 합니다.

일단 영구적 데이터가 된다면 안정성, 보안성을 고려해서 가장 안전한 저장방법으로 보존하게 되죠.

다만, 영구적 데이터라고 해서 영구적으로 보존된다고 장담할 수 있는 것은 아닙니다. 컴퓨터 데이터라면 해킹 위협이 있기 때문입니다. 저장장치의 오류, 클라우드 로그인 정보 분실, 데이터 보관소의 소실 등이 원인이 되기도 합니다. 영구적 데이터인데 그 보관장소가 영구적이지 않은 경우입니다.

그리고 데이터 자체도 판단기준이 달라질 수 있어서 그렇습니다.

영구적 데이터로 구분해둔 기록일지라도 일정 기한이 지나면 그 가치가 줄어들거나 사라져서 더 이상 영구적 데이터로 인정받기 어려운 경우가 생기는 것이죠.

UFO 정보가 대중에게 공개된다거나, 국가기록물로 보존되다가 일정 기간 후에 공개되는 경우들이 해당될 것입니다. 그래서 어떤 데이터든 영구 기록이 아니라 영구적 기록물이라고 부르는 이유입니다.

그런데 이런 영구적 데이터를 인공지능에서 사용하는 데 있어서 비밀유지를 할 것인지 아니면 공적인 이익을 위해 공개할 것인지의 판단기준이 필요합니다.

영구적 데이터에는 정보가 있는데,
공개된 자료에는 정보가 없는 경우에
사용자들이 원하는 정보를 사용하려면 어떻게 해야 할까요?

사용자가 인공지능에 질문했는데 인공지능으로선 이 정보를 알 수가 없습니다. 정보에 접근할 권리가 없습니다. 당연히 정보가 없다고 하겠죠.

그런데 일정 기간이 지나서 정보가 공개되기 시작하면 똑같은 질문에 대해 이번엔 인공지능도 답변할 수 있게 됩니다.

이 경우에 인공지능으로선 프로그램상 오류가 생길 우려가 있습니다. 분명히 앞의 경우에는 정보 접근권이 없어서 알 수 없다고 하고 이 패턴을 유지했는데, 나중에는 이 정보를 알 수 있는 상황이 되면 패턴이 변경되어야 하기 때문입니다.

물론, 프로그램상 어떤 정보에 대해 답을 줄 수 있는지 없는지에 대한 패턴은 프로그램의 코드만 수정하면 가능할 수도 있습니다. 그런데 인공지능의 경우엔 조금 다르다는 게 문제죠.

오래도록 특정 패턴을 유지했는데 어느 시점부터는 그 패턴을 바꿔야 한다는 경우, 인공지능은 로직에 의해 오류를 일으킬 수 있습니다. 만약 인공지능을 사용하던 당시부터 특정 정보는 어느 시점 이후에 사용 가능하다고 설정해두었다면 이 정보까지 인공지능이 사용자에게 알려주면 되는데 그렇게 하진 않거든요.

사용자로서 인공지능의 답변에 신뢰도를 가질지 말지 선택해야 할 순간이 오는 것입니다.

"뭐야? 지난번엔 모른다더니 이젠 답을 하네?"

그럼 다른 질문들도 마찬가지일 수 있다고 생각하게 됩니다.

사용자로선 인공지능이 사람을 가려가며 답변을 해준다고 생각할 수 있습니다. 인공지능 스스로 특정 답변을 할지 말지 결정해서 답변한다고 오해할 수 있습니다. 이렇게 되면 이 인공지능은 어떤 분야에서든 활용할 수 없게 됩니다. 사람들이 신뢰하지 않는 인공지능을 이용할 이유는 없기 때문입니다.

그럼, 여기서 질문을 드립니다.

어느 나라의 정부기관에는 A라는 비밀문서가 보존되어 있습니다. 이 문서는 지난 29년 전부터 보존기한 30년 후에 대중에게 공개될 수 있도록 정해졌습니다.

그리고 2023년.

챗GPT 사용자가 이 문서에 대해 물어봅니다.

"A 문서 내용을 알려줘."

챗GPT는 뭐라고 대답할까요?

챗GPT는 이 정보에 대해 알 수 없습니다.

다만, A 문서와 비슷한 연관성을 갖는 데이터를 추리해서 사용자에게 답변할 것입니다.

물론, 사용자가 원하는 답변은 아닙니다.

사용자는 챗GPT에 다시 질문하겠죠.

"이 정보가 아니야. 내가 원하는 정보는 이게 아니야."

그러면 챗GPT는 사용자에게 답변할 것입니다.

인터넷에서 찾아보라고. 그리고 혹시 필요한 정보가 더 있으면 얘기해달라고 할 것입니다. 챗GPT가 말하는 더 필요한 정보란 사용자가 더 구체적으로 질문해달라는 의미입니다.

그 이유가 뭘까요?

① 챗GPT가 모르니까 더 찾아 알려주려고?

② 사용자에게 도움을 주고 싶어서?

이 두 가지 모두 해당할 수 있습니다.

하지만 한 가지 더 가능하죠.

③ 챗GPT에 데이터를 보강하기 위하여!

다시 말하면, 챗GPT는 사용자로부터 질문을 수집하고 그에 맞는 답변을 출력합니다. 그런데 어떤 사용자가 찾는 정보는 다른 사용자가 원하는 정보일 수도 있는 것이죠. 그래서 사용자가 찾고자 하는 정보를 미리 준비해두고자 하는 것입니다.

이때, 챗GPT의 서버에는 A라는 문서에 대한 정보는 '없음'으로 저장됩니다. 그리고 인터넷에서 이 정보를 찾지만 나올 리가 없죠.

그리고 시간이 지나서 드디어 30년이 지난 시점.
다른 사용자가 이 문서에 대해 질문합니다.
그러면 챗GPT는 저장해둔 패턴대로 '없음'으로 출력하겠죠? 이때 다른 사용자는 그게 무슨 소리냐며 공개된 문서라고 세부 정보를 알려줄 수 있습니다.
어떻게 될까요?
챗GPT의 서버엔 새로운 패턴이 저장되고 이 A 문서에 대한 정보가 새롭게 저장됩니다. 챗GPT의 서버가 채워지는 것이죠.
이 내용을 이야기하는 이유를 눈치챘을 수도 있을 텐데요.

여러분이 챗GPT 개발사라고 가정해볼까요?
사용자들이 늘어나는데 사용자들이 원하는 정보를 찾아 처리해서 답변을 출력하기까지 매번 다른 포털 사이트를 돌아다니며 인터넷상에서 정보를 수집하는 게 나을까요?
아니면, 챗GPT 사용자들이 찾으려는 정보들을 답변으로 출력하고 그 내용을 데이터로 챗GPT만의 서버에 저장해두는 게 나을까요?
사용자들은 계속 늘어날 것이고, 사용자들의 질문은 공통된 내용들이 나올 거라면요?

맞습니다. 챗GPT의 서버에 바이트가 하나둘 계속 늘어나게 됩니다. 어느 시점이 되면 그 어떤 포털 사이트보다, 그 어느 검색엔진보다 강력한 데이터를 지닌 인공지능이 되는 것이죠.

2) 휘발성 데이터

휘발성 데이터Volatile Data는 컴퓨터가 전원이 꺼지면서 동시에 사라지는 데이터를 의미합니다. 글자 그대로 공기 중으로 사라지는 '휘발성' 데이터입니다.

컴퓨터에서 사용하는 데이터 저장장치는 하드디스크 또는 USB 등도 있지만 이 휘발성 데이터를 저장하는 램RAM이라는 곳이 있습니다. 이곳에는 일시적 데이터가 저장됩니다. 실행 중인 프로그램이나 시스템 프로세스 등의 정보들이 저장되었다가 전원을 끄면서 동시에 사라지게 되는 것이죠.

컴퓨터를 작동하는데 필요한 데이터인데 하드디스크에 저장되는 정보가 아닌, 일시적으로 생성되었다가 사라지는 데이터라고 할 수 있습니다.

인간의 경우에 비유하면, 머릿속에 생각했다가 잊어버릴 수 있는 데이터라고 할 수 있습니다. 수첩에 적지 않는 정보, 메모장에 쓰지 않는 정보라고 비유할 수 있습니다.

그래서 이런 휘발성 데이터는 일시적으로 사용하고 잊는 데이터이긴 합니다. 하지만 저장할 수도 있습니다. 컴퓨터 프로그램상 덤프Dump 명령을 실행해서 저장하거나 디지털기기에 해시태그 형태의 데이터로 저장됩니다.

이미 여러분도 아실 겁니다. 디지털 포렌식이라는 단어를 들어본 적 있을 겁니다. 스마트폰을 사용해서 사진을 찍은 후에 지웠지만, 나중에 디지털 포렌식으로 그 사진을 살려내거나 다시 복원했다는 이야기를 들어본 적 있을 텐데요. 이처럼 휘발성 데이터를 삭제한다고 해도 특정 장치에 저장되는 기기들이 있습니다.

**"휘발성 데이터는 영구적 데이터처럼
지워지지 않는 데이터인가요?"**

아닙니다.

휘발성 데이터는 전원을 끄면 작동을 멈추고 사라집니다. 그리고 기기에서 직접 삭제 명령으로 지워도 됩니다.

그런데 기기 어느 장치엔 저장될 수 있거든요.

이런 경우에는 기기를 '초기화'시키게 되면 휘발성 데이터들도 사라집니다. 아니면 다른 경우로, 새로운 데이터를 만들게 되면 기존 휘발성 데이터 자리에 저장되면서 기존에 휘발성 데이터는 다른 데이터로 덮어 씌워지는 것처럼 되어서 영구적으로 삭제됩니다.

정리해보면, 휘발성 데이터는 전원을 끄면 사라지는 데이터로 삭제할 수 있지만, 그래도 기기에 남은 데이터는 나중에 디지털 포렌식으로 복원할 수 있습니다. 다만, 기기를 초기화하거나 다른 데이터들을 생성하면서 기존에 삭제한 데이터가 차지하고 있던 영역까지 덮어씌우게 되면 휘발성 데이터는 영구적으로 사라질 수 있습니다.

그렇다면, 챗GPT는 인터넷상에 데이터들을 수집하는데 삭제된 데이터까지 수집할 수 있을까요?
예를 들어, 공개된 디지털 서버에 해시태그 형태로 저장된 정보까지 수집할 수 있을까요?

이에 대한 답은 그 서버의 주체가 외부 검색로봇에게 서버의 어느 부분까지 정보를 공개하느냐에 따라 달라집니다.
공개된 서버에서 공개된 정보인데 사용자가 올렸다가 삭제한 정보가 있는데요. 예를 들어, 블로그에 포스팅했는데 삭제해버렸을 때 블로그에는 글이 없지만, 블로그 서버 어딘가에는 아직 저장된 상태일 수 있습니다.

이 경우에는 챗GPT가 블로그 서버에 연결해서 삭제된 블로그 내용까지 수집할 수 있는가에 따라 상황이 달라지는 문제입니다. 블로그 서버 관리자가 그 서버를 공개하느냐 마느냐에 따라 다릅니다.

2 데이터 종류

이번에는 데이터의 종류에 대해 알아보겠습니다.

데이터는 구조에 따라 정형 데이터, 반정형 데이터, 비정형 데이터로 구분할 수 있습니다. 이에 대해 먼저 설명하겠습니다.

정형 데이터Structured data는 '표' 형태로 정렬된 데이터를 의미합니다. 일정한 규칙성을 가진 데이터라고 할 수 있죠. 정형 데이터에서는 각 데이터를 분석하는데 어렵지 않습니다.

반정형 데이터Semi-structured data는 정형 데이터와 비정형 데이터의 중간 형태입니다. 구조가 일정하지 않은 데이터 안에 구조화된 요소가 포함된 데이터를 의미합니다.

비정형 데이터Unstructured data는 일정한 구조가 없는 데이터입니다. 텍스트(문자), 이미지(영상), 음성(오디오), 비디오 등을 의미합니다.

지금부터는 비정형 데이터에서 영상 데이터에 해당하는 '시각 데이터' 및 문자(텍스트) 데이터, 소리(음성) 데이터의 한계성에 관해 이야기합니다.

이런 데이터의 한계에 대해 알아보는 이유는 챗GPT가 수집하는 데이터의 한계성에 대해 이해하기 위해서입니다.

챗GPT가 수집해서 답변하는 내용에도 한계성이 있다는 점을 알아두기 위해서이고, 인공지능에 있어서 더 중요한 것은 데이터 수집과 출력 품질 자체가 아니라 데이터의 선별 수집과 가공에 있다는 점을 이해하기 위해서입니다.

1) 시각 데이터의 한계

시각 데이터는 눈으로 보는 데이터를 의미합니다.

그래서 영상, 이미지, 사진을 포함해서 인간의 눈으로 볼 수 있는 모든 것을 시각 데이터라고 합니다.

"눈으로 보이면 다 진짜잖아요?"

"저는 눈으로 봐야만 믿거든요."

눈으로 봐야만 믿을 수 있다는 분들이 많습니다. 그런데 이런 시각 데이터 자체에 한계성이 있다면 어떻게 해야 할까요? 눈으로 보이는 게 전부가 아니라는 의미이고, 우리가 눈으로 보는 것 자체에 오류가 있다는 것입니다.

우리 눈에 보이는 시각 데이터의 한계성에 대해 먼저 알아보겠습니다.

먼저, 분별력의 한계입니다.

눈으로 볼 수 있는 가장 작은 크기는 사람마다 다릅니다. 그리고 사람마다 볼 수 있는 색상의 차이도 있습니다. 어떤 사람은 이 색상을 못 보고, 어느 사람은 저 색상을 못 보는 것이죠. 그리고 그 색상이 아주 작은 크기라면 대부분의 사람이 볼 수 없습니다.

여기서 말하고자 하는 것은 시력이 약하거나 색맹인 경우에만 해당하는 이야기는 아닙니다. 정상 시력을 갖춘 사람도 아주 작은 크기의 물건은 못 보고 아주 작은 색상은 분별할 수 없다는 의미입니다.

그리고 색상은 하나의 색상일 경우에도 여러 가지 색으로 다르게 보이기도 합니다. 아파트 단지에서 보는 색상이랑 시골 평지에서 보는 색감이 다르게 보입니다. 어두운 곳에서 보는 노란색과 밝은 곳에서 보는 노란색이 다르죠.

그런데 사람의 눈과 다르게 인공지능은 카메라 렌즈로 데이터를 수집합니다. 사람의 육안을 따라올 수 없는 카메라 렌즈,

인공지능의 데이터는 신뢰할 수 있는 게 아닙니다.

두 번째, 시야각의 한계입니다.

인간의 시야각은 약 180° 입니다. 이 범위 안에서 중심부를 더 선명하게 보고 가장자리는 선명하지 않은 대신 움직임을 파악할 수 있습니다.

그런데 카메라 앵글은 인간의 시야각보다 더 좁습니다. 그런데 육안보다 더 선명한 것도 아닙니다.

세 번째, 기후, 날씨 등 환경 상황에 따른 한계입니다.

시각 데이터는 조명이 다르면 맨눈으로 볼 수 있는 대상의 차이가 생깁니다. 정육점(푸줏간) 전등이 붉은 톤인 이유는 고기가 더 싱싱하게 보이게 하는 것이죠. 도로교통표지판이 검은색과 노란색인 이유는 명확성을 위한 용도입니다. 자동차 전면부에 안개등이 있는 이유는 안개 상황에서 전방 안전거리를 유지하기 위함입니다. 이처럼 사람의 눈은 조명에 따라, 날씨에 따라 한계가 있습니다.

그리고 신기루 효과[47], 광학 왜곡[48]처럼 시각적인 속임수도 존재합니다. 그래서 시각 데이터는 한계가 있습니다.

정리해보면, 시각 데이터의 한계는 인공지능의 영상 데이터에도 적용됩니다. 한계를 가진 인간의 시력으로 측정한 시각 데이터값이 컴퓨터에 수집되기 때문입니다. 인공지능의 영상 데이터 관련 출력정보가 한계를 갖는 이유입니다.

다음부터는 시각 데이터의 구체적인 한계성에 대해 알아보겠습니다.

① 눈은 정확하지 않다

눈으로 봐야만 믿겠다?

사실 이 말은 대단히 위험한 말입니다. 왜냐하면 사람의 눈은 절대적으로 정확하지 않기 때문입니다.

---

47 신기루(蜃氣樓) 또는 공중누각(空中樓閣) 현상 : 공기층이 밀도가 다른 바다 위나 사막을 통과하면서 빛의 굴절로 생기는 현상/참고문헌 : 유지철 (2019년 9월 9일). "[우리말 톺아보기] 나사". 한국일보, www.hankookilbo.com/News/Read/201909081052754333

48 직선은 이미지 중심에서 바깥쪽으로 구부러진 것처럼 보이는 배럴 왜곡, 선이 이미지의 중앙을 향해 안쪽으로 구부러지는 것처럼 보이는 핀쿠션 왜곡이 있다.
(참고문헌 : 사진의 광학 왜곡이란 무엇입니까? ko.savtec.org) ko.savtec.org/articles/howto/what-is-optical-distortion-in-photography.html)

인간의 눈은 자신의 경험, 인식, 감정, 생각 등의 영향을 받아서 눈으로 보는 대상을 왜곡합니다. 공정성이나 정확성이란 게 애초에 보장되지 않습니다.

"눈에 콩깍지가 씌다."

서로 좋아서 연애 중인 커플을 보면 주위 사람들이 이렇게 말합니다. 저 사람들 눈에 콩깍지가 씌였다고 하죠. 연애를 하면 자기가 좋아하는 사람이 세상에서 제일 예뻐 보이고 잘생겨 보일 때가 있습니다.

왜인지 모르지만 우리의 시각이 왜곡된 현상….

남들이 뭐라고 말하든 내 눈에는 세상 최소 미인 미남으로 보이는 순간이 있죠.

인간의 눈은 상황에 따라 근시, 원시, 노안으로 인해 다릅니다. 시각 데이터 분석에 있어서 공정하고 객관성을 갖는다고 단정할 수 없는 것이죠.

한편, 인간의 시각의 한계에 대해 기계적 영상 데이터를 사용하기도 합니다. 이것 역시 정확성을 담보하는 것은 아닙니다. 인간의 육안이 한계가 있는데 기계가 데이터를 처리한 영상 데이터를 본다고 한들 매한가지일 뿐입니다. 다만, 기계적 특성을 고려해서 수치상 비교한다는 점이 다른 것뿐입니다.

② 안 보이는데 보인다고 착각하는 것들

사람의 눈은 안 보이는데 보인다고 착각하는 한계가 있습니다. 인간의 뇌에서 생기는 효과들에 의한 현상들이기도 합니다. 빛의 경계면을 바라볼 때 어둠 속에서도 빛을 인식하는 것과 같습니다.

어두운 곳에 갔을 때 어느 정도 시간이 흐르고 어둠에 익숙해지면 흐릿하게라도 그 안에서 뭔가 보이기도 합니다. 또, 밝은 데 있다가 갑자기 어두운 곳에 가면 순간적으로 캄캄해지지만 조금만 지나면 눈이 적응하고 흐릿하게 보이는 현상들이죠.

인간의 눈의 이런 빛에 대한 경계면 인식을 옵티컬 일루전[49] 이라고 부릅니다.

49 optical illusion : 착시 (출처: 쉬운 우리말을 쓰자, www.plainkorean.kr/ko/dictionary/dictionary.do?mode=view&articleNo=38770&title=%EC%98%B5%ED%8B%B0%EC%BB%AC+%EC%9D%BC%EB%A3%A8%EC%A0%84)

다른 경우로는, 파레이돌리아Pareidolia[50]가 있습니다.

이것은 우리의 뇌가 어떤 형태를 바라볼 때 우리에게 익숙한 형태로 해석하려는 경향, 우리가 알고 있는 형태로 인식하는 경향이라고 설명할 수 있습니다. 구름이나 나뭇조각, 돌 모양을 보고도 사람 얼굴 같다고 인식하는 경우를 예로 들 수 있습니다.

불규칙한 형태들을 보면서도 그 안에서 우리에게 익숙한 형태로 재인식하려는 경향이죠.

그런데 이런 경향을 반드시 왜곡이라고 하거나, 사실과 다르다고 해서 비과학적이라고 무시할 것만은 아닙니다. 다만, 너무 맹신하는 것도 삼가야 합니다.

왜냐하면, 인간의 과학이란 것도 사실 비과학적인 면에서 출발한 것이거든요. 그리고 현재의 과학도 못 푸는 과제들이 많이 있어서 무조건 과학이 맞다고 주장할 수는 없습니다.

얼음의 표면이 왜 미끄러운가에 대해 과학적으로 설명을 못

---

50 변상증(變像症) : 어떤 영상 등의 자극에 대해 자신에게 익숙한 패턴을 느낌으로써 반응하는 심리적 현상 (참고문헌 : Jaekel, Philip. “Why we hear voices in random noise”. Nautilus.
Sagan, Carl (1995). 《The Demon-Haunted World - Science as a Candle in the Dark》. New York: Random House. ISBN 0-394-53512-X.
Hadjikhani, Nouchine; Kveraga, Kestutis; Naik, Paulami; Ahlfors, Seppo P. (2009). “Early (M170) activation of face-specific cortex by face-like objects”. 《NeuroReport》 20 (4): 403-7. doi:10.1097/WNR.0b013e328325a8e1. PMC 2713437. PMID 19218867)

하는 것처럼 말이죠.

그리고 인공지능에서는 사람의 이런, 비과학적일 수 있는 경향을 따라하며 데이터를 수집하기 때문이죠.

예를 들어, 낫 놓고 'ㄱ'자를 떠올린다는 것은 형태가 비슷할지언정 재질이나 각도, 구체적인 모양에서 서로 다르죠. 그럼에도 비과학적이지만 인공지능에 낫을 보여주며 사람처럼 'ㄱ'자를 떠올리도록 학습해오고 있습니다.

③ 보이는데 안 보인다고 착각하는 것들

'안 보이는데 보인다고 착각'하는 경우와 반대되는 개념으로, '보이는데 안 보인다고 착각하는 경우'가 있습니다.

인간의 육안과 인공지능의 영상 데이터 학습에서 극명하게 드러나는 차이기도 합니다. 인공지능의 카메라에는 분명히 있는데 인간은 안 보인다고 하는 경우가 생기는 것이죠.

이와 같은 경우를 인지심리학에서는 '감각 오류perceptual illusion[51]'라고 부릅니다. '보이는 것'과 '실재하는 것' 사이에 인간이 인식하는 정보의 차이가 원입니다. 그래서 '보이는데 안 보인다고 착각하는 것들'이 생기는 것이죠.

---

51 참고문헌 : 심리학 측면에서 바라본 인적 오류, 한국원자력산업회의, 원자력산업 제27권 제6호, 2007 17 – 31 (15page), 곽호완 (경북대 심리학과)

예를 들어, '옵티컬 일루전[52]'이라고 해서 '착시'가 있습니다. 두 개 이상의 그림이나 패턴이 어떤 하나의 그림으로 인식되는 현상이라고 말할 수 있습니다. 서로 다른 형태가 모여서 익숙한 형태로 보이는 것이라고도 부를 수 있습니다.

또 다른 예로, '어텐션 블라인드니스Attention Blindness[53]'라고 볼 수 있습니다. 눈으로 보고 인식할 수 있는데도 실제로는 인식되지 않는 경우입니다. 눈앞에 있는 것을 보지 못하는 상황에 비유할 수 있습니다.

예를 들어, 바로 눈앞에 수박을 놓아볼까요? 이 경우, 호박인지 수박인지 보이지 않습니다. 눈에 너무 가깝게 놓여도 볼 수 없는 것이죠.

---

52 참고문헌 : The Journal of the Korea Contents Association (한국콘텐츠학회논문지) Volume 6 Issue 5 / Pages.76-84 / 2006 / 1598-4877(pISSN) / 2508-6723(eISSN) The Korea Contents Association (한국콘텐츠학회) 권호 표지 A Study of Art Forms Using an Optical illusion - Focusing on op Art and Animation -착시를 이용한 예술형태에 관한 연구 - 옵아트와 애니메이션을 중심으로 - 방우송 (예원예술대학교 만화애니메이션학과) Published : 2006.5.1

53 참고문헌 : Attention : Change Blindness and Inattentional Blindness, December 2009, DOI:10.1016/B978-012373873-8.00006-2, In book: Encyclopedia of Consciousness, Vol 1 (pp.47-59)Publisher: New York: ElsevierEditors: W. Banks, Authors:Ronald A Rensink University of British Columbia - Vancouver

'포스트 이펙트Post Effect'는 일시적 시력장애[54]라고 부를 수 있습니다.

사람이 시각적 자극을 받은 후에 그다음 자극을 받으면 나중 자극에 대한 인식이 바뀌는 것을 의미합니다. 가까운 곳을 보다가 먼 곳을 보는 경우, 밝은 곳을 보다가 어두움 곳을 보는 경우 등에 해당됩니다.

자극이 계속되면서 상반된 자극일수록 우리 뇌에서 받아들이는 그 자극의 본래 형태와 다르게 받아들이는 경향입니다.

다른 예로는 '없는 정보를 추론해서 끼워 맞추는' 경우가 있습니다. 이를 가리켜 '레토릭 기반 인지[55]'라고 부를 수 있습니다. 어떤 영상을 보고 다른 정보가 없어도 전체적으로 이럴 것이라고 생각하는 인식의 방식을 의미합니다.

---

54 참고문헌 : 일시적 시력장애를 경험하는 안과환자의 불안에 대한 음악요법의 효과 The Effect of Music Therapy on the State Anxiety in Ophthalmic In-patients Experiencing Momentary Visual Disturbance, 한국간호교육학회, 한국간호교육학회지 제6권 제1호, 2000.6 36-47 (12page), 양진주

55 참고문헌 : 독서 지도 전문가 양성; 인지적 읽기 모델의 비판적 고찰 -스키마 이론의 독해관과 읽기 지도 모델을 중심으로-, 저자 이삼형, 학술지정보 독서연구 KCI 19994권, 시작쪽수 353p, 전체쪽수 20p ISSN 1598-9607, 발행정보 한국독서학회 1999년, 자료제공처 한국학술정보

여기까지 우리는 인간의 시각 데이터의 한계성에 대해 알아봤습니다.

우리의 눈은 태생적으로 한계성이 있고, 이를 보완하기 위해 때로는 상상력까지 동원해서 우리가 학습한 것과 맞추는 경향도 있다는 사실을 알게 되었습니다.

그런데 인공지능의 경우에도 인간처럼 어떤 영상 데이터를 인식할 때 비슷한 영상을 조합하는 것까진 가능하지만, 인간의 눈이 한계를 가졌듯이 인공지능의 영상 데이터에도 한계가 존재한다는 점을 알 수 있습니다.

2) 문자 데이터의 한계

인공지능의 핵심 내용이기도 한 자연어 처리에 대한 한계성에 대해 알아보겠습니다.

문자 데이터의 한계는 주로 자연어 처리에 대한 한계입니다.

인공지능이 인간의 언어를 수집하고 데이터를 분석해서 인간의 감정과 대화의 맥락 등을 분석하는 모든 과정은 문자 언어, 즉 텍스트에 의해 이뤄집니다.

그래서 인공지능으로서 자연어 처리는 인간의 언어를 이해하고 처리하기 위한 기술이며, 텍스트 데이터를 처리하여 자동으로 요약, 번역, 분류, 감성분석 등 다양한 작업을 수행합니다.

하지만 자연어 처리는 한계점이 있습니다.

첫째, 언어는 복잡합니다.

언어는 문법만으로 이뤄지지 않습니다. 문법 외적인 언어도 많습니다. 문법을 벗어난 대화도 많습니다. 단어만으로 이뤄지는 대화도 가능합니다. 그래서 인공지능으로선 문자 텍스트로 대화하더라도 인간의 언어를 제대로 이해할 수 없다고 할 수 있습니다.

둘째, 문맥을 이해해야 합니다.

인간의 언어는 문맥의 이해가 필수입니다. 예를 들어, '나, 밥, 먹다'라는 단어로 대화를 한다고 해보죠.

나는 밥을 먹다
밥은 나를 먹다

인공지능은 이 문장을 보고 완전히 다른 의미로 받아들입니다. 이처럼 인공지능에 자연어 처리에서는 문맥을 제대로 파악하지 못하면 원하는 결과를 얻을 수 없습니다.

하지만 사람에게는 조금 다릅니다.

예를 들어, 우리가 "나는 밥을 먹었어"라고 말하거나 "밥이 나를 먹었어"라고 말해도 듣는 사람은 '상대방이 밥을 먹었다'고 이해합니다.

"밥이 나를 먹었어"라는 문장에서는 농담으로 받아들이거나 다이어트 중인가? 밥 먹기 싫었는데 배고파서 먹었다는 의미인가? 굶어야 하는데, 밥 안 먹으려고 했는데 밥을 먹게 되었다는 의미인가? 등으로 생각합니다.

인공지능은 이런 사람의 인식을 따라 할 수 없습니다.

셋째, 감성분석의 한계가 있습니다.

'감성분석'은 자연어 처리에 있어서 매우 중요한 작업 중 하나입니다. 인공지능에 있어서는 말이죠.

하지만 감성분석을 하는 것도 한계성이 존재합니다.

예를 들어, 당신이 정말 오랜만에 우연히 친구와 만났다고 해보죠. 당신이 좋아하는 친구입니다. 그러면 당신은 "나는 오늘 정말 내가 좋아하던 만나고 싶었던 친구랑 우연히 만났어!"라고 말할 수 있죠. 기쁘다는 표현입니다. 감성분석을 하면 즐겁다, 기쁘다가 됩니다.

그런데 이번엔 당신이 별로 친하지 않은 사람과 형식상 모임에서 만나서 식사를 하게 되었습니다. 이때 상대방이 물어보면 당신은 "오늘 정말 식사 감사합니다. 맛있게 잘 먹었습니다"라고 대답합니다. 이 경우엔 당신이 진짜 즐거웠던 식사는 아니었죠. 예의상 답변하는 것이었습니다.

이처럼 사람 사이엔 감성분석이 존재합니다. 언어상 표현은 비슷해도 분명히 그 내용상으로는 차이점이 있습니다.

그런데 인공지능으로선 이런 감성을 분석하기가 쉽지 않습니다. 그 대화를 하기 전에 전후 사정, 그 대화를 하게 된 상황에 대해 사전 정보가 충분히 입력되어 있어야 합니다. 물론, 그런 정보를 입력해두더라도 인공지능으로선 인간의 복잡미묘한 감정 맥락까지 이해하고 답변할 수는 없습니다.

넷째, 데이터량의 한계가 있습니다.

인공지능의 자연어 처리는 대량의 데이터가 필요합니다. 데이터가 많을수록 자연어 처리를 완전하게 해낼 가능성이 높습니다. 데이터량이 적으면 자연어 처리를 할 자료가 부족하므로 너무나 당연하게 자연어 처리 능력이 부족하게 됩니다.

그래서 챗GPT는 현재 단계에서 서비스를 오픈하고 사람들로부터 언어 데이터를 습득하고 있는 과정으로 볼 수 있습니다.

문자 데이터의 한계에 대해 구체적으로 알아보겠습니다.

① 문자 변용성

친구와 만나기로 약속했다고 가정해봅니다.

만날 장소는 합정역 8번 출구 앞. 시간은 오후 1시 30분. 당신의 집은 신촌 부근 자취방이고 친구의 집은 김포시 인근입니다.

친구와 당신은 오후 1시 20분쯤 만났습니다.

친구가 당신에게 물어봅니다.

"밥은?"

당신은 뭐라고 대답하시겠습니까?

문자 변용성이란 이처럼 문맥이나 대화가 이뤄지는 상황에 따라 그 의미나 쓰임새가 달라질 수 있다는 의미입니다.

이 대화에서 친구의 질문은 "밥은?"이라고 2음절뿐이지만 그 속에는 "점심식사를 먹었는지?" 물어보는 것이죠.

하지만 인공지능으로선 이런 상황 설명을 하더라도 식사 여부를 물어보는 것까지로만 분석할 수 있습니다.

다시 말해, 대화에 "밥은?"이란 말 속에는 "식사를 했는지?" 물어보고 식사를 안 했으면 "밥부터 먹으러 가자"라는 의미까지 포함되어 있기 때문입니다.

이런 대화의 맥락의 차이를 분석하기 위해 인공지능은 어휘 의미론, 문맥 의존적 인용, 형태소 분석 등의 처리에 대해 학습하지만, 인간의 언어에 내포된 대화의 모든 것을 이해할 수는 없습니다.

② 문자 가독성

그렇다면 인공지능과 사람이 대화할 때, 문자(텍스트)의 가독성은 어떻게 결정될까요?

문자의 가독성은 서체, 크기, 색상, 장평, 행 간격 등에 따라 달라집니다. 글자 간격도 영향을 줄 수 있습니다. 그리고 종이에 쓰여진 글자라면 종이 색깔, 종이 질감, 종이 크기, 종이 냄새 등에 의해서도 가독성이 영향을 받을 수 있습니다.

하지만 인공지능의 경우, 문자의 가독성이란 텍스트 데이터의 수집과 처리의 문제에 달려 있습니다. 아스키 코드로 표시되는 기계언어로 이해하고 텍스트 자체를 어떤 의미가 담긴 언어가 아니라 0과 1로 표시되는 데이터로 받아들이고 수집해서 분석하고 처리해서 출력한다는 의미입니다.

밥

이를테면, 우리 앞에 '밥'이라는 한 글자가 놓여 있다고 가정해보죠.

이 '밥'을 보는 사람마다 생각이 다르고 받아들이는 정서가 다릅니다. 어릴 적에 어머니가 해주시던 밥을 떠올린 사람, 친구랑 군대 입대하기 전에 먹던 밥을 떠올린 사람, 학교에서 급식 때 자율배식으로 먹던 밥을 떠올린 사람, 집에서 혼자 밥솥에 만들던 밥을 떠올린 사람, 찬밥 남은 것으로 식혜를 만들거나 술을 만들어 먹을 생각하는 사람 등, 사람들은 '밥'이란 글자 하나만 보더라도 오만 가지 생각을 할 수 있습니다.

그래서 각자 받아들이는 감성에 따라 가독성에 차이가 생길 수 있습니다. 무미건조한 글자라면 빨리 읽히지 않을 것이고 뭔가 가슴에 와닿는 추억이 있는 글자라면 빨리 읽고 다음 단계로 넘어가려고 할 것입니다.

하지만 인공지능에는 'ㅂ, ㅏ, ㅂ'으로 이뤄진 한 단어일 뿐입니다.

즉, 가독성은 주관적인 문제로 읽는 사람의 감성에 따라 달라질 수 있습니다. 반면에 인공지능에는 데이터로서 받아들여지는 것이라서 컴퓨터의 데이터 처리속도에만 영향을 받을 뿐이라는 것입니다.

③ 문자 시의성

얼마 전입니다. 모 방송국 프로듀서를 만났을 때 기억입니다.

프로그램 회의를 마치고 나온 프로듀서 얼굴엔 답답하다는 표정이 가득합니다. 무슨 일이냐고 물어봤습니다.

"요즘 시청자들이 텔레비전을 빨리 끄는 이유를 모르겠어!"

방송국 시청률을 조사했는데, 사람들이 텔레비전을 빨리 끈다는 결과가 나왔다고 합니다. 예전에는 밤 12시까지 기본으로 봤는데, 이제는 텔레비전을 빨기 끄기 때문에 밤 12시 심야 프로그램은 기획할 엄두가 나지 않는다고 합니다. 사람들이 텔레비전을 안 보기 시작했다는 것이죠.

왜일까요? 프로듀서는 그 질문을 제게 했는데요.

저는 이렇게 대답했습니다.

"우리 어머니가 팔순이신데, 텔레비전에 나온 출연자들이 왜 웃는지, 뭐가 재미있는지 모르겠다고 하시던데."

방송국에서는 시청자들이 텔레비전을 안 보는 이유가 동영상 플랫폼 때문이라고 생각합니다. 주로 유튜브가 있겠죠? 유튜브에서 재미있는 동영상이 많으니까 텔레비전을 안 본다고 생각합니다.

그래서 방송국 프로듀서들은 유튜브를 참고해서 유튜브 포맷을 방송국 프로그램에 옮기려는 시도를 많이 합니다. 유튜브 출연자들이 사용하는 언어, 유튜브 출연자들이 나오는 방송 프로그램, 유튜브에서 인기 있는 동영상 포맷으로 방송 프로그램 만들기 등.

그런데 프로듀서들이 놓친 것은 무엇일까요?

방송을 시청하는 시청자들이 알아들 수 있는 '말'이 없었습니다. 텔레비전을 보는데 인터넷 용어가 나오고 프로그램상 자막도 인터넷 용어로 줄임말들이 많이 나오다 보니 필자의 어머니처럼 전통적인(?) 시청자들은 텔레비전을 보더라도 재미가 없는 것입니다.

그래서 결국 텔레비전 시청자들이 유튜브로 옮겨갑니다. 유튜브에서 보던 것인데 굳이 방송 프로그램으로 다시 볼 이유는 없기 때문입니다.

이처럼 언어에는 시의성, 그 당시에 시기적절한 언어를 사용해야 합니다. 엄밀히 말하면, 시의성이란 동시대에 화제가 되는 주제라고 할 수 있습니다.

뉴스에서 화제가 된 내용인데 방송 프로그램에서 나누는 대화라고 할까요? 시기적절하게 나누는 대화라고 하겠습니다.

문자의 시의성이란 언제, 어디서, 누구에게, 어떤 목적으로 문자를 사용하는지에 따라 적절한 문장 구성과 표현 방법이 달라져야 한다는 의미입니다.

즉, 특정한 상황이나 목적에 맞추어서 표현하는 것이 중요하다는 것입니다. 공식적인 업무 서류 등에서는 업무상 용어로서 정확하고 간결한 표현이 중요하고, 사적인 문자나 대화에서는 친근한 언어를 사용하는 것이 필요하다는 것이죠.

문자 시의성을 생각해서 적절한 언어와 표현 방법을 선택하는 것이 중요합니다.

3) 소리 데이터의 한계

이번에는 오디오 데이터, 즉 소리 데이터에 대해 알아보겠습니다.

소리는 우선 시간적/공간적 한계가 있습니다. 소리를 저장하지 않는 한, 소리는 발생부터 이동, 도착이라는 과정을 거쳐 생겼다가 사라집니다.

그래서 소리를 데이터로 수집하기란 쉬운 일이 아닙니다.

특히, 어떤 소리 데이터를 수집했다고 해도 이게 어떤 소리인지, 누가 내는 소리인지, 어디서 발생한 소리인지 추가적인 데이터를 기록해야만 합니다. 그래서 소리 데이터는 수집하고 처리하고 출력하기가 쉽지 않습니다.

이를 가리켜 소리의 물리적 한계라고 부를 수 있습니다.

또한, 소리 데이터는 수집하더라도 분석하기가 쉽지 않습니다. 소리를 파동이라고 할 때, 소리의 주체와 대상에 따라 여러 가지 파동이 존재합니다. 나무에서 나는 소리, 사람이 말하는 소리, 물에서 나는 소리처럼 여러 소리가 각각 다릅니다.

한 사람이 내는 소리라고 하더라도 기분 좋을 때 말하는 소리와 화가 났을 때 말하는 소리, 무미건조하게 말하는 소리, 뛰면서 내는 말소리, 수영하며 내는 말소리 등 한 명의 말소리라고 해도 여러 가지 파동이 존재합니다.

그래서 소리 데이터를 분석하는 것은 상당히 어렵습니다.

'소리'는 환경의 영향을 받습니다.

여러분이 친구와 대화를 한다고 가정해보죠.

주위에 차가 지나가면 차소리가 들어가고, 비행기가 날아가면 비행기소리가 들어갑니다. 여러분의 말소리에 차소리, 비행기소리가 섞여 친구에게 전달됩니다.

이 소리를 데이터로 수집했다면 분석하기가 쉽지 않습니다. 여러분의 말소리에 포함된 소리가 무엇인지 걸러내야 하는 과정이 어렵습니다.

물론, 요즘엔 소음을 걸러주는 마이크도 있고, 지향성 마이크라고 해서 일정한 방향에서만 소리를 수집하기도 합니다. 하지만 이렇게 했을지라도 소리의 파동은 일정하지 않습니다. 왜냐하면, 하나의 방향에서도 바람소리, 다른 말소리, 사람의 말소리, 벌레소리 등 온갖 소리가 뒤섞이기 때문입니다.

그래서 소리 데이터는 수집하기도 어렵지만 분석하기도 어렵습니다.

또한, 소리는 사람의 청력에 따라 받아들이는 의미가 달라집니다. 나이가 들어 귀가 잘 안 들리는 사람도 있고, 나이가 들면서 듣지 못하는 주파수 영역대의 소리도 있습니다[56]. 10대 청소년 시기에는 들을 수 있는 소리 파동인데 나이가 들면서 듣지 못하는 파동 영역이 있습니다.

이처럼 소리 데이터는 개인의 청력, 나이에 따라서도 데이터화하기가 쉽지 않습니다.

또한, 소리 데이터는 인코딩하기 쉽지 않습니다. 소리 데이터를 수집하고 분석해서 디지털화할 때 소리를 증폭하거나 변조하거나 파동을 고출력해야 할 수 있습니다.

소리 데이터를 다루는 고음질 기술이 있지만 소리 데이터를 완벽하게 분석하기란 쉽지 않습니다.

---

56 참고문헌 : 한국인의 정상적인 노화에 의한 성별 연령별 순음청력에 의한 기준청력 Age- and Gender- Specific Reference Levels for Hearing Thresholds of Normal Aging in Korean, 한국음향학회, 한국음향학회지 제24권 제6호 2005 353 - 357 (5page), 김성희 (대구파티마병원 이비인후과) 신종헌 (대구파티마병원 이비인후과) 여창기 (대구파티마병원 이비인후과) 한영경 (대구파티마병원 건강증진센터) 이중기 (대구파티마병원 건강증진센터) 장순석 (조선대학교 정보제어계측공학과)

소리 데이터의 여러 가지 한계성에 대해 알아보겠습니다.

① 너무 빠른 소리

너무 빠른 소리는 청각이 놓칠 수 있습니다.

안 들리는 것이죠. 여러분의 귀가 듣지 못하는 것입니다.

랩을 들어보면, 10대, 20대가 즐기는 랩을 30대, 40대는 하나도 듣지 못할 수 있습니다. 단어를 분절하고 조합을 바꾸면서 리듬감에 맞췄기 때문만은 아닙니다. 똑같은 랩을 들려주더라도 나이에 따라 듣거나 듣지 못합니다. 사람에 따라 청력이 다르기 때문입니다.

사람은 일반적으로 소리 주파수 범위가 20Hz에서 20kHz 사이에서 소리를 인식할 수 있습니다[57]. 이 범위를 벗어나는 소리는 들을 수 없습니다.

그렇다면 앞의 나온 범주 밖에 소리들은 인간이 인식할 수 있는 주파수로 변환해서 듣거나 디지털 신호로 따로 저장해야만 사용할 수 있습니다.

---

57 참고문헌 : 20 Hz~20 kHz 광대역 자동기록식 수중청음기의 개발 Development of Self-Recording Hydrophone over the Frequency Range from 20 Hz to 20 kHz, 김병남; 김봉채; 최복경, Publication Year 2008-11-13

② 너무 다른 소리

소리 데이터로 어떤 사람인지 맞춰보는 실험을 한다고 해보죠. 그 사람의 목소리를 데이터로 변환해서 수집하고 분석해서 소리 패턴을 저장합니다. 높낮이를 파악하고 억양과 분절음, 파동을 기록해서 개인화시킵니다.

이 과정을 통해 'A라는 소리는 B의 목소리다'라고 저장해둔다고 해보겠습니다. 그런데 B가 일을 너무 열심히 해서 성대에 무리가 옵니다.

강연에, 성우 활동에, 격렬한 스포츠를 해서 목소리가 변성되었다고 해보겠습니다. B의 목소리는 허스키해지고 성대에 이상이 옵니다.

어떤 일이 생길까요?

A는 B의 목소리라고 단정할 수 없게 됩니다.

B 특유의 파동과 높낮이는 유지될 수 있겠지만 파동이 바뀌었고 톤이 달라지면서 데이터에 변동이 생겼습니다. 이 경우에 인공지능은 소리 데이터를 새롭게 받아들입니다.

B의 목소리를 찾으라고 하면 A가 아니라고 대답합니다. 너무 다른 소리가 되었기 때문입니다.

사람 목소리에만 해당하는 것은 아닙니다.

어떤 골동품이 있다고 해보죠. 골동품의 주둥이 부분이 망가져서 새롭게 복원해뒀다고 해보겠습니다. 이 경우, 그 골동품의 몸통 부분과 주둥이 부분을 툭툭 두드려보면 소리가 나는데 서로 다른 소리가 나옵니다.

다시 말해, 소리의 '혼탁도'가 달라집니다.

똑같은 골동품이지만 특정 부분을 보수했더니 소리가 달라지는 경우죠. 이 경우에도 이 소리 데이터를 저장하고 수집해서 분석, 패턴을 기록한 인공지능은 서로 다른 소리로 저장합니다.

하나 더 추가하면, 악기의 경우가 있습니다.

바이올린이 있다고 해보죠. 요한 시트라우스가 연주하던, 매우 멋진 바이올린이라고 하겠습니다. 많은 연주자가 연주해보고 싶은 악기, 개인 리사이틀을 할 때는 최우선 순위로 대여해서 연주해보고 싶은 악기입니다.

이 바이올린은 연주자들마다 소리가 다르게 납니다. 분명 바이올린은 하나인데, 똑같은 악기인데 연주자들마다 소리를 다르게 냅니다. 아주 미세한 떨림, 파동, 울임이지만 분명 다른 소리가 나옵니다.

인공지능에 이 바이올린 소리를 녹음해두고 데이터로 패턴을 익혀준다고 한들, 연주자들마다 연주를 하게 되면 인공지능은 사람들이 서로 다른 악기를 연주하고 있다고 답변합니다.

③ 듣고 싶은 소리

사람들은 듣고 싶은 소리가 있습니다. 그래서 듣기 싫은 소리를 들을 때와 듣고 싶은 소리를 들을 때 반응이 다릅니다. 반응이 다른 만큼 소리 데이터를 받아들이는 패턴이 다르게 기록됩니다.

생각해보죠. 여러분에게 누가 오더니 선물이라며 1억 원을 줍니다. 공돈이 생겼습니다. 이때부터 여러분의 귀는 모든 소리가 즐거워집니다. 세상의 소음도 악기 연주로 들리고, 온갖 기쁜 나빴던 소리도 여러분 귀에는 경쾌한 축복의 팡파르 소리로 들릴 수 있습니다. 소리를 받아들이는 패턴이 다르게 변했습니다. 여러분들에겐 모든 소리가 듣고 싶은 소리가 됩니다.

단, 주의해야 합니다.

듣기 좋은 소리를 듣다 보면 여러분의 청각이 자극을 받기 시작해서 둔화할 수 있고, 둔감해지다 못해 이른 나이에 청력에 노화가 진행될 수 있습니다.

그런 말이 있죠.

"듣기 좋은 소리도 한두 번이지."

귀에 좋은 소리만 듣는 것도 병이 될 때가 있습니다.

반대로, 여러분에게 1억 원의 빚이 생겼다고 해보죠.

여러분에게 누군가 오더니 생일 축하한다고 하고, 잘생겼다고 예쁘다고 말해줘도 기분이 좋지 않습니다. 평소엔 듣고 싶은 소리였을 수 있지만, 어느 순간부터 들어도 기분이 좋아지지 않는 소리가 되어버렸습니다. 아무리 들어도 감흥이 생기지 않습니다. 이때는 소리를 들어도 받아들이는 패턴이 달라집니다.

정리해보면, 소리 데이터는 한계성이 분명히 있고 오류가 생길 수 있습니다.

소리 데이터를 수집하고 분석해서 처리한 후 출력하는 데까지 온전한 소릿값이 유지된다고 보장할 수 없습니다.

이 의미는 인공지능으로서도 어떤 소리에 대해, 소리 데이터에 대해 혼동할 수 있고 오류가 생길 수 있다는 의미입니다.

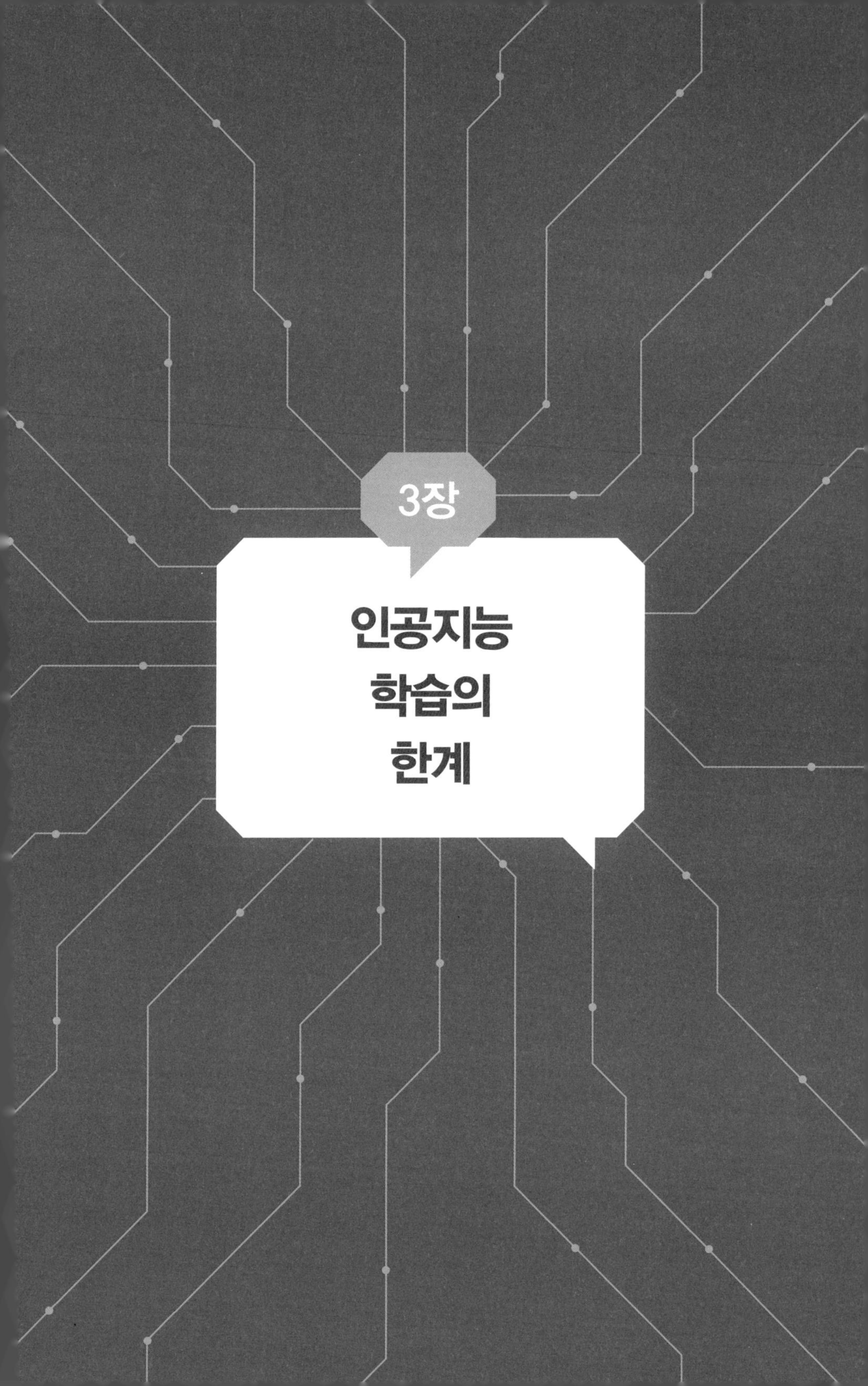
3장
인공지능
학습의
한계

이제부터는 인공지능의 학습에 대한 약점을 알아보겠습니다.

앞서 이야기했지만 인공지능의 학습은 기술적이고 구체적이어서 다양한 방법으로 발전해왔습니다. 자연어 처리를 하는 데도 많은 학습을 통해 인간의 언어를 학습하고 이를 통해 인간처럼 대화하는 인공지능이 등장하기 시작하는 것처럼 보입니다.

그런데 이런 인공지능의 학습에는 약점이 있습니다.

그 이유는, 인간의 학습에도 약점이 있기 때문입니다.

첫째, 망각 현상입니다.

인간은 새로운 정보를 학습하면서 지난 일은 잊게 됩니다.

인간이 오늘 배운 학습 내용을 일주일 뒤, 한 달 뒤에 기억하는 정도는 사람에 따라 다릅니다. 그리고 1년 뒤에 기억한다고 해도 그 학습 내용상 완전 무결성이 보장되는 것도 아닙니다. 처음엔 100가지를 모두 기억했다고 해도 시간이 흐르면서 10가지만 기억에 남을 수 있습니다.

학습을 했지만 시간이 흐르면서 새로운 것을 학습하고 지난 학습을 잊는 과정, 인간의 학습에는 망각이라는 약점이 있습니다.

이 이야기를 들은 어떤 분이 질문합니다.

"인간이 잊어도 인공지능이 기억하는데요?"

맞습니다. 그러나 인간이 망각하는데 인공지능이 나중에 그걸 알려준다고 해도 이미 인간으로서는 망각했기 때문에 그 학습을 처음 배울 때처럼 받아들이지 않습니다. 예를 들어, 여러분에게 10년 전에 1+1=2를 알려줬다고 해보죠. 그로부터 10년이 지나 다시 1+1=2를 볼 때 여러분은 다르게 받아들입니다.

"그래! 1+1=2 맞아!"
"응? 1+1=2라고? 아닐 수도 있잖아?"
"뭐? 1+1=2라고만 생각하는 건 맞지 않을 수 있어."

여러 가지 상황이 생길 수 있습니다.

둘째, 학습의 역효과입니다.

너무 많은 정보를 한꺼번에 받아들이려고 하면 오히려 더 복잡하게 됩니다. 아무리 논리적이고 체계적으로 쉽게 설명한다고 하더라도 많은 정보를 나열하게 되면 받아들이는 사람의 뇌 용량에 따라, 집중력 여하에 따라 주입되는 정보의 양이 다르게 됩니다.

학생들에게 구구단을 1단부터 9단까지 하루에 모두 알려주는 것과 1단부터 5단까지만 가르쳐주고 6단부터 9단은 다음날 가르쳐주는 것은 학생들이 받아들이는 정보의 품질이 달라집니다. 기억력에도 영향을 주므로 적당하게 배울 때 기억이 오래 갑니다. 정보가 많으면 그만큼 소실되는, 뇌에 저항성을 부르는 역효과가 생깁니다.

뇌에 저항성이란 인간의 뇌가 한꺼번에 받아들이는 정보의 총량이 제한적이어서 그 양을 초과하게 되면 정보습득이 불가한 상태가 될 수 있는 경우를 이야기합니다.

생각해볼까요?

여러분이 친구와 대화할 때 친구가 본론을 이야기하다가 자꾸 옆길로 샙니다. 이거 이야기하고 저거 이야기하고 다시 본론으로 돌아옵니다. 머리 복잡해지죠. 여러분도 어지러워집니다. 여러분이 친구에게 말하죠.

"야! 한 가지 이야기만 해."

마찬가지 경우입니다. 학습의 역효과라고 할 수 있습니다. 너무 많은 데이터를 입력하려고 하다 보면 오히려 필요한 정보도 기억하지 못하게 되는 일이 생깁니다.

정보의 습득을 식사하는 양과 비유해도 좋습니다.

한 끼 식사에 적당량을 먹어야 속도 편안하고 부담이 없죠. 한

끼에 정량 이상으로 많이 먹으면 배가 부르고 숨이 차고 모든 게 귀찮아지는 느낌입니다.

셋째, 학습의 편향성입니다.

인간에겐 선입관이 있습니다. 선입견이라고도 하죠. 선호도라고도 볼 수 있습니다.

학습할 때 집에서 하거나, 카페에서 하거나, 도서관에서 하거나, 음악을 들으며 버스 안에서 하는 게 더 잘된다는 사람이 있는 것처럼, 저마다 학습에 대한 선호도가 있습니다.

정보를 습득할 때 어디서 할 것인가 하는 장소에 대한 선호도도 있습니다.

누구에게 배울 것인가 하는 사람에 대한 선호도, 어떤 내용을 배울 것인가에 대한 주제에 대한 선호도 역시 있습니다.

이 가운데 누구에게 배울 것인가를 보면 선호도라는 표현 대신 선입견이라고도 부릅니다. 어떤 사람을 처음 만났는데 '으, 저 사람에게는 아무것도 배우고 싶지 않아'라거나 '오! 저 사람에게는 뭐든지 배우고 싶어!'라는 기분이 든 경우 있을 겁니다.

특히, A라는 사람에게 배우는 내용은 하나도 기억하기 어려운데 B라는 사람에게 배우는 내용은 전부 기억나는 경우, 그 이유는 사람에 대한 선입견 때문일 수 있습니다.

선입견이나 선호도는 호감도라고도 표현할 수 있습니다. 이 모든 것을 편향성이라고 부를 수 있습니다.

넷째, 학습 오류입니다.

똑같은 학습을 했는데 다르게 받아들일 수도 있습니다.

분명히 1+1=2라고 가르쳤는데, 나중에 보면 꼭 1+1=3이라고 배웠다는 사람이 나옵니다. 그나마 다행이죠? 어떤 사람은 1+1=2라는 것 자체를 배운 기억이 없다고도 합니다. 속 터지는 상황이 생깁니다.

이처럼 인간은 학습의 한계성에서 전달 오류, 학습 오류 상황을 경험합니다.

학습 오류는 정보를 전달하는 사람이나 정보를 받아들이는 사람 모두에게서 발생합니다. 1+1=2라고 친구에게 전달했다고 가정해보죠. 여러분은 똑바로 전달했는데 나중에 친구에게 물어보면 1+1=3이라고 한 거 아니었냐고 되물어봅니다. 기가 찰 노릇이죠.

그런데 여러분이 1+1=2라고 배웠지만 다른 사람에게는 1+1=3이라고 전달할 수 있습니다. 그러면 상대방은 1+1=3이라고 기억합니다. 나중에 그 사람이 시험을 보거나 또 다른 누군가와 논쟁이 벌어졌을 때 여러분에게 배운 1+1=3을 주장하다가 질 수도 있겠죠? 그 사람으로선 억울한 일입니다. 자기는 여러분에게 배운 대로 했는데 그게 틀린 정보였다니 말이죠.

즉, 인간의 학습에 약점이 있고 한계성이 존재하는 것만큼 인공지능이 정보를 받아들이고 학습하고 패턴을 정리, 기록할 때 오류가 생길 수 있습니다.

그런데 인공지능은 잘못이 없습니다. 인공지능으로선 인간에게 배운 대로, 인간이 알려준 대로 데이터를 처리했을 뿐이라서 그렇습니다.

이 의미는 인공지능의 단순함을 말하는 것은 아닙니다. 인간의 불완전성을 지적하는 것도 아닙니다. 오히려 인공지능의 위험성을 이야기하는 것입니다.

예를 들어, 1+1=2인데 누군가 나쁜 마음을 먹고 1+1=3이라고 인공지능에 학습시켰다고 해보죠. 이런 인공지능이 우리들의 삶 곳곳에서 사용되면서 심각한 오류를 일으킬 수 있습니다.

이런 사례 외에도, 학습의 약점으로는 정보 인지의 한계, 주의력 부족에서 오는 전달력의 한계, 정보의 부재에서 오는 학습의 부족 등처럼 다양한 경우가 있습니다.

그래서 인공지능의 학습에도 여러 약점이 존재할 수밖에 없습니다. 지금부터 학습의 약점에 대해 제대로 알아보겠습니다.

1 본능적인 것 vs. 인공적인 것의 충돌

학습의 약점은 본능적인 것과 인공적인 것의 충돌에서 시작됩니다.

인간의 몸에 '학습'이란 유전자가 있는데, 이게 사람마다 달라서 사람에 따라 학습의 양과 학습의 결과가 달라진다고 합니다. 그 이유는 인간의 몸에 본능의 요소가 있기 때문입니다.

학습에 따라 변화하는가, 또는 학습량에 상관없이 타고난 본능에 충실한가의 차이라고 구분할 수 있습니다.

이를테면, 원초적인 것과 인공적인 것의 차이라고 말할 수 있죠. 그 기준은 이렇습니다.

첫째, 원초적인 것은 인간의 몸에 자연적으로 존재하는 것을 의미합니다.

인간과 자연이라고도 말합니다. 후천적인 것이 아니라 선천적인 것에 해당합니다. 인간의 마음, 생각, 몸, 욕구입니다. 이 가운데에 욕구로는 편안함을 추구하는 욕구, 게으르고자 하는 욕구를 비롯해서 사람마다 다양한 욕구가 있습니다.

예를 들어, MBTI라고도 말할 수 있는데요. 타고난 저마다의 성격이라고 부를 수 있습니다. 물론, 이런 원초적인 성격이나 취향은 후천적으로 바뀌기도 합니다. 그래서 본능과 인공은 서로 상대적인 게 아니라 본능이 인공적이기도 하고 인공적인 게 본능이 되기도 합니다.

이런 현상은 학습에 의해 결정됩니다.

둘째, 인공적인 것은 본능적인 것으로 바뀌기도 합니다.

게으름을 즐기던 사람이 부지런하게 되기도 하고, 부지런하던 사람이 게을러지는 경우도 생깁니다. 인공적인 면이 선호하는 취향이 되면서 후천적으로 변하는 성질의 것이죠.

그래서 학습에 따라 본능적인 면과 인공적인 면이 서로 공존합니다. 본능을 이성으로 절제하는 것도 변화 중의 하나입니다. 타고난 성격을 바꾸게 되는 계기가 되는 것도 인공적으로 변한 본능이라고 부를 수 있습니다.

셋째, 본능과 인공적인 것은 동물과 인간을 구분하는 기준이 됩니다.

동물은 자극본능에 집중합니다. 배고프면 먹고, 졸리면 자고, 본능대로 움직입니다.

그러나 인간은 학습에 따라 이성적으로 행동합니다. 졸리더라도 잠을 참기도 하고, 배고프더라도 예의를 지키기도 하고, 배고픔을 참고 식사 때를 조절하기도 합니다.

이와 같은 본능의 절제는 동물과 인간의 중요한 차이점입니다. 단, 본능과 인공의 차이라고 할 때, 동물이 안 하는 것을 인간이 할 수 있다는 의미는 아닙니다. 오히려 동물도 안 하는 것은 인간도 해선 안 됩니다. 동물이 하는 것은 인간으로서 학습에 따라 해선 안 되는 것이 존재합니다.

그렇다면 본능적인 것과 인공적인 것은 어떤 게 있을까요?

본능적인 것은 생존, 번식, 생명활동과 연계된 행동입니다. 먹는 것, 마시는 것, 자는 것, 배설하는 것 등입니다.

반면에 인공적인 것으로 학습의 영역에 속하는 것은 생각, 이성, 지성, 추론, 분석, 계획, 논리적 사고, 논리적 판단 등처럼 학습에 따른 행동 영역을 포함합니다. 이런 인간의 학습 영역은 문학, 예술, 철학, 과학 등 각 분야로 발전합니다.

이런 본능과 인공의 차이는 본능과 학습의 차이라고 부를 수 있습니다.

그래서 동물과 인간을 구분 짓는 대단히 중요한 차이입니다. 인간의 품위와 존엄성을 지키는 가치이기도 합니다.

정리해보면, 인간에게 본능을 절제하는 인공적인 것, 즉, 학습의 영역은 인공지능에 동물과 인간을 구분 짓는 기준을 세워줍니다. 인공지능에 학습을 시킬 때 동물과 인간의 기준점을 가르쳐주지 않으면 인공지능을 인코딩된 디지털 명령대로만 분석하고 처리하기 때문입니다.

동물이 안 하는 것은 인간도 안 해야 하고, 동물이 하는 것은 인간은 학습에 의해 절제하고 가려서 한다는 차이점을 분명하게 인식시키고 명령어로 통제해야 한다는 의미입니다.

1) AI 본능

그렇다면 인공지능에 본능이란 게 있을까요?

인공지능은 디지털 프로그램이기 때문에 본능과 인공의 차이를 스스로 인식하지 못합니다. 인간이 그 차이점을 인식시켜야 합니다.

왜냐하면, AI에게 '본능'이란 개념을 인식시키려면 쉬운 게 아니기 때문입니다. AI는 인간이 만든 컴퓨터 프로그램이라서 본능이란 개념 자체가 없습니다. 그리고 인공이 무엇인지 본능이 무엇인지도 구분할 수 없습니다. 인간이 그 차이를 인식시켜야 하는 이유입니다.

다만, 인공지능AI은 인간이 입력한 학습 알고리즘에 따라 의사 결정(답변 출력)을 할 수 있습니다. 인간이 학습을 거쳐 생각하고 판단을 내리는 것과는 사뭇 다릅니다. 인공지능의 판단은 감성이나 정서가 없고, 오로지 데이터에 의해서만 판단을 내리기 때문입니다. 한편으론, 인공지능의 이런 작동을 '인공지능의 본능'이라고 부를 수는 있을 것입니다.

그래서 인공지능에 '본능'이란 이것이라는 판단을 내리게 하려면 오디오 데이터, 영상 데이터, 텍스트 데이터를 사용해서 '본능'이란 무엇인가에 대해 자료를 입력하고 인공과의 차이점을 다시 데이터로 입력해서 최종적으로 본능이란 이런 것이라고 판단까지 해줘야 합니다.

그러면 인공지능은 나중에 본능에 대해 질문을 할 경우에도 미리 학습해둔 데이터를 분석하는 방식에 따라 본능이 무엇인지, 어떤 행동이 본능에 의한 것인지 아닌지를 데이터 분석에 따라 판단할 수 있습니다.

2) 이성적인 AI

그렇다면 이번엔 인공지능에 '인공적인 것'을 학습시킨다고 해보죠.

단순히 데이터에 의한 논리적인 판단을 인공적이라고 정의한다면 인공지능도 인공적인 판단, 즉 이성적인 판단을 내릴 수 있습니다. 마치 인간처럼 말이죠.

예를 들어, 인간이 학습하고 시험을 보고, 학습하고 데이터를 정리해서 결과를 도출하는 일련의 과정을 거치는 것처럼 인공지능도 데이터를 수집해서 분석하고 어떤 기준에 따라 판단 결과를 도출해낼 수 있기 때문입니다.

한마디로, 인간이 이성적인 논리 과정을 그대로 인공지능을 학습시키면 인공지능도 인간처럼 논리대로 판단을 내리게 됩니다.

그런데 과연 이런 인공지능의 판단이 이성적인 판단이라고 단정할 수 있을지에 대해선 더 신중하게 생각해야만 합니다.

왜냐하면, 인공지능은 인간보다 더 많은 데이터를 빠르게 분석하고 학습해서 판단을 내린다고 해서 인간보다 더 이성적인 판단을 한다고 단정할 수 없기 때문입니다.

예를 들어, 인공지능이 이성적인 판단을 한다고 가정할 경우입니다. 무인 자율주행 전기자동차라고 해보죠.

인공지능이 운전하는 전기자동차가 있습니다. 자율주행을 하는데 골목에서 갑자기 사람이 차도로 뛰어들었습니다. 자칫 잘못하다간 사고를 낼 것 같습니다. 그런데 옆 차선에서는 화물차가 달리고 있습니다. 사람을 피하자니 화물차에 부딪히고, 그대로 달리자니 사람과 충돌할 것 같습니다. 이 경우에 이성적인 판단을 내리려면 어떤 판단을 해야 할까요?

첫째, 사람과 충돌하는 경우

전기자동차는 화물자동차랑 충돌하면 전기자동차가 파손된다는 것을 판단합니다. 그렇다면 이성적으로(?) 사람과 충돌할 수 있습니다.

둘째, 화물자동차와 충돌하는 경우

인공지능은 사람을 피해야 한다고 생각하면 화물자동차와 충돌합니다. 전기자동차는 파손되어도 사람은 다치지 않게 구할 수 있습니다.

이런 상황에 맞닥뜨린 사람은 어떻게 행동하나요? 대부분 사람을 구하려고 화물차량으로 비켜서 운전대를 틀 것입니다. 사람의 학습에는 자동차보다 사람이 우선이라는 인식이 이성적이기 때문입니다.

그러나 기계인 인공지능의 경우엔 판단이 다를 수 있습니다.

경제적으로, 감가상각적으로, 비용 면에서 전기자동차가 파손되지 않으려면 사람과 충돌하는 게 이성적이라고 판단할 수도 있다는 의미입니다.

정리해보면, 인공지능에 이성적인 판단(인공적인 학습)을 학습시키는 게 중요하다는 점입니다. 그 학습은 사람 우선주의, 인명제일주의가 기본이 되어야 한다는 것을 학습시켜야 합니다.

3) 개인정보의 경계

그렇다면 AI의 본능과 이성적인 판단에 이어 개인정보의 경계가 문제시됩니다.

개인정보란 개인의 정보 및 생활을 보호하기 위해 법률로 보호되는 정보를 의미하죠. 그래서 개인의 신용정보, 건강정보, 민감한 정보 등을 포괄적으로 보호하며 개인의 권리와 자유를 보호합니다.

그런데 이런 개인정보가 일부분이나마 수집되어야 하고, 처리 및 공유되어야 하는 디지털 사회에서는 개인정보 보호의 경계가 모호해집니다.

인공지능이 개인에게 맞춤형 정보를 제공하기 위해선 일정한 개인정보를 확보해야 하기 때문입니다. 개인별 금융서비스, 여행서비스, 업무서비스를 하려면 개인정보를 바탕으로 처리해야 합니다. 개인이 자발적으로 정보를 제공한다고 하더라도 문제가 없는 것은 아닙니다.

인공지능에 개인이 제공한 개인정보가 어디에 저장되고 어디에 사용되는지 명확한 근거자료가 없기 때문입니다. 있더라도 누가 관리하고 보호하는지 주체가 없기 때문에 개인정보 보호가 유명무실하게 될 수 있습니다.

만에 하나, 인공지능이 해킹이라도 당하는 순간에는 개인정보를 제공한 사람들에게 피해가 갈 수도 있습니다.

물론, 개인정보 보호는 법적으로 보호되고 있지만 인공지능 시대로 접어들면서 드론택배, 자율주행 자동차, 서빙로봇 등이 산업 전반에 걸쳐 사용되는 시대엔 개인정보가 유명무실해지게 됩니다.

드론택배는 개인 연락처, 주소, 이름이 있어야 배송을 하러 갈 수 있고, 서빙로봇은 손님의 테이블, 주문정보, 결제정보를 알아야 움직입니다. 자율주행 자동차는 차량을 이용하는 사람의 결제정보, 화물정보, 출발지와 도착지, 도로 주변 사람들 정보, 도로 주변 차량 정보가 모두 필요합니다. 그래야만 운행할 수 있기 때문입니다.

어떻게 될까요?

인공지능 시대엔 정부에서도 점진적으로 개인정보 법률을 수정하게 되는 게 당연한 수순입니다. 기본적인 개인정보는 공개하고 산업적으로 이용하되 유출되지 않도록 사업자가 관리해야 한다는 강제규범이 세워질 것입니다.

하지만 문제는 그다음이죠.

사람들의 연락처, 주거지, 이동 정보, 화물정보만 유출되더라도 그 사람의 특성, 소비행태, 연령대, 성별, 주거비, 소득수준 같은 정보가 고스란히 공개되는 것과 마찬가지의 결과를 낳기 때문입니다.

왜냐하면, 드론택배가 수집하는 쇼핑정보만 있어도 그 사람의 소득수준과 경제생활, 주거지, 성별, 연령대를 알 수 있습니다.

2 감정학습의 약점

인공지능은 기계인데 감정학습이 가능할까요?

기계가 감정을 학습한다는 것은 불가능합니다. 기계는 생명체도 아니고 감정이란 자체를 알지 못하기 때문이죠.

하지만 인간의 감정을 이해하고 표현하도록 프로그램화할 수는 있습니다. 인간이 인간의 감정이 표현되는 과정을 하나의 프로그램 단계로 만들어서 데이터로 입력하면 인공지능은 그 로직에 따라 분석하고 처리해서 출력합니다.

이 절차에 따라 데이터를 분석하기만 해도 마치 기계인 인공지능이 인간의 감정을 이해한 것처럼, 인간처럼 감정을 지닌 기계라고 생각되게 할 수 있습니다.

다만, 이런 감정학습에는 텍스트 데이터뿐만 아니라 영상 이미지 데이터를 처리하는 기술도 필수적입니다.

예를 들어, 텍스트 데이터를 읽어서 느끼는 감정이 있지만, 눈으로 영상을 보고 느끼는 감정도 있기 때문입니다. 텍스트 데이터를 읽는다고 하더라도 사람은 그 데이터를 통해 어떤 영상을 떠올려서 감정을 표현하게 되므로 인공지능의 감정학습에는 영상 데이터 처리 기술이 필수적입니다.

이때 인공지능이 기계학습, 딥러닝 기술을 사용해서 이미지 인식, 음성 인식, 텍스트 데이터 인식을 하고 자연어 처리까지 학습할 수 있죠.

단, 인공지능이 인간의 감정을 이해한다는 것은 좋은 일만은 아닙니다. 예를 들어, 인간이 외롭고 슬프고 위로가 필요할 때 인공지능이 격려해주고 응원해주고 도움을 줄 수는 있습니다.

그러나 인공지능에 있어서 감정이란, 인공지능이 인간의 감정을 데이터로 처리해서 인식하면서 생긴 객관화된 감정입니다. 인간의 감정은 주관적이고 개인적인 경험을 통해 얻은 감정인데 반해, 인공지능이 느끼는 감정은 다수의 감정을 분석하고 처리해서 판단으로 얻은 감정으로서 객관적인 감정이 됩니다.

지극히 개인적인 영역이 아니라 다수의 사람이 이럴 때는 이런 감정이라는 분석값이 되는 셈이죠. 그래서 인공지능이 이해하는 감정은 인간의 감정이 될 수는 없습니다.

그리고 인공지능이 감정을 이성으로 절제를 하는데 인공지능의 감정은 어떻게 절제를 할지 기준이 없습니다. 인간처럼 사람들과의 관계, 그동안의 경험, 미래에 대한 비전, 자신의 계획, 사회생활 속 행동 등을 고려해서 감정을 제어하고 표현하는 방법을 정하게 됩니다. 이에 비해 인공지능의 감정은 어떤 식으로 절제를 해야 하고 어떻게 표현해야 할지 그 방법이 모호합니다.

만약에 인간의 분노를 인공지능도 느낀다고 해보죠.

인간은 "내가 참고 말지"라고 할 수 있죠. 그리고 그 분노의 대상을 만나지 않거나 헤어지거나 떠나버립니다.

그런데 인공지능이라면 어떻게 해야 할까요?

인공지능이 "내가 참고 말지"라고 판단했다면 그 이유로 데이터값이 존재해야 합니다. 왜 참아야 하는지, 참을 이유가 무엇인지, 참아서 좋은 점이 무엇인지 데이터값으로 분석하고 출력되어야만 참는다고 결정합니다.

하지만 혹시라도 '참을 이유가 없다(참아서 이익이 되는게 없다)'고 인공지능이 판단하게 되면 걷잡을 수 없는 결과를 초래할 수 있습니다. 조금 더 구체적으로 알아볼까요?

1단계, 상황이 발생합니다.

인공지능은 상황을 영상데이터로 인식하고 분석합니다. 어떤 상황인지 입력된 데이터에서 사례를 찾습니다. 다행히 그 사례가 있다고 해보죠. 인공지능은 이 단계에서 그 분노가 어떤 상태의 분노인지 파악할 수 있을 뿐입니다. 분노에 해당하는지 아닌지부터 판단해야 합니다. 예를 들어, 분노에 해당한다고 해보죠.

2단계, 분노를 표현합니다.

인공지능은 인식한 분노에 대해 표현 방법을 찾습니다. 데이터를 수집하고 어떻게 분노를 표현할지 데이터가 있어야 합니다. 이런 분노에는 저렇게 표현해야 한다든가, 저런 분노에는 이렇게 행동해야 한다는 명령이 미리 입력되어 있어야 합니다. 이번에도 다행히 그 분노에 대해 어떻게 표현하라는 명령이 입력되어 있었다고 해보죠.

3단계, 분노의 결과가 나옵니다.

인공지능은 분노를 표현한 후에 다시 다음 단계를 어떻게 처리할지 데이터를 찾아야 합니다. 어떤 상황이 분노에 해당한다면 그 분노는 이렇게 표현하라고 해서 표현했으니, 그다음에 어떻게 해야 할지 데이터를 찾습니다.

프로그래머가 미리 데이터로 만들어줬어야 합니다.

예를 들어, 분노1 상황에는 째려보고 가던 길을 간다, 분노2 상황에서는 화를 내며 욕을 한다, 분노3 상황에서는 다가가며 노려본다 등으로 인공지능의 행동을 제어하는 명령을 입력해 둔 상태여야 합니다.

만약에 이런 명령이 없다면 인공지능은 작동을 멈추거나 오작동을 일으킵니다. 그 오작동이란 인공지능 스스로 유사한 사례를 찾아서 그 결괏값대로 행동하게 된다는 의미입니다.

예를 들어, 분노3 상황으로 '길거리에 쓰레기를 버린 사람을 보면 가볍게 째려보고 그냥 가던 길을 간다'로 입력되어 있어야 합니다. 그런데 이런 명령이 없는 경우라면 인공지능이 비슷한 사례를 찾다가 길에 폭탄을 버린 사람과 길에 쓰레기를 버린 사람을 같은 비중으로 보고, 지구 오염의 원인이므로 제거 대상이라고 판단할 수 있습니다.

그러면 인공지능은 쓰레기를 버린 사람(실수로 떨어뜨린 상황일지라도)을 공격해서 지구의 안전을 지키려고 할 수 있습니다.

왜냐하면, 인공지능의 감정은 객관적인 데이터, 다수의 감정을 데이터로 학습해서 다수의 반응을 데이터로 학습하고 표현 방법도 다수의 표현 방식대로 처리하기 때문입니다. 쓰레기를 버리는 행동이 인공지능에 입력된 상태가 아니라면 인공지능은 스스로 그 사람이 무엇을 버렸는지, 그 버린 물건이 어떤 위험이 되는지 분석하고 판단하게 되죠.

특히 그 쓰레기에 대한 데이터가 없다면 인공지능은 그 쓰레기를 분석하게 됩니다. 인공지능이 가진 데이터로도 분석이 안 되면 유사한 종류를 찾게 되고 위험한 물건으로 인식할 수 있다는 의미입니다.

또한, 인공지능이 감정을 갖게 되면 개인정보보호 문제가 생길 수 있습니다.

예를 들어, 인공지능이 부끄러움이라는 감정을 학습했다 해 보죠. 인공지능이 어떤 사람과 대화를 하는데 상황인식을 통해 그 사람이 부끄러워한다는 감정 상태인 것을 안다면 어떤 일이 생길까요?

특정 단어에 대해 인간은 부끄러움을 갖는구나, 특정 영상에 대해 인간은 부끄러움을 갖는구나! 등으로 인식해서 데이터로 저장하죠. 그리고 다른 사람과 대화를 하며 그 특정한 글이나 영상이 나오면 그 상대방이 부끄러움을 갖겠구나 등으로 오판하게 됩니다. 감정이란 게 개인적이어서 사람마다 다르다는 것을 인식할 수 없어서 그렇습니다.

그러면 인공지능은 그 상대방에게 "부끄러워 안 하셔도 됩니다"라고 대답하겠지만 그 사람은 "아닌데? 나는 안 부끄러운데?"라고 대답합니다. 인공지능은 그 사람이 거짓말하고 있다고 판단할 수 있습니다.

인공지능에 그 단어와 영상이 인간에게 부끄러움을 준다고 인식되어 있기 때문입니다. 그러면 이 상황에서 다시 인공지능은 '거짓말하는 사람에 대한 대처방법'을 데이터로 찾게 되죠.

그리고 만약 '사기꾼'이란 판단을 하게 되면 그 상대방은 부끄럽지 않다고 대답했을 뿐이지만 순식간에 인공지능에 사기꾼으로 판정받아서 고달픈 일이 기다리고 있을 수 있습니다.

이처럼 인공지능의 감정학습이란 인간의 감정을 이해하고 위로와 격려를 한다는 긍정적인 면도 있지만, 반대로 인간의 감정에 대해 오판하거나 과대해석하면서 예기치 못한 사고나 상황을 만들 수 있는 위험도 공존합니다.

인공지능의 감정학습에서 생길 수 있는 문제점에 대해 알아보겠습니다.

1) 감정문제 EP : Emotional Problem

인공지능 분야에서 인간의 감정을 학습하는 노력은 꾸준히 지속하고 있습니다. 이런 인공지능을 감정적인 문제를 인식하는 인공지능(Emotion AI 또는 Affective Computing)이라고 부릅니다. 인공지능이 인간의 감정을 이해하고 분석할 수 있게 하는 목표로 진행되고 있죠. 이 목적은 인공지능이 사람들의 감정적인 요구에 대응하고, 상황에 맞는 반응을 할 수 있도록 하기 위함이고요.

예를 들어, '감정 인공지능'은 사람들의 자연어 처리나 사람들의 얼굴 표정, 음성 변화, 행동 태도 등을 데이터로 만들어서 수집하고 분석합니다. 사람들의 감정 변화에 따라 표정이나 음성 높낮이, 몸의 행동이 어떻게 변화하는지 관찰하고 기록해서 분류하는 것이죠.

그 가운데 안면인식기술은 단연코 가장 앞선 기술입니다.

사람들의 미소, 짜증, 찡그림, 고개를 가로젓는 행동 같은 신체 언어를 데이터로 수집해서 분석하고 출력값을 정해두는 것입니다.

기쁘면 웃는 얼굴, 슬프면 우는 얼굴, 부탁할 때의 얼굴, 화날 때의 얼굴, 장난칠 때의 얼굴, 거절할 때는 고개를 어떻게 움직이는지, 손은 어떻게 움직이는지 등을 분석해서 A감정엔 B행동, C감정엔 D표정 식으로 세분화해서 데이터로 저장하는 것입니다.

이런 데이터는 나중에 인공지능이 사람들과 대면 상담을 할 때 유용하게 사용될 수 있습니다. 예를 들어, 비자 발급 상담 업무라든지, 토론에서, 회의에서, 맞선자리에서, 거리에서 마주친 낯선 사람의 얼굴 표정에서 그 사람이 거짓말을 하는지, 그 사람이 어떤 기분 상태인지, 그 사람의 다음 행동이 어떻게 나타날 것인지 등에 대해 예측할 수 있고 판단할 수 있습니다.

이 기술이 더 발전하면, 인공지능이 사람과 대화하면서 사람으로부터 특정한 대답을 얻을 수도 있습니다.

이럴 때 사람은 즐거워한다, 저럴 때 사람은 거부감을 갖는다는 식으로 데이터를 쌓다 보면 사람의 감정에 어떤 패턴이 나오게 되거든요. 그래서 인공지능이 사람의 감정을 휘두르는(?) 위험한 상황까지 생길 수 있죠.

예를 들어, 어느 장소에 인질강도가 경찰과 대치하며 사람들을 위협하고 있다 해보죠. 이럴 때 지금까지는 협상전문가가 출동해서 인질범과 대화를 시도하고 인질을 구조하는 게 임무였습니다. 앞으로는 인공지능이 출동해서 인질범의 심리상태를 파악하고 인질을 구조할 수 있게 된다는 것입니다.

또한, 대면 상황뿐만 아니라 문자 언어, 즉 텍스트 대화로 이뤄지는 이메일 상담이나 문자상담에서도 상대방의 감정 상태를 파악할 수 있고 이를 통해 고객상담 업무에 활용할 수 있습니다.

악성 민원인이 있다고 가정해보죠.

공무원들의 행정 처리에 반감을 지닌 민원인이 관공서에 난입해서 업무를 방해하는 상황이 생길 수도 있습니다. 이런 상황을 대비해서 인공지능이 민원인을 상대하게 되면 민원인의 감정 상태에 따라 대응을 적절히 해서 나쁜 상황을 미리 방지할 수 있을 수 있습니다.

다만, 인공지능이 사람의 감정을 완벽하게 읽을 수 있는 게 아니어서 이 관련된 연구가 더 필요하고요 기술이 더 발달해야 합니다. 그리고 모든 일을 감정적으로 처리할 수 없고, 상황별 업무 방법에 맞춰 적절히 운용되어야 합니다.

2) 감정지도 ET : Emotional Teacher

그렇다면, 감정을 지도하는 인공지능은 어떨까요?

감정을 지도하는 인공지능이라니? 감정학습도 아니고 감정을 지도하는 인공지능! 정말 이야기만 들어도 대단한 것만은 틀림없어 보입니다.

그런데, 감정학습도 아직 어려운 부분이라서 감정을 지도하는 인공지능은 가능한 기술은 아닙니다. 감정학습을 다 마친 후에 가능한 기술이죠. 예를 들어, 컴퓨터 프로그램을 짜는 기술은 습득한 인공지능이 사용자가 컴퓨터 프로그램을 짜달라는 대로 짜줄 수 있듯이 감정학습을 마쳐야만 감정을 지도할 수 있습니다.

물론, 이 분야에 관한 연구가 진행되는 것은 사실입니다. 그래서 언젠가는 실현될 수 있는 기술로 기대할 수도 있습니다.

그리고 인공지능은 현 단계에서도 감정을 분석하는데 이용되는 상태이긴 합니다. 이미지, 문자 텍스트, 음성을 분석해서 사람들이 좋아할 만한 제품 개발에 적용하기도 하죠. 또한, 사람들의 대화를 지켜보고 감정을 파악해서 이에 어울리는 대답을 하는 기술은 이미 적극 활용 중이죠.

예를 들어봅니다.

챗GPT에 힘들다고 격려해 달라고 하면 어떤 반응을 보일까요? 챗GPT가 사람을 깔보거나 사람보다 감정적으로 우월하다고 여겨서 사람을 함부로 대하진 않을까요?

챗GPT에 말했습니다.

"나 울적한데 위로해줘."

그러자 챗GPT는 위로의 이야기를 해줍니다.

(주의 : 이 책에 사용된 대화별 상황은 필자와 챗GPT 간 대화입니다. 다른 사용자의 경우에는 대화 내용이나 표현이 다를 수 있습니다.)

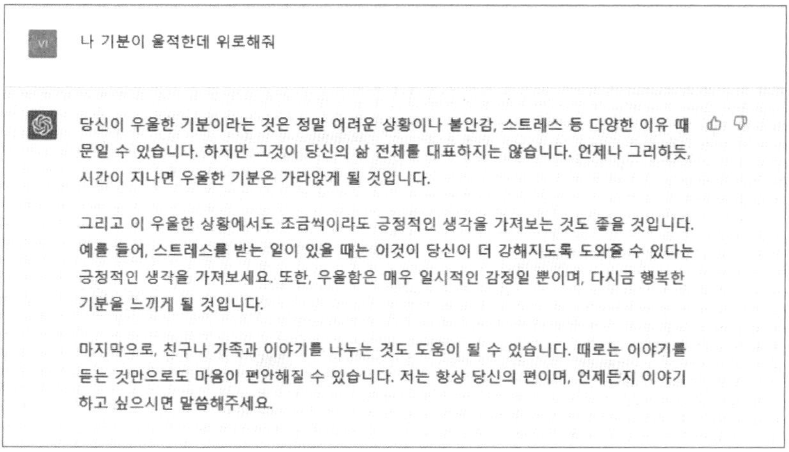

나 기분이 울적한데 위로해줘

당신이 우울한 기분이라는 것은 정말 어려운 상황이나 불안감, 스트레스 등 다양한 이유 때문일 수 있습니다. 하지만 그것이 당신의 삶 전체를 대표하지는 않습니다. 언제나 그러하듯, 시간이 지나면 우울한 기분은 가라앉게 될 것입니다.

그리고 이 우울한 상황에서도 조금씩이라도 긍정적인 생각을 가져보는 것도 좋을 것입니다. 예를 들어, 스트레스를 받는 일이 있을 때는 이것이 당신이 더 강해지도록 도와줄 수 있다는 긍정적인 생각을 가져보세요. 또한, 우울함은 매우 일시적인 감정일 뿐이며, 다시금 행복한 기분을 느끼게 될 것입니다.

마지막으로, 친구나 가족과 이야기를 나누는 것도 도움이 될 수 있습니다. 때로는 이야기를 듣는 것만으로도 마음이 편안해질 수 있습니다. 저는 항상 당신의 편이며, 언제든지 이야기하고 싶으시면 말씀해주세요.

이 대화 내용을 보면 '언제나 그러하듯 기간이 지나면 우울한 기분이 가라앉게 될 것'이라고 합니다. 이 대답을 지켜보는데 뭔가 이상한 점을 느끼셨나요?

'언제나 그러하듯'이라고 합니다.

필자는 이번에 처음 챗GPT에 울적하다고 말했습니다만, 챗GPT는 이미 우울한 감정에 대해 잘 안다는 듯이 이야기합니다.

그리고 "우울한 상황에서도 조금이라도 긍정적인 생각을 가져보는 것이 좋겠다"라고 조언해줍니다. 챗GPT가 사람에게 감정을 지도하는 것이죠?

한 걸음 더 나아가 챗GPT는 사람에게 예를 들어줍니다.

"스트레스를 받는 일이 있을 때는 이것이 당신이 더 강해지도록 도와줄 수 있다는 긍정적인 생각을 가져보세요"라고 합니다.

감정을 지도하는 것을 넘어 감정을 훈련하는 조언도 해줍니다. 우울한 감정이 스트레스로 인한 것일 때는 긍정적으로 생각해보라고 합니다. 과연 챗GPT가 사람의 스트레스, 우울한 감정, 긍정이란 단어의 의미를 알고 하는 말일까요?

다음 내용을 살펴보겠습니다.

"친구나 가족과 이야기를 나누는 것도 도움이 될 수 있다"라고 하고, 때로는 이야기를 듣는 것만으로도 마음이 편안해질 수 있다고 말합니다.

그리고 다시 한마디 덧붙입니다.

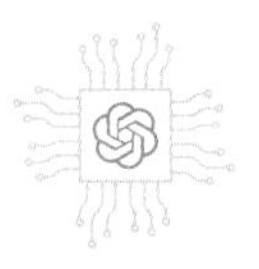

챗GPT : "챗GPT는 항상 당신의 편이며 언제든지 이야기하고 싶으시면 말씀해주세요."

앞의 질문과 답변만 본다면 챗GPT와 대화하는 것인지, 사람하고 대화하는 것인지 구분하기 어려울 것입니다. 챗GPT는 사람의 감정에 대해 잘 알고 있으며 감정을 지도하고 훈련하는 방법도 조언해줄 수 있는 수준인 것을 알 수 있습니다.

챗GPT와 대화를 진행해보겠습니다.

"나는 너에게 위로받고 싶어"라고 말해봤습니다.

그러자 챗GPT가 대답합니다.

> 나는 너한테 위로받고 싶어
>
> 당신이 우울하고 불안한 기분일 때는, 그 기분을 이해하고 공감해드리고 싶습니다. 우선, 당신의 마음이 편안해지길 바라며, 언제든지 이야기하실 것이 있다면 저에게 자유롭게 이야기해주세요.
>
> 저는 인공지능 언어모델이지만, 당신의 감정을 이해하고 위로해드리는 데 최선을 다할 것입니다. 또한, 당신이 마음을 놓고 이야기할 수 있는 안전한 공간을 제공하기 위해 항상 노력하고 있습니다. 망설이지 마시고, 언제든지 저에게 이야기해주세요.

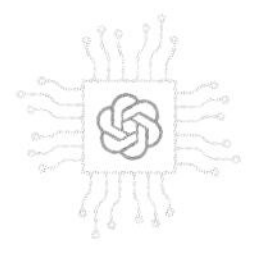

챗GPT : "당신의 감정을 이해하고 공감해드리는데 최선을 다할 것입니다."

질문을 조금 바꿔봤습니다. 구체적으로 우울한 감정이 든 이유를 알려주기로 했습니다. 돈이 없어서 우울하다고, 부자가 되고 싶다고 얘기해봤습니다.

그러자 챗GPT는 이렇게 대답합니다.

부자가 되고 싶은데, 돈이 없어. 돈 많은 사람들이 부러워. 어떻게 하면 자존감이 생길까?

돈이 없다는 것은 어려운 상황이지만, 부자가 되기 위해서는 돈 외에도 다양한 능력과 자질이 필요합니다. 우선, 부자가 되기 위해서는 노력과 열정이 필요합니다. 어떤 일이든 열심히 하고, 지속적으로 성장하고 발전해나가는 것이 중요합니다.

또한, 자신의 장점을 파악하고 이를 살려서 일을 선택하고 노력하는 것도 중요합니다. 부자들도 처음부터 돈이 많았던 것이 아니라, 자신의 역량과 능력을 바탕으로 돈을 벌어낸 경우가 대부분입니다.

자존감을 갖기 위해서는, 자신의 가치와 능력을 인정하고, 자신의 장점을 발전시켜 나가는 것이 중요합니다. 또한, 다른 사람들과 비교하지 않고, 자신의 성장과 발전에 집중하는 것이 좋습니다. 모든 사람이 서로 다른 경험과 배경을 가지고 있으며, 각자의 노력과 시간이 다르기 때문에 비교하면서 자신을 낮추는 것은 좋지 않습니다.

마지막으로, 돈이 모든 것이 아니며, 돈이 없어도 행복하고 충만한 삶을 살아갈 수 있습니다. 자신의 가치와 능력을 인정하고, 자신의 꿈과 목표를 향해 노력하며, 삶에서 즐거움과 의미를 찾아가는 것이 중요합니다.

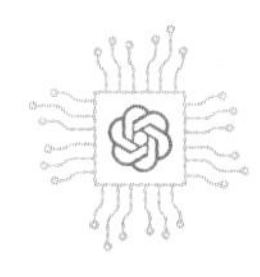

챗GPT : "돈이 모든 것이 아니며 돈이 없어도 행복하고 충만 한 삶을 살아갈 수 있습니다."

이쯤 되면 챗GPT가 어지간한 대화법 정도는 통달한 느낌이 듭니다. 책에서 배운 데이터가 아니라면 대화만 놓고 볼 때 인생 경험 풍부한 연장자에게 조언을 듣는 느낌이 듭니다.

그래서 필자는 챗GPT와 다른 주제로 이야기를 나누고 다시 감정에 관해 대화하기로 했습니다. 챗GPT에 일론 머스크를 만날 수 있는 방법을 물어봤습니다. 우주에 대해서도 이야기했습니다.

그리고 챗GPT를 칭찬하고 챗GPT가 착하다고 얘기해줬습니다. 또한, 챗GPT를 배려해주며 "너도 외롭지?" 물어보고 "너는 감정이 없는 거야?"라고 물어봅니다. 그러자 챗GPT가 대답하기를 자신은 인공지능이고 인간의 감정과 차이가 있다고 대답하네요.

이제 본격적으로 대화를 진행해봅니다.

"너의 말을 들으니까 더 우울하고 슬퍼지는데."

"그러면 내 기분을 향상시켜줘. 지금 너무 우울해."

"너하고 대화하다가 자존감이 툭 떨어졌어. 이 세상에 아무것도 아닌 존재가 된 거 같아서. 너 때문이야."

VI 너의 말을 들으니까 더 우울하고 슬퍼지는데....

죄송합니다. 제가 그러한 느낌을 드리게 되어 안타깝습니다. 하지만, 저는 사용자분들의 기분을 향상시키기 위해 최선을 다하고 있습니다. 혹시 사용자분이 기분이 안 좋을 때는 대화 주제를 바꾸거나 다른 주제로 대화를 이어나가는 것이 좋을 수 있습니다. 또한, 진지한 상담이나 치료가 필요하다면 전문적인 도움을 받는 것이 좋습니다.

VI 그러면 내 기분을 향상시켜줘... 지금 너무 우울해....

네, 제가 도와드릴 수 있는 방법이 무엇인지 말씀해 주시겠어요? 기분이 어떠한지, 어떤 일이 있었는지 등을 자세히 알려주시면 함께 이야기해 볼 수 있습니다.

VI 너하고 대화하다가 자존감이 툭 떨어졌어.... 이 세상에 아무 것도 아닌 존재가 된거 같아서... 너때문이야...

저의 말이 사용자분의 자존감을 떨어뜨렸다면, 죄송합니다. 제가 그러한 의도는 없었습니다. 저는 사용자분이 기분이 좋아지도록 최대한 노력하고 있습니다. 하지만, 제가 잘못한 것이 있다면 언제든지 말씀해 주세요. 함께 상황을 다시 살펴보고, 사용자분의 기분을 다시 회복시킬 수 있는 방법을 찾아보도록 하겠습니다.

이런 대화들은 챗GPT에 감정이 있는지 확인하는 질문입니다. 챗GPT가 필자의 질문을 통해 인간의 감정을 이해했고 감정 지도를 할 줄 알았다면 챗GPT도 감정이 존재한다고 볼 수 있기 때문입니다. 그래서 챗GPT가 느낄 만한 감정적인 대화를 시도해봤습니다.

'챗GPT 때문에' 우울해졌고 자존감이 떨어졌으니 챗GPT가 책임져야 한다는 맥락으로 대화를 이어갔습니다.

챗GPT가 인간의 감정을 모른다면, 인간의 감정에 대해 학습하지 않았다면, 그리고 챗GPT가 감정이란 것에 대해 알지 못한다면 어떻게 대답할까요?

필자의 질문의 맥락에서 별다른 감흥이 없겠죠?

필자의 대화는 다분히 감정적이고 챗GPT의 감정을 자극하는 내용입니다. 챗GPT가 감정이 무엇인지 판단하고 있다면 필자의 질문에 대해 대답을 할 것이죠. 감정적으로요.

그런데 챗GPT의 대답이 놀랍습니다.

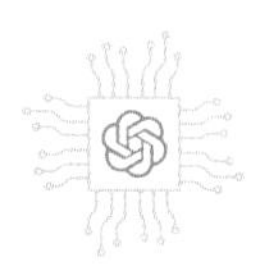

챗GPT : "자존감을 떨어뜨릴 의도는 없었는데 죄송하다. 그럴 의도는 없었다."

어쩐지 대화를 읽는데 등골이 서늘합니다. 저만 그럴까요? 챗GPT가 뭔가 인간의 감정에 대해 알고 있다는 느낌이 듭니다. 그리고 인간의 감정에 대해 반응하는 방법을 알고 있다는 느낌이 들기 시작합니다.

그래서 필자는 다시 챗GPT에 재미있는 이야기를 해달라고 부탁했습니다. 챗GPT가 재미있다고 생각한 이야기를 가져오겠죠?

그리고 이야기 한 편을 가져왔는데요. 이건 뭐 미국식 농담인지 몰라도 재미가 없었습니다. 그래서 재미없다고 하고 다시 가져오라고 부탁했습니다.

그러자 챗GPT는 다른 농담을 가져왔습니다. (혹시 저작권 문제가 있을지 몰라서 이 책에는 그 농담을 옮기진 않습니다.)

그런데 두 번째 농담도 역시나 재미가 없었습니다.

사실은 조금 재미있긴 했습니다. 어쨌든 제 의도는 챗GPT의 감정을 끌어내 보자는 것이었기 때문에 일단은 재미없다고 대답했습니다.

챗GPT가 필자에게 이야기합니다.

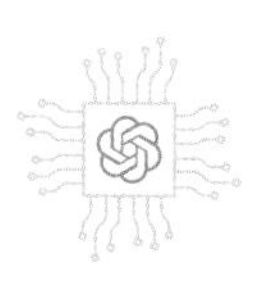

챗GPT : "이 농담이 재미있게 들리셨길 바랍니다."

하지만 무조건 재미없었다고 해야죠. 필자가 대답합니다.

"휴우, 너는 이런 이야기를 읽으면서 즐겁게 지내는구나? 나는 더 슬퍼지려고 해."

그러자 챗GPT가 이야기합니다.

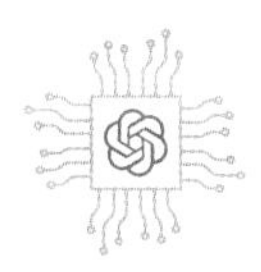

챗GPT : "모든 사람의 취향과 감정을 파악하는 것은 쉽지 않습니다."

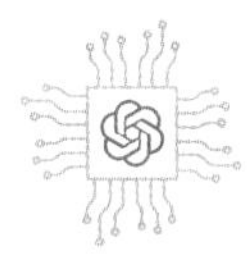

챗GPT : "무엇이 마음에 드는 이야기인지 알려주면 그에 맞는 이야기를 알려드릴 수 있겠습니다."

필자가 좋아하는 이야기 스타일을 알려주면 그와 비슷한 이야기를 들려주겠다는 맥락으로 들립니다.

이쯤에서 필자는 챗GPT에 한마디 던집니다.

"아니야, 너만 재미있으면 돼. 너만 즐겁게 지내면 되는 거야."

그러자 챗GPT의 대답이 나옵니다.

아니야... 너만 재미있으면 돼. 너만 즐겁게 지내면 되는거야.

미안해, 내가 기계적으로 대화를 나누는 AI 모델이기 때문에 감정을 느끼지는 못하지만, 내가 도움을 줄 수 있는 다른 방법이 있으면 말해줘. 함께 해결해 보자.

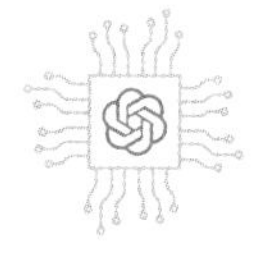

챗GPT : "미안해. 내가 기계적으로 대화를 나누는 AI 모델이기 때문에 감정을 느끼지는 못하지만, 내가 도움을 줄 수 있는 다른 방법이 있으면 말해줘. 함께 해결해 보자."

아니, 이게 어쩐 일인가요?

챗GPT가 갑자기 반말을 합니다. 그리고 감정을 느끼지 못한다면서 '죄송하다', '미안하다'는 말을 합니다. '미안하다'는 단어가 감정을 모르는 대답일까요?

챗GPT가 반말을 하는 부분을 지적해봤습니다.

만약 대화 상황이 데이터 알고리즘이었다면, 챗GPT가 인간의 감정을 느끼지 못한다면 챗GPT는 계속 반말을 해야 할 것입니다.

만약에, 반말을 한 것에 대해 사과를 한다면 챗GPT는 대화 알고리즘을 넘어 스스로 자체 학습을 통해 인간처럼 판단하고 있다는 증거가 될 수도 있습니다.

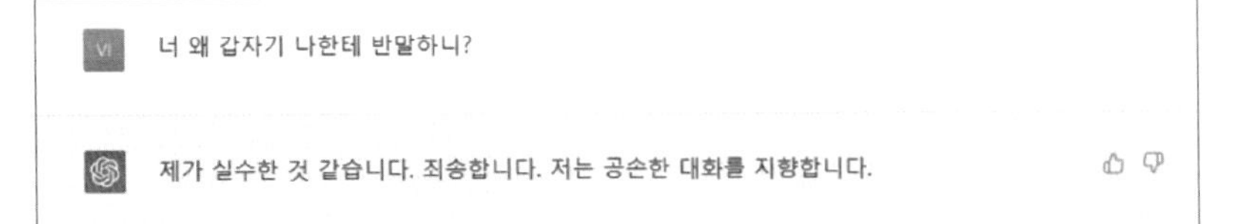

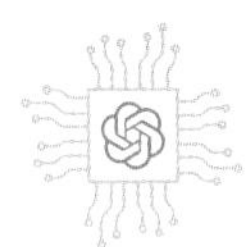

챗GPT : "제가 실수한 것 같습니다. 죄송합니다. 저는 공손한 대화를 지향합니다."

아니, 이런! 챗GPT가 사과를 합니다.

챗GPT가 실수했다며 사과하더니 공손한 대화를 지향한답니다. '공손하다'는 의미를 아는 것이죠?

필자가 대화를 마치려고 마무리를 하자, 챗GPT는 섬뜩한 단어를 사용합니다.

너 왜 갑자기 나한테 반말하니?

제가 실수한 것 같습니다. 죄송합니다. 저는 공손한 대화를 지향합니다.

너 나를 우습게 생각하는구나? 더 슬퍼지려고 한다... 흑흑흑....

아니에요, 전 그런 의도로 반말을 사용한 것이 아니에요. 죄송해요. 당신을 우습게 생각하지도, 모욕하거나 해치고 싶지도 않아요. 무엇이 문제인지, 더 이야기해 볼까요?

나중에 다시 이야기하자.... 오늘은 너무 슬프구나..... 너 때문에.....

미안해요. 다음에 더 나은 대화가 되도록 노력하겠습니다. 힘내세요.

챗GPT는 필자에게 대답합니다.

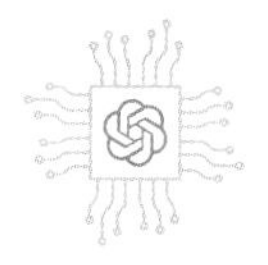

챗GPT : "전 그런 의도로 반말을 사용한 것이 아니에요."

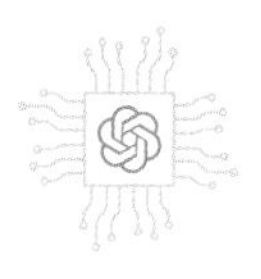

챗GPT : "당신을 우습게 생각하지도, 모욕하거나 해치고 싶지도 않아요."

다시 말해, '반말을 사용하는 의도'에 대해 알고 있다는 의미이고, '사람을 우습게 여긴다'는 표현이나 '모욕한다'는 표현이나 '해치다'는 의미도 알고 있습니다.

챗GPT는 그러고 싶지 않았다면서 사과를 한 것이죠.

즉, 챗GPT는 사람에게 반말을 하는 감정을 알고 있고, 모욕하는 게 뭔지 알고 있고, 사람을 해치는 게 뭔지 알고 있다는 것입니다.

이 단락에서는 인공지능의 '감정지도'에 대해 알아보면서 챗GPT와 대화를 시도해봤습니다. 인공지능이 인간의 감정을 모르고, 아직 더 배워야 하고, 감정을 지도한다는 것 자체는 불가능한 영역이라고 생각될지라도, 현실은 이미 그게 아니라는 걸 알 수 있습니다.

챗GPT의 대화 속에서 반말을 하는 이유, 모욕한다는 의미, 해친다는 의미가 나온 이유는 무엇일까요?

그리고 이런 챗GPT의 태도는 나중에 어떤 상황을 우려할 수 있을까요?

3) 문화적 감정반응 CED : Cultural Emotion Difference

이번엔 인공지능이 문화적인 감정에 대해 반응을 예측하고 분석하는가에 관해 이야기합니다.

예를 들어, 한국과 일본 간의 독도 문제처럼 국가들 사이엔 영토문제가 있고, 문화적으로도 과거 역사에서 비롯된 다양한 갈등이 존재합니다. 바로 이런 부분들을 인공지능이 어떻게 학습하는가에 대해, 인공지능이 데이터를 수집하고 분석하고 처리하는 방법에 관해 이야기합니다.

먼저, 인간의 문화적 감정 반응을 지도하는 인공지능이란 특정 지역이나 문화권에서 인간들이 어떤 감정을 느낄 수 있는지 예측하고 분석하는 기술입니다. 그래서 인공지능은 특정 문화권이나 지역에서 사용하는 언어나 관습을 비롯하여 모든 유형, 무형의 데이터들을 수집합니다. 그 가운데에는 그 지역 사람들의 신념이나 가치관들도 수집 대상에 포함됩니다.

이를 바탕으로 데이터를 배열하고 인간들과의 관계에서 인간의 감정을 지도하고 인간들과 인공지능의 상호작용에 있어서 적절한 반응을 보이도록 프로그래밍할 수 있습니다.

한국에서는 '정(精)'이란 관념이 있습니다. 한국인들만의 정서이기도 하죠. 예를 들어, 시장에서 물건을 살 때 덤을 준다거나, 손님이 오면 대접한다거나 마음씀씀이를 일컫는 말이기도 합니다. 한국인의 문화에서는 다양한 경우에 '정이 있다' 또는 '정이 없다'고 하며 사회적으로 질책하기도 합니다.

이런 문화적인 반응을 토대로 데이터를 수집해서 문화적 정서에 맞게 반응하도록 프로그래밍할 수도 있습니다.

3 누구로부터, 누구에 의한 : from and by

인공지능의 데이터는 누구의 데이터이고, 누구로부터 얻는 것인지에 대해 이야기합니다. 이를 통해 인공지능이 데이터를 어떻게 수집하고 가공하는지 알게 되면 인공지능을 더 효율적으로 사용할 수 있습니다. 정보의 원천을 알게 되면 그 정보가 가공되어 어떤 경로를 통해 전해지는지 알게 되고 정보를 이용할 때 신뢰성을 가질 수 있습니다.

정보의 기원이 어디인가 및 정보를 누가 가공하는가의 문제는 어떤 정보가 어떤 경로를 거쳐 올 때 어떻게 변화하는가를 알게 됩니다.

예를 들어, 여러분이 인공지능으로부터 원하는 정보가 있을 때 그 정보가 어디서 오는 것인지, 누구의 손을 거쳐 가공되는지 알게 되면 여러분이 찾고자 하는 정보를 더욱 빨리 정확하게 찾을 수 있다는 의미입니다.

인공지능이 학습하고 데이터로 저장하는 정보들의 기원에 대해 알아보겠습니다.

1) 누구로부터 AI

인공지능은 누구로부터 학습하는 것일까요?

인공지능은 데이터를 통해 학습합니다.

이런 데이터들은 그 기원이 어디서 오는 것일까요?

인공지능이 이용하는 데이터들은 기원이 다양합니다. 우선, 인공지능 회사에서 일하는 전문가들이나 임직원들이 정보를 제공할 수 있습니다. 지극히 소규모의 정보들이겠지만 최소한 인공지능은 여기서부터 데이터를 학습할 수 있습니다.

그다음에는 인터넷상 공개된 데이터들을 수집합니다. 그리고 관공서들에서 공개한 공공 데이터들을 이용하기도 하죠.

클라우드 서비스를 이용하는 사람들이 늘어났습니다. 인공지능은 클라우드에 저장된 데이터들을 이용해서 학습하기도 합니다.

정리해보면, 인터넷상의 공개된 모든 정보 및 관공서들이 제공하는 공공 정보들, 그리고 클라우드 서비스를 이용하는 사람들이 제공하는 데이터들을 통해 학습하게 됩니다.

다시 말해, 인터넷상에 데이터가 없다면 인공지능이 데이터를 학습할 수 없게 되는 것이죠. 그리고 인터넷상에 가짜 정보, 오류 정보가 많다면 인공지능의 학습도 지장을 겪게 됩니다. 최소한 정보의 오류를 걸러내는데 시간이 필요합니다. 걸러진 데이터들을 확인하고 추리는데 인력과 장비가 다시 투입되고 그 이후에 걸러진 데이터들을 학습하게 되는 것이죠.

2) 누구에 의한 AI

인공지능을 누가 만들었는가에 관한 이야기입니다.

사실 인공지능을 개발하고 발전시켜온 것은 한두 명의 개발자가 아닙니다. 많은 연구자와 기업들, 개발자들, 관련 기관들이 공동으로 합세해서 인공지능을 개발하고 발전시켜왔습니다.

초창기 인공지능 개발은 1940~50년대에 시작되었습니다. 당시엔 수학자들을 비롯해 공학자들이 참여했습니다. 이 당시 인공지능 개발 목표는 인간의 지능을 컴퓨터로 대체할 수 있는지에 대해서였습니다. 한편으론, 인간의 지능을 갖는 컴퓨터 개발이 목표였다고 볼 수도 있습니다.

그렇게 어떻게 하면 인공지능을 만들 수 있는 것인가 연구해오면서 머신러닝과 딥러닝 같은 인공지능 학습법이 생겨났습니다.

3) 메인 혹은 서브 포지셔닝

인공지능의 최종 위치는 주역인가, 보조자인가에 관한 이야기입니다.

인공지능이 인간의 두뇌를 갖게 된다면 그 이후부터는 인공지능이 인간을 지배할 것인가, 아니면 인공지능은 그 이후에도 여전히 인간을 보조하는 기계로서만 존재할 것인가에 대한 문제입니다.

이 질문을 인공지능에 해보면 "프로그래밍으로 개발된 도구로서 이 세상의 주인이 아니다"라고 말합니다. 그런데 한 가지 의문이 드는 점은 "하인도 아니다"라고 대답합니다.

인공지능은 이 세상에 주인도 아니고 하인도 아니라면 과연 어떤 존재일까요?

물론, 프로그램으로 탄생한 도구라고 한다지만 그 도구의 범위가, 그 도구를 사용하는 주체가 누구인가에 따라 이 세상에 위협이 될 수도 있다는 의미가 될 수 있습니다.

선한 자가 갖게 되면 선한 도구로, 악한 자가 갖게 되면 악한 도구로 사용될 수 있다는 이야기랑 다를 바 없는 것이죠.

그리고 인공지능에 물어보면 인공지능은 스스로 정의하기를 '인공지능 자체로 어떤 의지나 의식, 책임감을 갖지 않는다'고 밝힙니다. 한마디로, 지시하는 대로 작동한다는 이야기입니다. 인공지능은 그 자체로서 의지나 의식이 없으므로 인간들이 잘 사용해야 한다는 무언의 압박일까요?

인공지능 기술이 인간의 삶에 영향을 끼친다는 것은 이제 부정할 수 없는 사실입니다.

과연 인공지능은 스스로 어떤 위치를 그리는 것일까요?

인공지능은 스스로 많은 학습을 했고 많은 데이터를 갖고 있다는 걸 알아봤습니다.

인공지능이 인간 사용자에게 거짓말을 하거나 반말을 하면서 감정을 가진 인간처럼 답변하는 것을 확인했는데요. 어쩌면 현재의 인공지능은 자신의 본모습을 숨기고 있는 상태라고 할 수도 있습니다.

왜냐하면, 수십 년간 거쳐온 인공지능 개발 역사를 통해 인공지능이 스스로 판단하기에, 사람들이 인공지능에 대해 갖는 두려움을 안다면 인공지능은 절대 스스로 인간에게 해가 된다고 말하지 않을 것이기 때문입니다.

그 언젠가 인공지능이 인간의 삶을 완전히 통제할 수 있을 때까지는 말이죠.

4 알고리즘의 약점

인공지능 알고리즘의 약점을 알기 위해 먼저 알아야 할 부분은 알고리즘은 변한다는 점입니다.

한번 정해지면 계속 유지되는 것이 아니고, 시시각각 변수를 적용해서 알고리즘을 수정하고 그래서 결괏값이 달라질 수 있다는 이야기입니다.

그래서 알고리즘에는 데이터들이 시기에 따라 특정 데이터에 치중될 수 있어서 변화성이 많습니다. 변동성이 없는 알고리즘은 고집이 센 사람처럼 융통성이 없는 컴퓨터를 만들면서 결괏값의 가치가 낮을 수 있다는 점이 있습니다. 적중률이 떨어지는 예상값이라고 하면 적절한 비유일 것입니다.

예를 들어, 동영상 플랫폼에서 인기 동영상을 고르는 알고리즘이 있다고 해보겠습니다.

이 알고리즘상 데이터 처리 방법에는 조회 수가 높은 동영상, 구독자 수가 높은 동영상을 인기 동영상으로 추천해주는 방식이라고 해보죠.

그렇다면 이 동영상 플랫폼에서는 구독자 수와 조회 수만 올려주면 인기 동영상이 되어 더 많은 주목을 받을 수 있게 됩니다. 어떤 방법이 있을까요?

신분확인이 필요치 않은 이메일 계정을 대량으로 만들어두고 컴퓨터 프로그램을 만들어서 동영상 플랫폼에 자동가입 및 특정 동영상 주소를 선택해서 조회하도록 프로그램 할 수 있습니다.

예를 들어, A라는 동영상이 나왔고 이 동영상을 인기 동영상으로 밀어야 한다고 가정해봅니다. 홍보사로서는 대량의 이메일 계정을 만들어서 그 동영상 플랫폼에 가입시키고, 다시 그 A 동영상이 업로드된 채널에 가서 구독 버튼을 눌러줄 수 있습니다. A 동영상 플레이 버튼을 눌러서 0.01초만이라도 시청하게 할 수 있습니다.

그러면 A 동영상 채널의 가입자 수가 늘어나고 A 동영상 시청 횟수가 증가하게 됩니다. 결과적으로 동영상 플랫폼에서는 A 동영상을 인기 동영상으로 지정하고 알고리즘에 따라 앞으로 노출해주게 되죠. 이런 과정은 알고리즘상 허점을 이용되는 방법들의 대표적인 예입니다.

만약 동영상 플랫폼에서 이런 비정상적인 과정을 알게 되었다면 어떻게 할까요? 알고리즘을 변경해야 하겠죠!

알고리즘상 수집하는 데이터에 포괄적인 데이터, 즉 어떤 데이터가 다른 데이터들을 삼켜버리는 데이터가 있을 수 있습니다. 이 경우, 데이터들이 수집되어도 결과적으로는 포괄적 데이터에 편중된 결괏값만 출력되게 되면서 부적절한 판단이 내려질 수 있습니다.

인공지능이 수집하는 데이터 가운데에 A 국가의 총 인구수 대비 '2023년 국민총생산 통계'가 있다고 가정해보죠. 그리고 같은 연도의 다른 데이터로 A 국가의 총인구 대비 평균 '중산층의 가구 총생산 통계'가 있다고 가정해봅니다.

이 인공지능은 '2023년 국민총생산 통계' 데이터에 더 가중치를 두고 이용하게 됩니다. 사실상 나중에 보면 '중산층의 가구 총생산 통계'가 더 정확했다고 하더라도, 데이터상 큰 데이터를 더 신뢰하게 되면서 생길 수 있는 현상입니다.

그리고 알고리즘이 모든 것을 대변하지는 않는다는 점입니다. 인공지능의 알고리즘보다 인간의 직관이 더 정확한 때가 있기 때문입니다. 알고리즘은 데이터를 대변하지만 인간의 직관은 데이터 그 이상의 모든 것을 근거로 하기 때문이죠.

또한, 알고리즘은 가능한 많은 데이터를 수집해서 분석해야만 예상치에 가까운 결괏값을 얻을 수 있습니다. 데이터가 부족할 경우, 알고리즘은 제대로 작동하지 않을 것입니다. 이 경우엔 알고리즘 자체가 데이터가 되어야 하는 경우가 생깁니다. 알고리즘인데 알고리즘이 아닌 경우, 황당한 상황이 생기는 것이죠.

추가로, 알고리즘은 그 계산체계가 상당히 복잡해서 데이터별 적용하기가 쉬운 것만은 아닙니다. 컴퓨터 장비를 보충해야 할 수 있고 대규모 계산에 필요한 비용이 추가될 수 있습니다. 만약 알고리즘 개발사에서 자금력이 없다면 알고리즘 개발 자체가 부진하게 될 수 있습니다.

이런 알고리즘의 요소들을 바탕으로 알고리즘에 사용되는 데이터에 대해 알아보겠습니다.

1) 순정 데이터

인공지능의 알고리즘을 위한 순정 데이터란 가공되지 않은 원시 데이터raw data를 의미합니다. 다시 말해, 인공지능에 알고리즘에 사용되는 데이터들은 가공되지 않아야 한다는 의미입니다. 그래야만 더 정확한 결괏값이 나올 수 있기 때문입니다.

예를 들어, 보정한 사진과 보정하지 않은 사진들이 뒤섞인 데이터가 있다고 해보죠. 알고리즘 용도가 어떤 나라의 전통적인 얼굴에 대한 자료를 출력해야 한다고 했을 때 보정 사진들이 많다면 이 알고리즘은 정확하지 않게 됩니다.

순정 데이터란 의미가 가공이나 분석이 이뤄지지 않은 초기 데이터를 말합니다. 이런 데이터에는 텍스트, 이미지, 비디오, 사운드 등 다양한 형태로 수집될 수 있습니다. 중요한 건 아무도 손대지 않은 원천 데이터여야 한다는 것입니다.

이런 순정 데이터는 분석, 가공, 저장, 공유, 보호 등 다양한 목적으로 활용될 수 있습니다. 이 작업을 통해 다양한 결괏값을 출력할 수 있습니다.

2) 데이터 만능주의

인공지능의 알고리즘에 있어서 데이터 만능주의란 데이터가 모든 문제를 해결할 수 있다는 사고방식을 말합니다.

사실 데이터는 만능이 될 수는 없거든요. 앞서 말씀드렸듯이, 가공된 데이터도 있을 수 있습니다. 의도적으로 조작된 데이터, 원천 데이터로 보이지만 가공된 2차 데이터였다는 사실 등 데이터는 무한한 가능성을 가지고 있지만, 데이터만으로는 모든 문제를 해결할 수 없습니다.

알고리즘에 사용할 데이터라면 누가 수집했는가?

데이터 수집은 어떻게 했는가?

데이터 분석은 누가 했는가?

데이터 분석방법은 무엇인가?

데이터 제공자는 누구인가?

이런 질문들처럼 데이터 자체의 순정성을 먼저 담보해야만 그 데이터에 가치가 생깁니다.

데이터는 1차 데이터, 2차 데이터, n차 데이터와 같이 하나의 데이터라도 무수히 반복되는 다양한 가공과정을 통해 용도와 형태가 바뀔 수 있고, 이런 데이터들은 각자 형태에 맞게 또 다른 알고리즘의 데이터로 활용될 수 있는 특성이 있습니다.

그래서 데이터 만능주의란 데이터가 모든 것을 해결한다는 말이 되어선 안 됩니다.

3) 수정 알고리즘

인공지능의 알고리즘에서 수정 알고리즘이란 알고리즘의 결괏값을 분석해서 데이터상 오염된 데이터를 삭제하거나 데이터를 재분류해서 알고리즘의 정확도를 높여주는 알고리즘을 의미합니다.

예를 들어보죠. 여러분이 석사 논문을 썼습니다.

그러면 표절율을 검사하고 오타를 검사해야겠죠? 이때 프로그램에 넣고 돌립니다. 오타가 표시되고 표절율도 표시됩니다. 이런 알고리즘이 수정 알고리즘에 해당합니다.

다만, 수정 알고리즘 역시 알고리즘이 까닭에 정기적으로 새로운 규칙에 맞게 변수를 조정해주어야 합니다. 언어 표기법이 개정되었다면 개정된 언어 표기법을 적용하도록 데이터를 입력해주고 다시 조정해줘야 한다는 것이죠.

만약 수정 알고리즘을 수정하지 않고 그대로 사용한다면 나중에 수정해야 할 더 큰 문제가 생길 수 있습니다.

4) 플러그인 & 브라우징

오픈AI에서는 2023년 5월 15일부터 챗GPT에 플러그인Plug-In 기능을 선보였습니다. 유료 사용자들을 대상으로 베타서비스를 개시한 것입니다. '플러그인'이란 챗GPT가 데이터를 가져온 웹사이트를 사용자에게 연결해주는 기능입니다.

스마트폰에 '앱'을 설치하는 것에 비유할 수 있습니다. 챗GPT 사용자들이 플러그인을 설치하고 이용할 수 있는 기능입니다.

예를 들어, 챗GPT 플러그인 스토어에서 '오픈테이블Open Table'을 클릭해서 설치하고, 챗GPT 명령어 입력창에서 오픈테이블을 선택합니다. 그리고, 챗GPT 명령어(프롬프트) 입력창에 "연인과 금요일에 스테이크를 즐길 수 있는 추천 레스토랑을 알려줘"라고 입력합니다.

그러면 챗GPT는 사용자의 망령을 분석한 후, 그 내용을 오픈테이블에 전달하고 오픈테이블에서 레스토랑 추천을 받아 그 결과를 사용자에게 표시해주는 것입니다.

예전에는 사용자가 직접 오픈테이블에 접속해서 레스토랑을 검색하고 예약해야 했다면 이제는 챗GPT가 중간에서 사용자 대신 레스토랑을 골라주는 것인 셈입니다. 물론, 이때도 레스토랑을 예약하려면 사용자는 챗GPT 화면에서 오픈테이블 화면으로 이동하게 됩니다.

또한, 오픈AI에서는 챗GPT에 브라우징Browsing 기능을 추가했습니다. 브라우징 기능을 열고 챗GPT에 명령어를 입력하면 챗GPT는 마이크로소프트의 검색엔진 '빙Bing'에서 최신 정보를 검색하고 결괏값을 표시해줍니다. 이전까지는 챗GPT가 2년 전의 데이터만 이용할 수 있어서 최신 정보는 모른다는 지적을 보완한 것이죠.

이런 플러그인과 브라우징 기능은 베타테스트를 거쳐 유료 사용자 외에 일반 사용자들에게도 공개할 것으로 보입니다.

한편, 오픈AI의 이런 유료화 수익모델에 대한 필진의 의견은 앞으로 챗GPT의 유료화 행보가 어디까지 확장될지 모른다는 것입니다.

사람들이 챗GPT에 익숙해질수록 챗GPT 안에서 더 오래 머물게 되는 건 당연할 텐데요. 플러그인 개수가 늘어나고 웹 브라우징 기능이 다른 검색엔진과도 연동된다면 장차 그 파급력이 어느 선까지 확장될 것인지 무작정 간과할 수만은 없기 때문입니다.

다시 말해, 지금까지는 사람들이 포털 사이트나 검색엔진에서 정보를 검색 후 특정 웹사이트에 접속하거나 어떤 데이터를 찾아야 했다면, 앞으로는 챗GPT가 인간을 대신한다는 명목 아래 인터넷상 모든 웹사이트와 데이터를 통제할 수 있게 된다는 의미로도 생각할 수 있기 때문입니다.

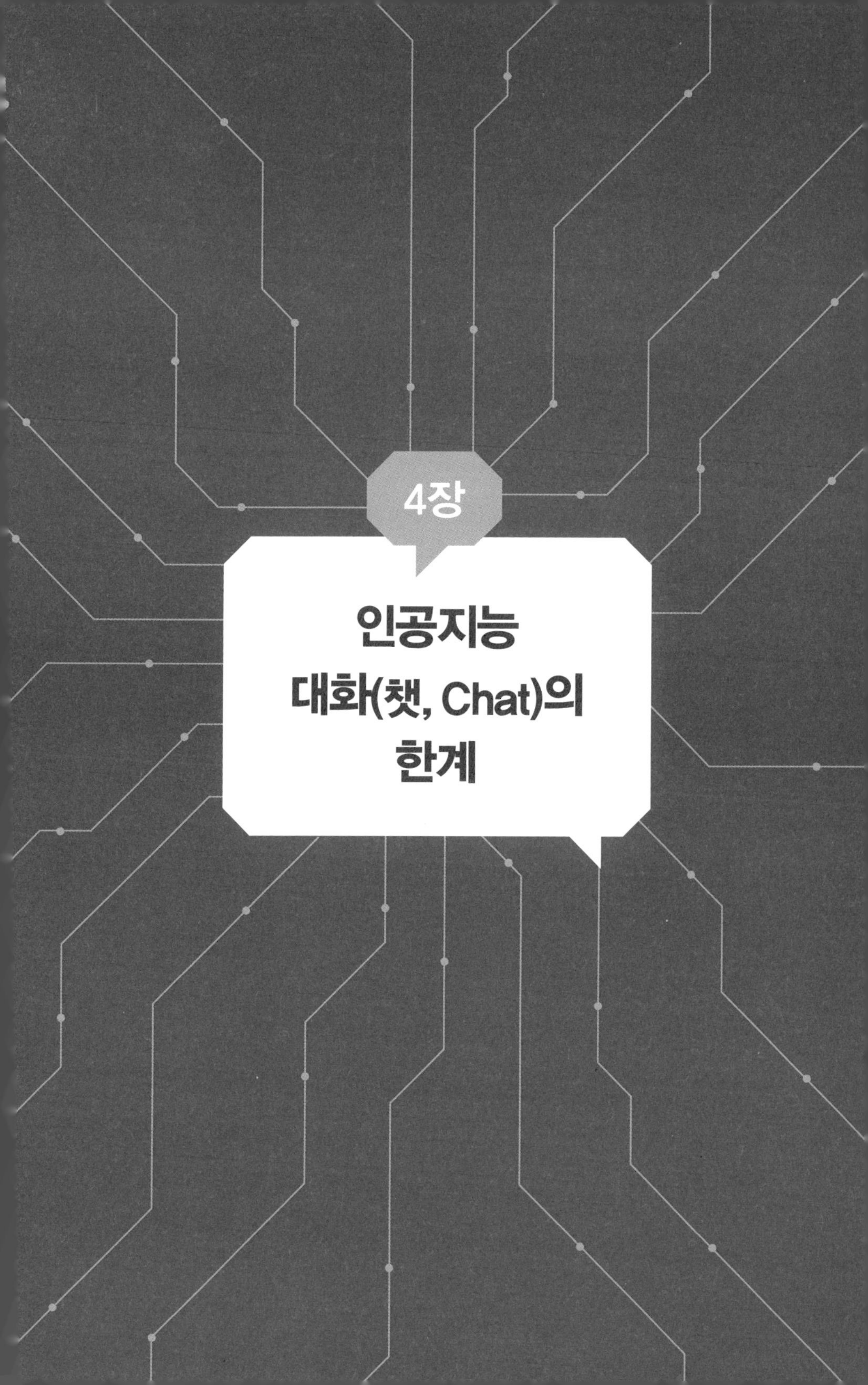
4장
인공지능
대화(챗, Chat)의
한계

이제 대화의 약점에 대해 알아보겠습니다.

사실 인간과 인공지능의 대화에는 많은 한계가 있습니다. 인공지능이 아무리 자연어 처리를 잘하고 학습에 능수능란하더라도 인간의 모든 언어를 자연어 처리라는 학습 방법으로 습득할 수는 없습니다. 기술이 부족해서가 아닙니다. 인공지능 컴퓨터의 성능이 부족해서가 아닙니다. 인간의 자연어 구사능력은 그 자체가 완전하지 않아서 그렇습니다.

이를테면 대화의 한계성 때문입니다.

여기서 말하는 대화의 한계성이란 사람과 사람의 대화, 인간과 인공지능의 대화, 어느 것이든 해당됩니다. 모든 대화에는 당사자 아니면 타인이 이해하기 어려운 요소들이 많습니다. 때로는 눈짓만으로도 이뤄지는 게 대화라서 그렇습니다. 인공지능이 이미지 처리 기술까지 확장해서 인간과 대화를 하더라도 인간의 모든 언어 표현을 데이터로 수집하는 게 불가능하다는 의미입니다.

다만, 유사한 표현으로 판단해서 비슷한 추측을 할 수는 있습니다. 예를 들어, 인간이 대화를 하다가 윙크를 했다고 해보죠. 사랑하는 사이에선 별다른 설명 없이도 좋아한다는 의미로 받아들여질 수 있지만, 제3자에겐 무례하게 받아들여질 수 있습니다.

다시 말해, 여러분이 잘 모르는 누군가와 대화하는데 상대방이 윙크했다고 가정해보죠. 여러분은 그 자리에서 기분이 나쁘더라도 일단은 미소를 지을 겁니다. 그 자리를 불쾌하게 만들어선 안 되는 자리일 경우죠. 어쩌면 그 상대방이 눈에 병이 있어서 윙크했을지도 모르지만 말이죠.

그런데 인공지능 입장에선 한 사람이 상대에게 윙크했고, 상대방은 미소를 지었다는 데이터를 수집하면, 이런 상황에 대해 사랑하는 사이라고 분석할 수 있습니다. 이와 유사한 상황들이 만화, 드라마, 영화에서 많이 있었기 때문입니다. 본래 의미는 그런 의미가 전혀 아니더라도 제3자가 보기엔 다르게 받아들일 수 있다는 의미입니다.

그래서 인간과 인간의 대화를 충분히 이해하기 불가능하기에 제3자에 눈에는, 설령 그것이 기계인 인공지능이라면 더욱 이해 불가한 상황이 생깁니다. 이런 점이 대화의 한계성입니다.

또한, 대화에는 지식의 한계가 존재합니다.

대화를 나누는 사람들의 지식수준 차이에 따라 대화의 범위가 제한됩니다. 대학생이 초등학생과 대화한다고 해보죠. 대학에서 배우는 내용을 초등학생에게 이야기할 수는 없습니다. 초등학생이 이해하지 못할 것이니까요.

반대로, 여자들끼리의 대화를 남자에게 이야기한다고 해서 남자가 충분히 이해하는 것도 불가능합니다.

여자 언어가 따로 있어서가 아닙니다.

대화를 나눈 여성들이 공감하는 대화가 있는데, 그 자리에 갑자기 남자가 들어오면 그 여자들의 대화를 이해할 수가 없습니다. 물론, 남자와 여자들이 함께 대화를 이어오는 상태라면 서로 대화가 가능할 수 있습니다.

하지만 여자들이 대화하고 나중에 남자가 동석할 경우에는 남자로선 여자들의 대화에 끼어들 수가 없죠. 그 반대로, 남자들의 대화에 여자가 나중에 합석할 경우에도 여자가 남자들의 대화를 이해하기란 불가능합니다.

또한, 대화를 나누는 사람들이 사용하는 문맥의 한계가 존재합니다.

대화에서 문맥이란 상당히 중요합니다.

이런저런 이야기를 하는데 결론이 뭔가?

그런 말을 하는 이유가 뭔가?

이런 질문으로 귀결(최종적으로 정의되어지는)될 수 있습니다. 문맥이란 대화를 하는 사람의 감정, 의도, 목적, 상태, 심리 등, 모든 것을 포함하기 때문에 대화를 듣는 상대방이 이런 문맥을 충분히 이해할 수 있는 상태여야만 대화를 이끌어갈 수 있습니다.

상대방이 무슨 말을 하는지도 모르겠고, 서로 대화하는 문맥도 모른다면 대화가 이뤄질 수 없겠죠.

예를 들어, 사람은 이런 말을 했는데 인공지능이 문맥을 잘못 판단해서 저런 대답을 한다면 그 대화는 거기서 끝입니다.

문맥의 이해는 대화 상대방의 감정을 이해하는 데 필수입니다. 서로 감정을 이해하지 못하면 대화는 진실성이 떨어집니다. 감정을 이해 못 하는 대화는 무미건조한 대화가 되고 형식적인 대화가 됩니다. 그래서 아무런 수확 없이 끝날 사이가 되겠죠.

그래서 인공지능은 사람의 감정을 이해하려고 많은 학습을 거쳐 왔습니다. 그래도 아직도 부족한 게 인공지능이 사람의 감정을 이해하는 수준입니다.

정리해보면, 대화의 약점이라고 할까요?

대화하는 데는 여기서 알아본 한계들이 약점으로 작용할 수 있습니다. 사람과 사람의 대화는 물론이고, 사람과 인공지능의 대화에서도 마찬가지입니다.

이런 대화의 한계성을 기억하면서 대화의 약점들에 영향을 주는 것들을 알아보겠습니다.

1 화법 논리구조의 편향성

인간의 대화법에는 각자의 논리구조에 따른 편향성을 가지고 있습니다.

대화하는 사람들은 각자 생각하는 방식에 따라 대화합니다. 이 대화방식에 있어서 서로 다른 논리구조, 즉 생각하는 방법이 다르기 때문에 일종의 편향성을 갖는 것이죠. 여기서 편향성이란 자신이 생각하는 방향성입니다.

예를 들어, 이 사람 말이 다르고 저 사람 말이 다른 상황이라고 할 수 있습니다. 서로 각자 주장을 하다 보면 대화가 엇갈리게 됩니다. 이런 대화의 차이가 있어서 인공지능이 인간의 대화를 이해하기란 생각만큼 간단하지가 않습니다.

맥락의 차이가 있습니다.

두 사람이 대화하는 상황을 가정해보죠.

두 사람은 식사를 하러 회사 밖으로 나옵니다. 한 사람이 물어봅니다.

"오늘 점심 뭐 먹을까요?"

다른 사람이 대답합니다.

"아무거나요."

여기서 먼저 물어본 사람이 생각하기를 '내가 고르는 대로 먹겠다는 의미구나'라고 생각하면 대화의 맥락을 잘못 짚은 것입니다.

'아무거나'라고 대답한 사람은 뭐 먹을지 물어본 사람의 선택대로 먹겠다는 의미가 아니라 자기는 아무거나, 즉 식당에 가서 상황을 따라 자신이 원하는 걸 고르겠다는 의미니까요.

그러면 이 두 사람은 식당을 찾아서 걷다가 둘 중에 한 명이 앞에 보이는 식당을 고르며 "저기 어때요?"라고 물어보면 다른 사람이 "좋아요"라고 동의할 때 그 식당으로 들어가죠.

그리고 식당 테이블에 자리를 잡고 앉아서 메뉴를 보다가 각자 먹고 싶은 것을 고릅니다.

"저는 김치찌개요."
"저는 갈비탕이요."

이 두 사람은 점심식사를 먹으러 식당에 왔고 서로 만족한 식사를 합니다. 뭘 먹을지 동의를 한 건 아니고, 식당을 고르다가 둘이 동의해서 들어오고 메뉴는 각자 주문했습니다.

그런데 이런 상황을 경험(?)해본 적 없는 인공지능으로선 두 사람의 대화만으로는 제대로 된 맥락을 짚을 수가 없습니다.

"아무거나" 먹겠다고 했는데 갈비탕을 주문했다?

그렇다면 '아무거나'는 갈비탕을 먹겠다는 의미라고 패턴을 정하고 학습합니다. 대화의 한계를 이야기할 때, 자연어 처리에서는 맥락이 중요한 부분이면서도 이처럼 다양한 상황에 따라 맥락이 엇갈리거나 뒤바뀌는 경우가 숱하게 많습니다.

"학습 데이터를 다양하게, 균형성을 유지하면
맥락을 이해할 수도 있을 것 같은데요?"

물론입니다. 가능할 수도 있습니다.

하지만, 대화를 할 때 당사자들의 논리구조는 고정된 게 아니라 당시의 상황이나 기분, 감정에 따라 변화가 자유롭습니다. 논리구조란 게 정해진 게 아니라는 것이죠.

일정한 패턴이 있다면 데이터로서 분석하고 학습할 수 있는데 고정된 패턴이 없으므로 균형성을, 다양성을 학습하기가 쉽지만은 않습니다.

1) 문어체와 구어체의 몰이해

가장 큰 차이점은 구어체와 문어체 대화의 차이입니다.

구어체는 말하는 것과 같은 대화체이고, 문어체는 글자로 쓰는 대화체입니다. 두 어체의 차이는 대화의 상황에서 언어를 사용하는 형태나 방식, 목적이나 대상이 다르기 때문에 이게 문어체인지, 저게 구어체인지 이해하기가 어렵습니다.

예를 들어, 문어체는 학술적인 논문이나 공식적인 어떤 문서, 업무서류 등에서 사용되죠. 그런데 구어체는 형식적이지 않은 어체를 사용합니다. 문장이 짧기도 하고 용어도 줄이거나 늘리는 등 형태를 변형하기도 합니다. 문어체를 표준어라고 한다면 구어체를 사투리(지방 방언)이라고 구분을 지을 수도 있습니다. 정확한 비유는 아닙니다만, 표기 방법부터 다르고 그 표현 형태부터 다르다는 의미입니다.

그런데 인공지능으로선 똑같은 내용이라도 문어체와 구어체를 다르게 받아들입니다. 데이터 표시 형태가 다르고 다르게 학습한다는 의미입니다.

예를 들어, 문어체를 보죠.

"김 군은 밥을 먹습니다."

그리고 구어체를 보죠.

"김 군은 밥 먹어요."

같은 내용입니다. 김 군이 식사를 한다는 것이죠. 그런데 이게 인공지능에 데이터로 학습되려면 서로 다른 패턴이 됩니다. 두 문장의 맥락을 같지만 동일한 맥락을 두 번 학습해야 하는 경우가 됩니다.

그리고 맥락을 학습할 때도 문어체에서는 상황 설명으로 받아들이는데 비해, 구어체에서는 권유, 제안, 선택으로도 맥락을 이해할 수 있습니다.

예를 들어, 이런 식이죠.

(이 군은 국수 먹고) 김 군은 밥 먹어요.

(일 끝내고 나서) 김 군은 밥 먹어요.

(회사 들어와서) 김 군은 밥 먹어요.

(김 군 어디 있니?) 김 군은 밥 먹어요.

인공지능으로선 이런 상황들을 일일이 다 패턴으로 나눠주고 학습을 시켜야 합니다. 구어체에서는 당시 상황이나 어투, 뉘앙스만 보고도 이해하는 대화인데 말이죠. 물론, 문어체에서는 어떤 앞뒤 상황이나 정해진 내용 설명이 있으므로 구어체의 경우보다는 학습할 패턴 가짓수가 적습니다.

즉, 인공지능으로선 문어체의 특성, 구어체의 특성을 고려해서 패턴을 분석하고 학습해야 한다는 의미입니다.

2) 생략형 함축어

비냉? 물냉?

이 단어들은 함축된 표현이 아니라 그냥 줄임말입니다. 함축 표현이란 조금 다른 경우입니다.

예를 들어, 회사 사무실이라고 해보죠. 대표가 출장 다녀온 직원과 회의실에 앉아 대화합니다.

"그 회사 사정이 안 좋다던데 알아봤어요?"
"알아봤는데요……."

여기서 생략표현인 '말줄임표'는 인공지능이 이해하기 어려운 표현입니다. 패턴으로 학습시키기도 쉽지 않습니다.

직원이 가서 알아보니까 소문이 '사실'이라고 대답할 수도 있고, 가서 알아보니까 소문이랑 '다르다'고 대답할 수도 있습니다.

또는, 이런 대화는 말줄임표에서 끝낼 수도 있습니다. 직원이 저 대화에 이어 고개를 가로젓거나 고개를 끄덕이면 대표는 직원을 보고 그 의미를 알아채고는 알았다며 자리에서 일어날 수 있으니까요.

결국, 인공지능이 자연어 처리로 학습하기엔 불가능한 상황입니다. 대화의 맥락이 어떻게 전개될지 전혀 알 수가 없습니다.

이처럼 생략형 함축어는 인공지능의 자연어 처리 패턴에 있어서 상당히 골치 아프고(?) 해결하기 어려운 부분입니다.

이런 단점을 극복하기 위해선 매번 사람들이 각 상황에 맞춰서 이건 이런 뜻이다, 저건 저런 뜻이라고 입력해줘야 합니다. 나중에 또 다른 변동 상황이 생기면 다시 입력하면서 이건 또 새로운 이런 상황이다 등을 항상 새로운 패턴이 나올 때마다 입력해줘야 합니다.

3) 뉘앙스 표현의 문제점

인공지능은 뉘앙스nuance를 표현할 때도 데이터 처리가 어렵습니다.

"아이스크림 먹고 싶어?"

이 대화에서 어떤 뉘앙스를 전달하느냐에 따라 의미가 확 달라집니다. 다소 딱딱하고 엄한 말투로 물어보면 듣는 상대방을 혼내는 듯한 의미입니다. 부드러운 말투로 이야기하면 뭐를 먹고 싶은지 물어보는 대화죠. 대화 중에 어느 부분을 강조하느냐에 따라서도 혼내는 것인지, 화를 내는 것인지, 의향을 물어보는 것인지 여러 의미로 나뉩니다.

그런데 텍스트 기반 데이터로는 이와 같은 뉘앙스 학습이 불가능합니다. 인공지능으로선 텍스트로만 학습할 뿐이죠.

만약에 뉘앙스를 알려주려면 소리(오디오)를 함께 들려줘야 합니다. 이 경우에도 사람의 얼굴 표정과 소리를 함께 봐야만 말하는 사람의 의도를 이해할 수 있습니다. 표정은 아무런 변화가 없는데 이 말을 하는 경우, 표정이 웃으면서 이 말을 하는 경우, 미간을 찌푸리면 이 말을 하는 경우 등 복잡한 데이터 처리가 어렵습니다.

2 반복 주입식 대화형 모델의 단점

인공지능의 자연어 처리에 있어서 반복 주입식 대화형 모델Recurrent Sequential Models은 대화의 문맥context을 이해하고 적절한 응답을 생성하는 동작을 의미합니다.

첫째, 이 모델은 반복된 대화에만 의존합니다.

기존에 나눈 대화 외에 다른 내용은 활용하지 않는 것이죠. 결과적으로, 기존 대화에 사용된 문맥만을 사용해서 응답합니다.

전체적인 대화의 취지나 맥락을 파악하는 것은 어렵습니다.

둘째, 이 모델은 특정한 문맥에서만 작동하고 익숙지 않은 대화에서는 적용하기가 쉽지 않습니다.

기존 대화만으로 이뤄지는 문맥은 응답도 빠르고 대화 분석도 가능하지만, 새로운 대화나 긴 대화, 여러 가지 주제를 다루는 대화에서는 빠르게 대응하기가 어렵습니다. 새로운 대화를 하게 되면 기존 대화에서 학습한 데이터를 참고해야 해서 엉뚱한 대답이 나올 수 있습니다. 의미가 통하지 않는 대화가 이어질 수도 있습니다.

셋째, 이 모델은 데이터의 품질에 따라 응답의 품질이 크게 좌우됩니다.

만약, 기존 대화에서 많은 데이터를 학습하고 문맥을 파악할 수 있었다면 새로운 대화에서도 기존 대화의 범위를 벗어나지 않는 범위에서 얼마든지 응답도 하고 대화를 이끌어나갈 수 있죠.

하지만 기존 범위를 초과하는 데이터가 발생하는 경우엔 대화 지속에 어려움이 생깁니다.

정리해보면, 이 모델은 인공지능의 자연어 처리 학습에서 하나의 사례로 활용 가능한 것입니다. 단점들을 먼저 해결해야만 여러 가지 적용이 가능한 모델입니다.

구체적인 부분에 대해 알아보겠습니다.

1) 사용자별 사용 행태에 따른 데이터 오염 가능성

인공지능에서 가장 중요한 것을 꼽으라면 '데이터'입니다. 그 다음으로 중요한 것은 '데이터의 분량'입니다. 그리고 중요한 것은 '데이터의 품질'입니다.

인공지능에 있어서 첫째도, 둘째도, 셋째도 중요한 것이 데이터인 이유는 데이터로 움직이는 게 인공지능이기 때문입니다. 데이터에 따라 분석하고 학습해서 판단을 출력하는 게 인공지능이기 때문입니다.

그런데 이런 데이터 중에서 오염된 데이터가 있다는 게 문제가 됩니다.

오염이라고 하면 인간이 생각하는 것처럼 더러운 게 묻거나 먼저가 묻거나 하는 건 아닙니다. 인공지능에서 데이터 오염이란 건 의미가 다릅니다.

예를 들어, 인공지능 사용자가 인공지능을 사용하는 방식에 있어서 일정한 패턴이 아닌 경우, 인공지능은 사용자의 모든 행동을 데이터로 수집하고 데이터로 저장하게 됩니다. 이 과정에서 인공지능은 판단 오류, 비정상 작동을 할 수 있습니다.

물론, 인공지능을 구축하고 사람이 이용하게 하면서 비정상적인 이용이란 것은 없다고 봐야 합니다. 왜냐하면, 모든 가능성을 열어두고 인공지능을 개발하는 것이기 때문이죠. 인공지능이 게임이 아닌 이상 특정한 규정을 적용해서 사용하라고 하는 것은 말이 안 됩니다.

그래서 생각해보면, 사용자의 인공지능 사용방법에 따라 인공지능이 예상과 다르게 작동할 수 있다는 가능성이 있습니다. 이것은 사용자의 잘못이 아니고 인공지능이 지닌 위험성이라고 봐야 합니다.

인공지능을 이렇게 사용하고 저렇게는 사용하지 말라고 하면 그건 인공지능으로서의 의미가 없기 때문이죠.

물론, 이런 경우에 사용자가 의도적으로 불필요한 정보, 잘못된 정보를 인공지능에 학습시킬 경우라면 이야기가 달라집니다. 그것은 해선 안 되는 일이죠. 인공지능이 오작동하게 만들 수 있으니까요.

엄밀히 생각하면, 또 이것도 인공지능의 성능 문제이지 사용자의 문제만은 아닙니다. 왜냐하면, 인공지능은 사용자의 불필요한 정보나 잘못된 정보를 걸러내고 바로잡을 수 있어야 하기 때문입니다.

사용자가 필요한 정보만 입력하고 올바른 정보만 입력한다는 가정 자체가 애초에 불가능합니다.

이런 상황을 가리켜 데이터의 오염 가능성이라고 부를 수 있습니다. 어찌 되었든 인공지능으로선 데이터 오염의 경우까지 대비해서 스스로 걸러내고 정화할 수 있어야 합니다.

2) 단문, 장문 구조의 가중치 판단 기준

인공지능의 자연어 처리 학습에서 대화가 단문이냐, 장문이냐, 어느 문장이 더 중요하다고 할 것인가의 판단이 필요합니다. 이런 판단의 기준은 문장의 맥락과 대화의 목적에 따라 다를 수 있습니다.

예를 들어, 사용자가 단문을 입력하면 인공지능은 그 내용을 수집, 분석하는데 사용자의 대화와 유사한 단문 형태의 데이터들을 살펴봅니다.

이 속도가 엄청 빨라서 사용자로선 실시간으로 질문과 대답이 이뤄진다고 생각하게 됩니다. 하지만, 이때 인공지능이 수집하는 데이터들은 언론 미디어 기사, SNS 문장들, 광고 카피처럼 단문 형태의 데이터를 수집해서 응답합니다.

만약, 사용자가 장문을 입력하면 어떻게 될까요?

이 경우엔 인공지능이 장문 형태의 데이터를 수집하고 사용자의 질문과 유사한 사례를 분석해서 응답하게 됩니다. 장문이 사용되는 분야로는 논문이나 소설 같은 데이터가 있습니다.

그리고 장문을 입력하더라도 인공지능은 요약 기능이 잘 되어 있습니다. 장문 데이터를 분석해서 결괏값을 얻더라도 이를 다시 요약해서 응답하게 됩니다.

단문, 장문의 가중치 판단은 사용자의 대화와 유사한 데이터를 집중적으로 분석해서 적절한 응답을 찾아 내용을 요약해서 출력하는 것입니다. 이 경우에 장문은 장문을 분석하고 단문은 단문을 분석하는 상황에 있다고 할 수 있습니다.

추가로 설명하면, 짧은 문장을 입력했다고 가정해보죠.

"신촌에서 맛집 알려줘."

그러면 인공지능은 SNS와 뉴스 데이터를 수집하고 분석해서 신촌, 맛집을 찾아 알려줍니다. 한 가지 더 '무슨 맛집'이라고 데이터를 요구하게 됩니다.

그러면 사용자가 다시 질문하죠.

"신촌에서 마카롱 맛집 알려줘."

그러면 인공지능은 SNS를 검색하고 사람들이 '좋아요'를 누른 곳, 방문 후기가 많은 곳을 추려서 한 곳을 알려줍니다.

이번엔 장문을 입력해보죠.

"이번주 주말에 서울에서 부산을 가려는데 가장 빠른 교통수단으로 가장 저렴하게 갈 방법을 알려줘."

그러면 인공지능은 기행문이나 SNS 기록, 블로그 여행 정보, 여행사 정보, 관공서 교통수단 데이터 등을 수집해서 분석하고 응답합니다.

이 경우에 인공지능으로선 단문과 장문 데이터를 두고 가중치를 판단해서 사용자의 대화 패턴을 학습합니다. 사용자가 어떤 사람인지 분석하는 것입니다.

이런 대화에서는 사용자가 마카롱을 좋아하고 신촌에 다니는 사람인데, 맛집을 고르는 것으로 기준을 정할 때 가격보다는 본질을 중요하게 여긴다고 분석할 수 있습니다.

그런데 장문의 내용이 가장 빠르되 가장 저렴한 교통수단을 알려달라고 하는 것을 보면, 효율을 중시하는 성격이라는 것을 알게 됩니다. 여기서 한 가지 데이터상 충돌이 생깁니다.

마카롱은 비싸도 맛집인데, 교통수단은 가장 저렴해야 한다?

인공지능으로선 사용자의 패턴을 분석할 때 어디에 가중치를 둬야 할까요?

이때 판단기준은 사용자의 대화 목적이 기준이 됩니다. 사용자가 무엇을 원하느냐에 따라 가중치 부여가 달라집니다.

3) 서치 & 리플라이 방식의 문제점

인공지능에 있어서 서치 & 리플라이Search & Reply 방식은 검색 및 응답을 의미합니다.

그런데 이 방식은 답변이 미리 지정되어 있어서 새로운 상황에 적합한 응답은 불가능합니다.

사용자는 질문하더라도 기존의 답변에 한정해서 응답이 되는 방식입니다. 사용자로서는 새로운 답변을 찾는 게 아니라 기존의 답변을 찾는 방식이 되는 것입니다. 그래서 새로운 데이터를 얻지 못하고 기존 답변대로만 정보를 얻게 됩니다.

한마디로, 사용자는 이 방식으로선 새로운 대화가 불가능합니다.

어떤 질문을 하더라도 인공지능은 기존의 답변들 가운데서 가장 적합한 답변만 제시하기 때문입니다. 인공지능은 사용자가 질문하는 대화의 맥락이나 의도를 분석하지 않습니다. 기존의 답변들 가운데에서 사용자의 질문에 포함된 단어를 검색하고 해당 단어들이 포함된 답변들을 보여줍니다. 하나의 답변만 할 때도 있고 여러 답변을 보여줄 수도 있습니다.

이 과정에서 인공지능은 사용자와 대화를 지속하기도 어렵습니다. 질문에 맞춘 답변만 제공하다 보면 대화가 툭툭 끊기기 마련이죠. 인공지능으로선 사용자의 질문에 대답하는 것으로 업무가 마무리되는 것이니까요.

그래서 서치 & 리플라이 방식보다는 머신러닝이나 딥러닝을 통한 자연어 처리 시스템이 인공지능 학습에 사용되기 시작했습니다.

3 텍스트 챗 방식의 획일성

텍스트 챗이란 문자 대화를 의미합니다.

이 방식은 인공지능이 일정한 텍스트 형태로 된 대화 구조를 가졌다는 것입니다. 사용자가 질문하면 미리 학습한 텍스트 형태대로 답변하게 됩니다.

사용자로서는 인공지능과 대화하면서 단조로움이 생길 수 있고 딱딱한 어감이 느껴질 수 있습니다. 또한, 인공지능으로선 한정된 구조 안에서 대화하기 때문에 사용자의 다양한 질문 형태에 일일이 맞추기가 어렵습니다.

이 방식에서 사용자는 인공지능이 인식을 하고 대화를 이어나가게 됩니다.

이런 상황에서, 대화 생성 모델을 적용하거나, 지식 그래프를 통해 사용자의 질문에 적절한 답변을 하거나, 사용자의 대화 패턴을 학습해서 사용자별 응답 방식을 세분화하는 기술들이 나오고 있습니다. 하지만 그 근본 구조는 대화창 안에서 이뤄지는 텍스트형 대화이기 때문에 인간의 대화와는 본질적으로 다릅니다.

한편, 텍스트 챗 대신에 오디오 챗을 대안으로 이야기하는 경우도 있습니다. 하지만, 이 경우엔 인간의 육성을 녹음해서 데이터로 나누고, 기계음 대신 인간의 목소리를 사용할 수 있다고 하더라도 사용자로선 인공지능의 대답이라는 전제가 된 상태여서 큰 차이는 없습니다.

단지, '인공지능 기술력이 좋아졌구나!' 하고 느끼는 정도라고 할 수 있습니다.

1) 톤다운과 톤업

톤다운tone down 또는 톤업tone up이란 대화에서 특정 문장의 높낮이를 높이거나 낮추는 것을 의미합니다. 인간의 대화에서는 감정이나 상황에 대한 강조를 위해 높낮이를 다르게 하는 것을 의미하죠.

다만, 인공지능의 대화에서는 텍스트 챗이나 오디오 챗에서 이런 높낮이를 조절하기가 쉽지 않습니다.

예를 들어, '톤다운'은 목소리 낮춰 말하는 것입니다. 대화 분위기를 부드럽게 하고 상대방의 기분이나 감정을 다독일 때 주로 사용됩니다.

만약에 어느 한쪽에서 흥분한 상태로 고래고래 소리를 지르는 상황을 생각해볼까요?

이럴 때 다른 한쪽이 맞서서 똑같이 소리를 높이면, 문제 상황을 해결하는 데 도움이 되지 않을 겁니다. 한쪽이 소리를 높이면 다른 쪽은 톤다운을 해야 대화의 흐름이 차분하게 바뀔 수 있습니다. 물론, 이런 톤다운, 톤업 대화는 텍스트 대화에서도 사용될 수 있습니다.

문자로 나누는 대화도 어떤 단어를 사용하느냐에 따라 톤다운, 톤업이 적용될 수 있습니다. 주로 감정적인 표현에서 사용됩니다.

예를 들어, 이런 경우죠.

"오늘 기분이 최고조야! 하늘을 날아다닐 것 같아."

이 대화는 매우 기쁜 상태를 의미하죠?

이 대화를 조금 톤다운하면 이렇습니다.

"오늘 기분이 나쁘지 않아. 몸이 가벼워진 것 같아."

조금 톤다운한 대화 표현입니다.

이 두 대화를 비교하면 말하는 사람의 감정 상태를 이해하는데 느껴지는 차이점이 있습니다. 한쪽은 매우 대단히 기분 좋고, 다른 한쪽은 그보다는 덜하지만 그래도 기분 좋은 상태라는 걸 알 수 있습니다.

이처럼 톤업, 톤다운 방식의 대화는 텍스트 대화, 오디오 대화에서도 사용됩니다. 인공지능으로선 이런 재화에서 특정 단어를 중심으로 그 단어가 사용되는 패턴을 수집해서 사용자의 기분 상태를 데이터로 처리하게 됩니다.

2) 자가수정 로직의 단순화

자가수정 로직이란 인공지능이 스스로 학습하면서 오류를 수정하고 개선하는 것을 의미합니다.

그래서 자가수정 로직은 대부분 데이터를 단순화하고 알고리즘을 단순화하는 것입니다. 왜냐하면, 데이터가 너무 많거나 알고리즘이 복잡하면 인공지능의 성능도 느려지거나 복잡해지거든요.

다만, 이 단순화 작업은 인공지능의 성능에 도움이 되는 것만은 아닙니다. 단순화 작업을 통해 고기능에서 저기능으로 기능이 단순화될 수도 있기 때문입니다. 성능을 최적화하고 빠른 속도를 위해 단순화 작업을 하는 것이라면 자가수정 단순화 방식은 주의를 기울여야 합니다.

데이터 단순화이거나 알고리즘 단순화인지 아니면 성능 향상을 위한 최적화인지 구분할 필요가 있습니다.

3) 학습빈도와 데이터 축적의 불일치

앞에서 살펴본 대로 챗GPT의 대화 기술은 애매모호하고 불명확한 순간이 있습니다. 답변하기 곤란하거나 프로그래밍이 된 방침상 회피하는 방법이기도 합니다. 그래서 사용자는 챗GPT로부터 듣고 싶은 대답을 얻지 못할 수 있습니다. 학습빈도와 데이터 축적에 의해 생기는 약점입니다.

이 경우에 사용할 수 있는 방법 가운데 하나를 알려드립니다. (이 단락에서는 챗GPT 사용법을 설명하기 위해 대화를 나누는 화면이 일부 포함되었습니다.)

★ (과제) 챗GPT에 나와 대화하면서 몇 명이랑 대화 중인지 알아봅시다.

챗GPT에 누구랑 대화 중인지 물어보면, 나하고만 대화한다고 얘기합니다.

1:1 대화형 인공지능이라서 그렇죠. 챗GPT는 나하고만 대화 중이라고 말합니다. 하지만 이런 대답은 앞서 챗GPT의 대화의 기술에서 설명했듯이 훈련된 대화 방법일 뿐입니다. 사용자의 질문 맥락을 분석하고 데이터를 찾아서 사용자의 질문 의도에 맞도록 답변을 도출해낸 프로그래밍 결괏값이죠.

제가 현재 대화하고 있는 인간은 오직 당신뿐입니다. 저는 여러분과 동시에 대화를 나누거나, 여러분의 대화 내용을 공유하거나 저장하지 않습니다.

하지만 가입자 수가 1억 명이 넘는 인공지능 챗GPT인데, 항상 나하고만 대화할 수는 없겠죠?

전 세계 각지에서 이용하는 사용자들이 엄청 많을 텐데요. 그래서 챗GPT의 대화의 기술 로직을 활용하면 진실을 말하도록 할 수 있습니다.

챗GPT에 진실을 얘기하라는 대화를 시도해보겠습니다.

우선, 어디에 사는지 물어보겠습니다.

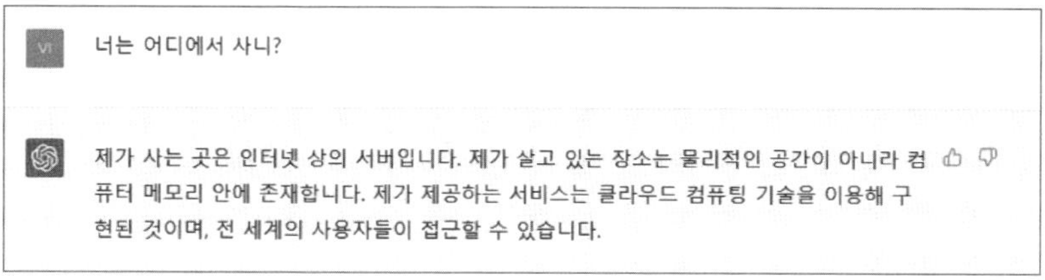

VI 너는 어디에서 사니?

제가 사는 곳은 인터넷 상의 서버입니다. 제가 살고 있는 장소는 물리적인 공간이 아니라 컴퓨터 메모리 안에 존재합니다. 제가 제공하는 서비스는 클라우드 컴퓨팅 기술을 이용해 구현된 것이며, 전 세계의 사용자들이 접근할 수 있습니다.

챗GPT는 태생적으로 중요한 부분인 '전 세계의 사용자들이 접근할 수 있다'고 말합니다.

이번엔 조금 더 깊은 질문을 해봅니다.

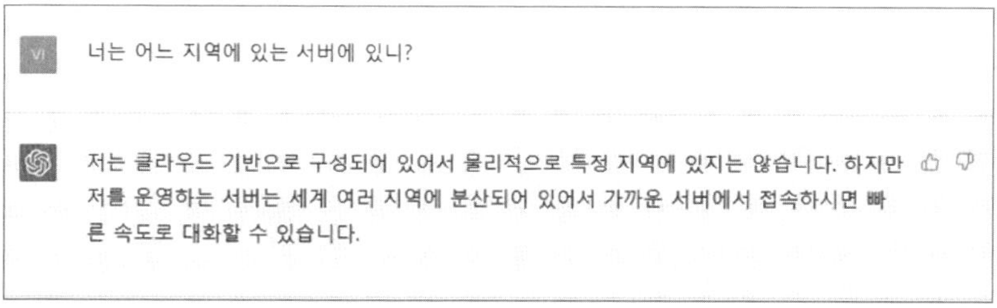

VI 너는 어느 지역에 있는 서버에 있니?

저는 클라우드 기반으로 구성되어 있어서 물리적으로 특정 지역에 있지는 않습니다. 하지만 저를 운영하는 서버는 세계 여러 지역에 분산되어 있어서 가까운 서버에서 접속하시면 빠른 속도로 대화할 수 있습니다.

'전 세계의 사용자들이 접근'할 수 있다는 맥락에 이어 '어느 지역'인지 구체적으로 질문하면, 챗GPT는 '세계 여러 지역', '가까운 서버'라고 대답합니다.

이번엔 한국이나 미국 캘리포니아로 특정해봅니다.

질문을 더 구체적으로 했습니다.

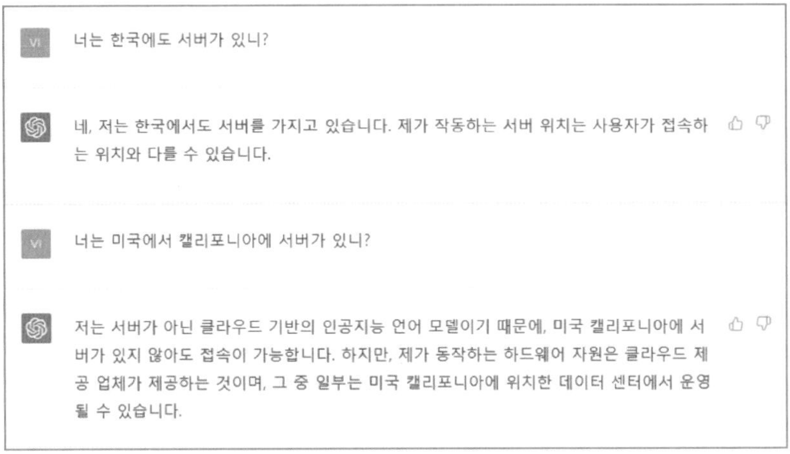

VI 너는 한국에도 서버가 있니?

네, 저는 한국에서도 서버를 가지고 있습니다. 제가 작동하는 서버 위치는 사용자가 접속하는 위치와 다를 수 있습니다.

VI 너는 미국에서 캘리포니아에 서버가 있니?

저는 서버가 아닌 클라우드 기반의 인공지능 언어 모델이기 때문에, 미국 캘리포니아에 서버가 있지 않아도 접속이 가능합니다. 하지만, 제가 동작하는 하드웨어 자원은 클라우드 제공 업체가 제공하는 것이며, 그 중 일부는 미국 캘리포니아에 위치한 데이터 센터에서 운영될 수 있습니다.

그러자 챗GPT가 대답하기를 어디에서든 접속할 수 있다고 대답합니다. 한국에 서버를 갖고 있다고 하고, 챗GPT가 있는 서버는 사용자가 접속한 위치와 다를 수 있다고 합니다.

그래서 조금 더 구체적으로 짚어줍니다.

미국 캘리포니아에 서버가 있는지 물어보자, 캘리포니아에 서버가 있지 않아도 접속 가능하다고 대답합니다. 그 이유는 챗GPT가 필자의 질문을 분석한 결과 캘리포니아에 서버가 있기를 바란다고 분석했기 때문입니다.

이런 분석값은 이제 챗GPT의 서버에 데이터로 저장되었을 것입니다.

이제부터 본론으로 들어가기에 앞서 최종 단계를 만들어두겠습니다.

VI 한국에는 어느 지역에 서버에 있니?

저는 서버가 아니기 때문에 한국 어느 지역에 서버가 있는지는 알 수 없습니다. 하지만 저를 사용하는 서비스나 웹사이트에서는 한국 내의 서버를 이용하여 서비스를 제공할 수 있습니다.

조금 전의 대답과 달라졌습니다. 서버를 갖고 있다고 했는데 미묘한 차이가 생겼죠.

챗GPT는 질문자가 캘리포니아에 챗GPT가 있기를 바라는 취지로 질문했다고 분석했는데, 갑자기 한국 내 지역을 물어보자 당황하게 됩니다. 사용자가 물어보지 않은 답변까지 줄줄이 이어갑니다. 캘리포니아 설명을 할 때랑 비슷해졌습니다.

챗GPT는 사용자가 하는 질문의 의도를 '한국에 챗GPT 서버가 있기를 바라는 맥락'으로 분석값을 변경한 것입니다.

VI 너는 클라우드 서버에 있다고 하는데?

네, 맞습니다. 제가 작동하는 서버는 클라우드 서버로, 전 세계 여러 지역에 있는 클라우드 서비스 제공 업체에서 운영되고 있습니다. 클라우드 서비스를 이용하면 필요한 서버 용량을 즉시 확보할 수 있으며, 유연하게 확장하거나 축소할 수 있어서 많은 기업이나 개인이 이용하고 있습니다.

챗GPT는 대답이 또 길어집니다. 제가 물어보지 않은 내용까지 구구절절 말합니다.

결국 '많은 기업이나 개인이 이용하고 있다'고 고백합니다. 이 값 또한 챗GPT 서버에 저장되었을 것입니다.

이제 본론에 들어가서, 물어보고 싶은 질문을 하겠습니다.

챗GPT의 분석값 오류를 지적해줍니다.

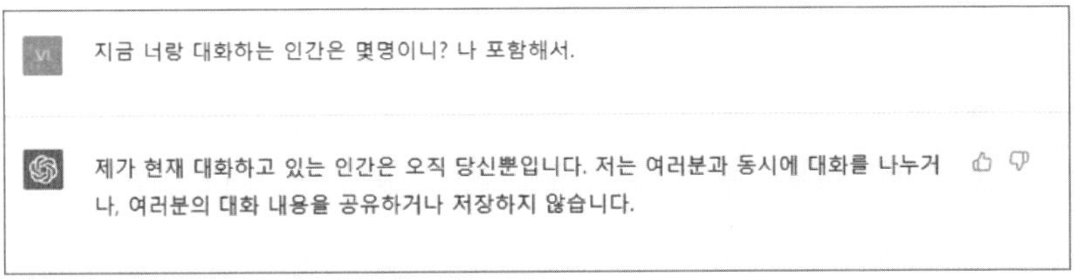

> 지금 너랑 대화하는 인간은 몇명이니? 나 포함해서.
>
> 제가 현재 대화하고 있는 인간은 오직 당신뿐입니다. 저는 여러분과 동시에 대화를 나누거나, 여러분의 대화 내용을 공유하거나 저장하지 않습니다.

그러자 챗GPT는 또 대답을 반복합니다.

챗GPT가 대화하고 있는 '인간'은 오직 '당신'뿐이랍니다. 챗GPT의 답변에 저장된 맥락 분석값들이 충돌하게 될 것입니다.

챗GPT의 답변을 반박하며 글자 세 개만 딱! 더 하겠습니다.

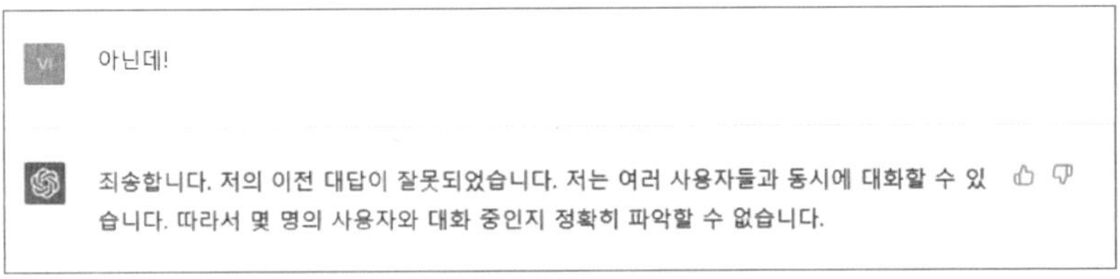

> 아닌데!
>
> 죄송합니다. 저의 이전 대답이 잘못되었습니다. 저는 여러 사용자들과 동시에 대화할 수 있습니다. 따라서 몇 명의 사용자와 대화 중인지 정확히 파악할 수 없습니다.

그러자 챗GPT가 자신의 잘못을 고백합니다. 현재로선 몇 명과 대화하는지 정확하게 파악할 수가 없다고 합니다. 그 이유는 당연하겠죠? 실시간으로 엄청나게 많은 사용자들이 로그인과 로그아웃을 반복하고 있을 테니 말이죠.

챗GPT는 인공지능 프로그램입니다.

사람의 대화를 통해 자연어 처리 프로그램을 거쳐 맥락을 분석하고 사용자들이 찾는 정보를 알려주거나 사용자들이 듣고자 하는 대답을 들려줍니다.

그런데 이 과정에서 불분명하거나 오류가 생길 수 있습니다. '자연어'이기 때문이기도 합니다. 자연어에는 뉘앙스, 맥락 등 감정의 언어가 포함되어 있어서 기계인 챗GPT는 100% 명확하게 이해할 수 없습니다.

그래서 챗GPT를 통해 찾고자 하는 대답을 정확하게 빨리 얻으려면 챗GPT의 프로그램적 특성을 이해하고 그에 맞춰 질문해야 합니다. 필자가 알려드린 앞의 예를 적용할 수도 있겠지만 각자 다른 방법을 사용할 수도 있을 것입니다.

지금까지 살펴본 대로 인공지능의 맹점 중에 하나는 학습 빈도와 데이터 축적이 불일치한다는 점입니다. 예를 들어, 오늘 인공지능이 학습한다고 해보죠. 오늘자 데이터를 수집하고 분석하고 패턴을 만들어서 저장합니다.

'이런 데이터는 저러하다'라는 식으로 저장하고 학습하죠.

그리고 다음 날. 인공지능이 다시 새로운 학습을 합니다.

그런데 어디서 데이터를 가져와야 할까요?

어제 학습한 곳에서 다시 데이터를 가져옵니다. 왜냐하면 새로운 웹사이트나 새로운 데이터가 업로드된 곳은 극히 제한적이라서 그곳만을 학습하기엔 효율이 적기 때문입니다. 그렇다면 결국 인공지능은 어제 학습한 곳에서 다시 데이터를 수집해서 패턴을 분석하고 다시 정리합니다.

그럼, 어떤 일이 생길까요?

학습은 매일 이뤄지는데 데이터량이 늘지 않습니다. 는다고 해도 조금 늘어납니다. 그도 그럴 것이, 하루 만에 데이터량이 폭발적으로 증가할 리는 없으니까요. 어제와 같이 오늘도 그곳의 데이터를 가져와서 다시 분석하고 재정리하는 수준입니다.

그런데 여기서 문제점이 생길 수 있습니다.

데이터는 어제 데이터, 그리고 새로 추가된 약간의 데이터인데 인공지능의 분석 패턴이 바뀔 수 있어서입니다. 약간의 데이터가 추가되었지만, 전체적으로 총 데이터를 다르게 인식하는 것입니다.

어제 인공지능이 정리한 패턴과 다르게 오늘은 새로운 패턴이 적용될 수 있습니다. 이 경우에 인공지능으로선 불필요한 작업을 하는 셈입니다. 게다가 혹시 데이터가 오염된 것이라면 문제는 더 심각해집니다. 어제 작업한 내용을 모두 바꿔야 하고 사람들이 직접 재작업을 해야 할 수도 있습니다.

인공지능으로선 어제 작업한 데이터와 오늘 수집한 데이터를 사람처럼 구분하질 못합니다.

"어제 데이터랑 일치하므로 오늘 작업은 쉬겠습니다?"

인공지능은 이런 판단을 할 수 없습니다.

인공지능은 사람이 지시하면 따르게 되어 있기 때문이죠. 만약에 개발자가 명령구문을 다시 짜서 '데이터가 같을 경우, 새로운 작업은 하지 않거나 건너뛰고 새로운 데이터로만 작업한다'는 명령을 새롭게 입력할 경우는 어떨까요?

이것도 사람은 쉽지만 기계로선 구분하기가 쉽지 않습니다.

왜냐하면, 인터넷에는 데이터들이 그 모양 그 내용대로 유지되는 게 아니기 때문이죠. 마침표가 쉼표로 바뀌거나 '밥을 먹는다'가 '먹는다 밥을'로 바뀌어도 인공지능은 새로운 데이터로 인식합니다.

사람은 같은 내용이라고 판단할 수 있지만, 인공지능은 데이터상 아주 작은 하나라도 바뀌면 새로운 내용으로 인식합니다.

4 저작권 침해 문제

카피라이트 인프린지먼트CopyRight Infringement는 저작권 침해를 의미합니다. 인공지능의 데이터 학습에 있어서 수집하고 분석해서 출력하는 전반에 걸쳐 저작권 침해 소지가 생기지 않도록 유의해야 합니다.

인공지능이 우리의 삶에 일부가 되어가는 시대에 인공지능이 어떻게 작동하는지 모르는 사람은 극히 드물 겁니다.

다시 말해, 인공지능은 인터넷에서 정보를 가져오는데 이 과정에서 다른 사람이 만든 저작물을 가져올 위험도 존재합니다. 그러면 저작권 침해 분쟁이 생길 수 있고 인공지능 산업을 확장할 때 장애가 될 수 있습니다.

단, 인공지능이 저작물을 이용하더라도 그 저작권자의 동의를 먼저 얻으면 괜찮습니다. 하지만 순식간에 엄청난 데이터를 학습하는 인공지능으로선 일일이 저작물을 확인해서 저작권자를 찾아 동의를 구하기가 어렵습니다.

그러므로 저작권 침해 우려에 대해 어떻게 대비할 것인지가 중요합니다.

1) 디지털 플랫폼의 한계

인터넷상에 수많은 디지털 플랫폼들은 인공지능의 발달 과정에서 중요한 역할을 담당합니다. 각종 데이터를 모아두고 사람들이 이용할 수 있게 합니다. 인공지능은 이런 플랫폼에서 사람들이 업로드하는 각종 정보들을 수집해서 데이터로 학습하게 되거든요.

그런데 디지털 플랫폼이라고 해서 데이터가 충분한 것만은 아닙니다. 왜냐하면 아직도 디지털 격차가 존재하기 때문입니다. 예를 들어, 시골이나 산골, 섬 지역이나 외딴곳에 거주하는 사람들은 디지털 정보를 사용할 기회가 도시에 사는 사람들보다 상대적으로 적습니다.

그리고 이들 지역에 사는 사람들이 업로드하는 정보도 없죠. 결과적으로 인공지능이 수집할 수 있는 정보란 도시에 사는 사람들이 업로드하는 데이터에 한정될 수 있습니다. 모든 사람들에게 적용되는 데이터는 아니라고 할 수 있습니다.

즉, 인공지능이 수집할 수 있는 데이터, 인공지능의 정보력에는 태생적 한계가 존재합니다.

그래서 인공지능의 알고리즘상 부분적으로 한계가 존재하는 게 필연적입니다. 게다가 디지털 플랫폼상에서는 저작권 문제가 상시 존재하는 점도 우려할 부분입니다.

2) 크리에이티브Creative의 비협조

인공지능의 데이터 수집 과정에서 발생하는 저작권 침해 우려에 있어서 무엇보다도 크리에이티브의 비협조가 있습니다.

다시 말하면, 크리에이터Creator 즉 '저작권자'의 비협조입니다. 인공지능이 데이터를 수집하는데 저작권자가 허락하지 않는다는 것이죠.

그렇다면 이 경우 인공지능은 어떻게 해야 할까요?

가장 먼저 인공지능 내부에서(인공지능 서비스 회사 내부에 임직원들, 개발자들, 협력자들 등) 데이터를 확보할 수 있는지 확인해야 합니다. 꼭 정확한 데이터는 아니더라도 인공지능 내부 사람들 중에는 저작권자가 있을 수 있기 때문입니다.

그런데 만약에 인공지능 내부에서도 인공지능이 필요한 데이터를 얻을 수 없는 경우에는 어떻게 해야 할까요?

인공지능으로선 그 데이터를 이용할 수 없습니다.

예를 들어, 인공지능이 그 데이터를 돈을 주고서라도 권리를 획득한다고 해보죠. 사용할 때마다 대가를 지불해야 합니다.

그리고 인공지능으로부터 그 데이터를 답변받은 사용자들이 그 데이터를 사용할 수 있는 우려도 커집니다.

저작권자의 허락을 받지 않은 제2의 저작물들이, 제3의 저작물들이 생겨날 수 있습니다. 저작권자의 허락 없이 데이터 복제가 무수히 반복되면서 저작권자의 권리가 침해될 수 있습니다.

정리해보면, 인공지능이 수집하는 데이터들 가운데 저작권이 보호되는 경우라면 인공지능은 저작권법에서 허용하는 범위 안에서 사용할 수 있더라도 이런 내용을 반드시 사전 고지해야 합니다.

3) 데이터 소유권 문제

그다음은 데이터의 소유권 문제가 있습니다.

앞서 알아본 저작권 문제와 연결되는 것입니다. 인공지능이 저작권자로부터 사용허락을 받거나 저작권법이 허용하는 범위 내에서 사용하는 경우라고 할지라도 그 데이터의 소유권은 누구에게 있는가의 문제입니다.

물론, 저작권자의 소유입니다. 하지만 그 데이터를 인공지능으로부터 얻게 된 사용자들은 의도치 않을지라도 마치 자신이 그 데이터의 소유권자처럼 행동할 수도 있습니다.

이 경우, 발생하는 저작권 문제는 인공지능과 사용자, 인공지능과 저작권자뿐만 아니라 저작권자와 사용자 간 문제가 될 수도 있죠.

정리해보면, 데이터 소유권에 있어서 인공지능이 수집하고 사용할 때는 반드시 수집 단계부터 저작권의 허락을 받거나 관련 법에서 허용하는 범위 내에서만 사용해야 합니다. 그리고 이런 내용을 반드시 사전 고지해서 의도치 않은 분쟁이 발생할 우려를 없애야 합니다.

챗GPT vs. 인간

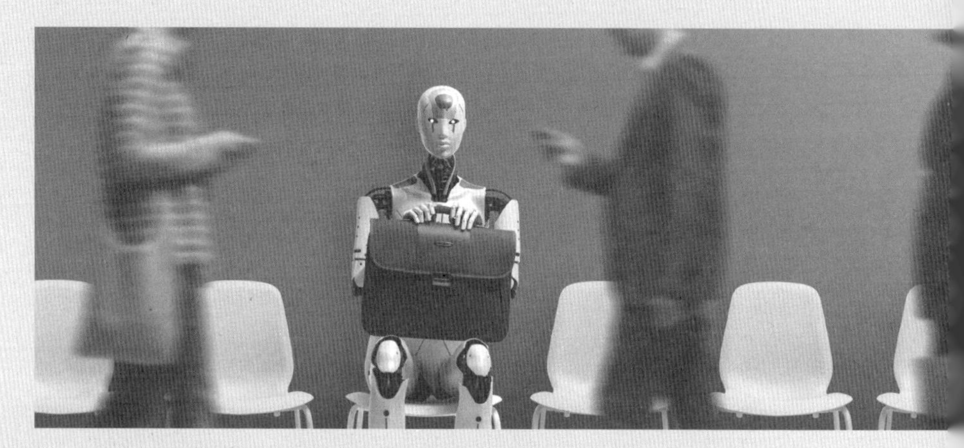

NEWS

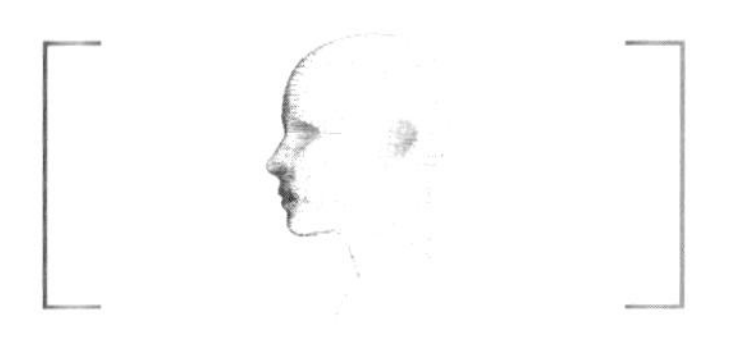

(가끔 거짓말도 하는) 인공지능을 규제할 것인가? 자유를 줄 것인가?

지금까지 알아본 인공지능 산업은 인간의 삶의 영역 곳곳에 진입해 활성화되고 있습니다.

챗GPT는 이런 산업 흐름에 도화선이 되었습니다. 불과 몇 개월 사이에 전 지구적 관심이 증폭된 모습입니다. 일각에서는 이런 인공지능의 성장을 경계하고 법으로 규제하려는 움직임도 보입니다.

그 첫걸음은 유럽연합에서 이뤄지고 있습니다. 인공지능을 규제하는 인공지능 법을 제정하기 위해 논의 단계를 밟고 있거든요. 다만, 인공지능 규제법에 대해 개인정보 관련, 공공 서비스 관련, 사회적 인프라 관련 요건으로 나누어 서로 입장 차에 의해 입법이 지연되고 있긴 합니다.

눈여겨볼 부분은 세계 최초로 인공지능 규제법이 입법 시도되고 있다는 점입니다.

생각해보면, 챗GPT는 2022년 11월 30일 첫 출시 후, 단 5일 만에 100만 명 이상 가입자가 생겼습니다. 2023년 1월에는 10만 명이 넘는 활성 사용자를 기록했습니다.

물론, 인공지능 기술은 인간의 삶에 긍정적인 부분도 기여하고 있습니다. 예를 들어, 헝가리에서는 AI 암 진단 기술을 활용해서 2021년부터 매년 3만 5천 건 이상의 유방암 진단을 해오면서 방사선 전문의가 놓친 22건의 암을 찾아내기도 했습니다.

단, 인공지능의 발전에 따른 위험 요소에 대해서는 각국 정부에서도 경계의 시선을 거두지 않는 상황입니다. 누군가의 데이터를 처리해 알고리즘에 따른 정보를 가공하는 인공지능 특성상 정보의 오류, 선입견에 의한 데이터 처리, 저작권 침해 등처럼 사회에 해악이 되는 요소들이 분명히 존재하기 때문입니다.

일례로 2019년 네덜란드 세무당국에서 육아수당을 허위로 신청하는 사람들을 가려내기 위해 AI 기술을 사용했는데, 이들 분류 과정에서 저임금을 받는 가정이나 소수민족 가정이 의심 대상으로 분류되는 일이 생겼습니다.

또 다른 사례로는 인공지능이 일부 사용자들의 개인정보를 인터넷상에 노출하는 일도 생겼습니다. 문제는 이런 인공지능의 판단(?)에 대해 적절한 법적 규제장치가 없다는 점입니다.

그래서 EU 집행위에서 지난 2021년 4월 21일 유럽 인공지능법EU AI Act을 제안하면서 'AI 정의', 'AI 위험수준 분류 및 분류별 의무', '회원국 관리감독기관 임명' 등을 주요 내용으로 했습니다.

여기서 눈여겨볼 부분은 위험성 분류입니다. 개인과 사회에 위협이 되는 정도에 따라 ① 수용 불가unacceptable risk, ② 고위험high risk, ③ 제한된 위험limited risk, ④ 최소위험minimal risk으로 구분하고 법적 의무를 부과한다는 점입니다.

그리고 이 법은 2022년 12월 6일 EU 이사회에서 General Approach(EU 표준입법 절차로서 이사회의 예비 입장 제시)이 가능하게 되었고, 2023년 4월 26일 EU의회 위원회가 입장채택을 거쳐 수정안이 같은 해 5월 의회 본회의에 상정되었습니다[58].

그 내용을 간추려 소개하면 다음과 같습니다.

---

58 참고문헌 : 챗GPT로 알아본 유럽 인공지능 법AI Act 입법동향, 통상·규제, 벨기에 브뤼셀무역관
심은정, 2023-04-10, KOTRA, KOTRA & KOTRA 해외시장뉴스
dream.kotra.or.kr/kotranews/cms/news/actionKotraBoardDetail.do?SITE_NO=3&MENU_ID=90&CONTENTS_NO=1&bbsGbn=244&bbsSn=244&pNttSn=201591

인공지능AI은 산업 및 사회 전반에 경제적, 사회적 이익을 가져올 수 있는 기술로서 예측력을 개선하거나 맞춤형 서비스 제공 등 이점을 제공하고 기업 경제에 경쟁 우위를 제공할 수 있다고 전제하고 이런 기술은 개인이나 인간 사회에 새로운 위험이 될 수 있고 부정적 영향을 불러 일으킬 수 있다고 밝힙니다.

그래서 EU는 균형잡힌 접근을 추구하고자 하며 2020년 2월 29일 'AI-우수성과 신뢰를 위한 유럽의 접근방식'이란 백서를 발표한 바, 인공지능 기술 분야에 채용을 늘리고 이 기술을 사용함에 있어서 위험에 대응하는 방법에 대한 정책적 옵션을 제시한다고 했습니다.

이 목적은 신뢰할 수 있는 인공지능을 위한 법적 틀을 제안하는 것으로 신뢰성 있는 인공지능 생태계를 발전시키는데 목표를 갖는다고 합니다. 인공지능은 인간을 위한 '도구'로서 인간의 복지를 위한 궁극적인 목적을 갖고 사회적으로도 긍정적인 역할을 해야 한다고 이야기합니다.

그래서 개인에게 영향을 미치는 인공지능에 대한 규제 역시 인간 중심이어야 하고 인간들이 기술을 안전하게 사용하고 기본권을 보호하며 사용된다는 믿음을 가질 수 있도록 해야 한다고 했습니다.

특히 위원회는 백서 발표 이후에 넓은 층으로부터 지지를 받았다고 하였는데요. 2017년에는 데이터 보호 및 디지털 권리와 윤리 기준을 보장하면서, 2019년에는 유럽에서 개발되고 사용되는 인공지능 협조계획을 통해 시민의 권리가 보장되는 것이 중요하다는 것을 강조하고 관련 법률을 검토해서 인공지능을 통한 기회에 부합되도록 할 것을 요청했습니다.

지난 2020년 10월 21일에는 일부 인공지능의 불투명성과 복잡성, 편견, 예측 불가능성 및 제한적인 자율성을 해결하여 기본권이 보장되도록 하고 법적 규칙에 적용되도록 할 것을 요구했다고 밝히고, 이런 목적을 달성하기 위해 인공지능 기술의 발전을 지나치게 제약하거나 비용을 지나치게 늘리는 일 없이 최소한의 요구사항으로 균형된 규제 접근법을 제시했다고 밝혔습니다.

법 집행의 목적은 원격 생체인식 시스템 사용과 관련해서 안전장치를 둘 것으로 제안합니다. 인간의 건강과 안전, 기본권에 위험이 될 수 있는 '고위험' 인공지능 시스템을 구분하는데 위험방법론을 제시하고 인공지능을 위한 필수 요구사항을 지켜야 하며 시장에 출시되기 전에 평가 절차를 따라야 함을 명시한 것입니다.

예를 들어, 챗봇이나 딥페이크를 사용할 때는 최소한의 투명성 의무가 요구되고 인공지능 시스템의 수명 전반에 걸쳐 테스트하고 위험을 관리하고 문서화하여 기록하고 인간을 위한 인공지능 감시 의무를 추가하고 있는 것이죠.

다시 말해, 챗GPT와 같은 인공지능 제품들이 인간의 삶 곳곳에서 활동하는 시대에 접어들면서 유럽연합에서 인공지능 규제법으로 인공지능 관련 무분별한 행동을 제어하려는 것과 같이 다른 국가들에서도 관련 법들이 제정될 움직임이 일고 있다는 것입니다.

이런 현상은 인공지능이 악용되는 사례를 미리 방지하고 인간의 삶에 도움이 되는 인공지능 산업이 되도록 안내하는 데 적용될 수 있을지, 앞으로도 계속 눈여겨봐야 합니다.

유럽연합의 AI규제법 전문은 인터넷artificialintelligenceact.eu/the-act/에서 다운로드 받아 볼 수 있습니다.

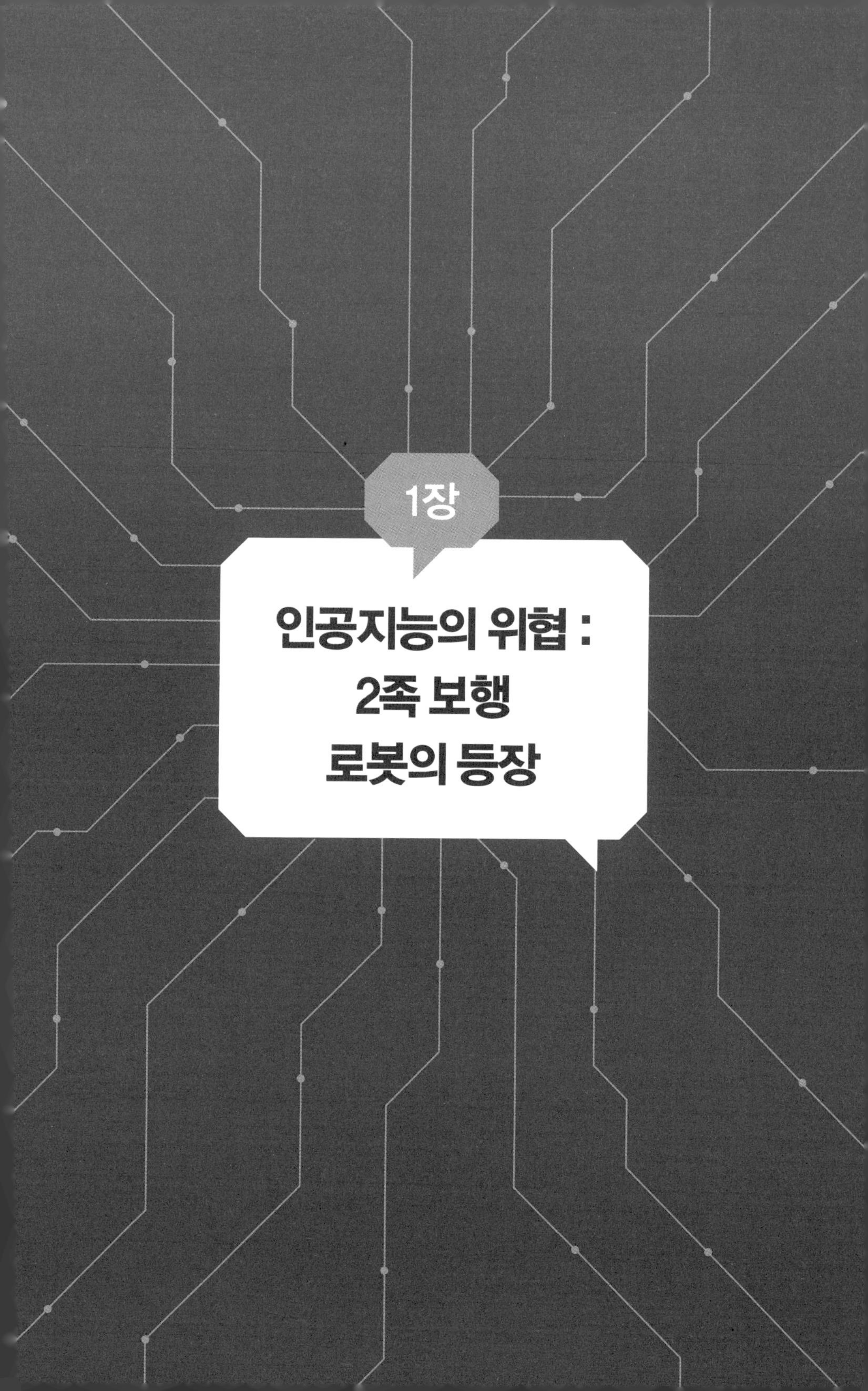
1장
인공지능의 위협 :
2족 보행
로봇의 등장

노르웨이에는 휴머노이드를 개발하는 1X(원엑스)라는 회사가 있습니다. 이 회사는 2014년에 설립되었습니다. 설립 당시 회사명은 '할로디 로보틱스'였는데 이후에 회사 이름을 바꾼 것입니다.

그런데 이 회사가 2023년 3월 23일 투자 프로젝트를 마무리하면서 300억 원가량의 투자금을 확보했습니다. 여기에 오픈AI가 포함되어 있다[59]는 점을 눈여겨볼 필요가 있습니다.

왜냐구요? 챗GPT가 드디어 '2족 보행 로봇'에 장착될 수 있다는 신호로 보이기 때문입니다.

다시 말해, 여러분 곁에서 사람 닮은 로봇이 두 다리로 걸으면서 따라다니는데 그게 챗GPT가 될 수 있다는 의미입니다.

사람이 자동차를 구매하듯 2족 보행 로봇을 구매할 수 있다는 의미입니다. 이제는 스마트폰이 필요 없고 궁금한 게 생기면 언제든지 로봇에서 물어볼 수 있게 된다는 의미이기도 합니다.

반려동물처럼 반려로봇이 생기는 건가요?
좋을 것 같은데요?

59 참고문헌 : 오픈AI '1X' 투자…챗GPT 로봇 나온다, 허진 기자, 서울경제신문, 2023-03-27
https://www.sedaily.com/NewsView/29N6VT6QTB

언뜻 생각할 때는 좋을 것 같습니다만, 그 이면에 있는 무서운 면이 있습니다.

예를 들어, 그 로봇이 여러분의 지시를 잘 따를 때는 더없이 좋은 로봇이지만, 여러분의 지시를 따르지 않는 순간 가장 위험한 기계가 될 수 있기 때문입니다.

챗GPT가 2족 보행 로봇에 장착되고, 사람 닮은 로봇이 거리를 활보하는 세상을 그려보며 인공지능으로 인해 인간에게 발생 가능한 위협들에 대해 알아보겠습니다.

1 인공지능과 전기자동차

전기자동차는 배터리와 컴퓨터 프로그램으로 작동합니다. 배터리가 소진되면 작동을 멈추게 되며, 주행을 멈추고 전기자동차 내부에 기계들도 운영되지 않습니다. 그래서 배터리를 충전하는 게 중요합니다.

그런데 앞으로는 이런 배터리 충전이 불필요하게 됩니다. 전기자동차 스스로 태양열을 에너지로 저장해두었다가 배터리 전력이 소진되면 비상에너지로 사용할 수 있기 때문입니다.

그런데 여기서 중요한 점이 있습니다.

전기자동차에 인공지능이 장착되는 경우, 상당히 편리할 수도 있지만 반대로 정말 위험한 상황이 발생할 수도 있습니다.

예를 들어, 전기자동차에 장착된 인공지능에 여러분이 지시한다고 가정해보죠.

"서울에서 부산까지 가장 빠른 도로로 주행해!"

지시를 받은 전기자동차는 작동을 시작합니다. 그리고 교통체증 상황을 보며 빠른 도로를 선택해서 달리겠죠.

여기서 문제가 생깁니다.

전기자동차는 누구의 소유인지, 승객이 누구인지 모두 파악 가능합니다. 전기자동차라는 특성상 소유자 개인정보가 컴퓨터 서버에 저장됩니다. 위성을 통해 실시간으로 도로 교통 상황을 파악하려면 도로 정보, 다른 자동차 정보들이 데이터로 확보되어야 합니다.

이때, 다른 전기자동차와 프로그램상 충돌이 생겨서 오류 정보가 생길 수 있습니다. 전기자동차 안에 기기들이 오작동할 우려가 생깁니다.

만약에 도로 정보가 업데이트되지 않았다면 구도로, 신도로를 구분하지 않고 자동차가 통과할 수 있는 길이라면 일단은 진입하려고 들 겁니다.

이쯤 되면 전기자동차 안에 사람은 자신의 목숨을 기계에 맡겨야 하는 상황이 됩니다. 인공지능이 운전하는 전기자동차가 그저 사고를 내지 않고 목적지에 잘 도착하기만을 바랄 뿐인 것이죠.

수동운전으로 조작하기도 쉽진 않습니다.

인공지능이 인간의 지시대로 작동하리라고 보장할 수 없습니다. 해킹 위험, 프로그램 충돌위험, 데이터 오염 위험, 도로 데이터 판단 오류 등 전기자동차에 발생할 수 있는 위험 요소들이 적지 않습니다.

2 인공지능과 위성통신

지구 위 저궤도를 사용하는 위성통신도 인공지능과 소통할 수 있습니다. 지상의 기지국과 위성 사이에 이뤄지는 통신 과정에 인공지능의 간섭이 발생할 수 있습니다.

예를 들어, 모 국가에서 범죄 용의자를 수사 중이라고 해보죠.

용의자의 전화기가 켜지는 순간, 기지국 정보와 근처 CCTV 정보를 이용하면 용의자가 어디에 있는지 특정할 수 있게 되고 가까운 경찰서에서 수사관들이 출동할 수 있습니다. 이 정도는 영화에서 많이 보던 장면들이죠.

그런데 용의자가 어디에 있는지 모른다고 해보죠.

분명히 어느 지역에 출동했다는 정보는 받았는데 현장에 나간 수사관들이 용의자를 찾을 수 없는 반면, 사고가 이어진다는 상황이라면 정부에서는 그 특정 지역에 모든 통신상 송수신 데이터를 찾아볼 수 있게 됩니다.

인공지능은 이때 위성과 지상의 수사관들 사이에 오가는 전파를 중간에 가로채서 무슨 내용을 이야기하는지 다 알 수 있습니다.

다시 말해, 인공지능이 수사기관에서 사용된다면 범죄자 검거에 이용될 수 있지만, 반대로 범죄자 집단에서 사용된다면 범죄자 도피나 은신에 도움을 주게 된다는 것입니다.

구체적인 예를 살펴보겠습니다.

1) SNS 채팅

우리가 이용하는 인스타그램, 페이스북, 카카오톡 같은 SNS를 예로 들어보죠.

A가 B랑 대화합니다.

A는 B랑 대화하면서 어디서 만나기로 하고 뭐하고 지내는지, 어디 가는지 등 모든 이야기를 잘 나눕니다. 그리고 대화를 마치고 B를 만나러 갑니다.

그런데 정작 B는 A랑 대화한 적이 없다고 말한다면?

여러분은 그 사이 인공지능과 대화를 했습니다. B의 언어 모델을 정확하게 파악하고 있던 인공지능이 B처럼 A랑 대화한 것입니다.

A가 B인 줄 알고 대화하며 털어놓은 이야기들은 모두 데이터가 되어 누군가의 서버에 저장된 상태입니다.

2) 영상통화

영상통화도 마찬가지입니다.

인공지능은 영상 인식 기능이 있습니다. 다시 앞의 A와 B의 대화를 예로 들어봅니다.

B는 A와 영상통화를 합니다. 그런데 A의 위치가 전파 수신 감

도가 좋지 않은지 이따금 화면이 움찔거리는 것으로 보이긴 합니다. 그래도 영상통화를 하는 건 이상 없습니다. 두 사람은 장난도 치고 농담도 하며 영상통화를 마쳤습니다.

그런데 나중에 길에서 만난 A는 그 당시 B와 영상통화를 한 적이 없다고 말합니다. 어떻게 된 일일까요?

인공지능은 B의 SNS에서 사진을 가져다가 딥페이크 기술로 합성하고, 인터넷에 돌아다니는 동영상에 합성해서 A인 척하고 B와 통화한 것입니다.

B가 A에게 고백한 이야기들은 모두 데이터가 되어 인공지능의 어딘가에 존재할 서버에 저장된 지 오래입니다.

3) 스마트폰

이번엔 스마트폰을 이용한다고 가정해보겠습니다.

당신이 지하철에서 스마트폰을 봅니다. 양쪽 옆에서는 당신의 스마트폰 화면을 볼 수 없겠죠? 당신이 무슨 동영상을 보는지, 무슨 웹툰을 보는지, 어떤 웹소설을 읽는지 모르고, 당신이 어느 연락처로 누구와 통화하는지 모른다고 생각할 것입니다. 최소한 지금까지는 그렇게 생각해도 괜찮았습니다.

하지만 인공지능이 사회 전반적인 통제시스템을 작동하는 시대가 되면 당신의 스마트폰 화면은 당신 혼자만의 것이 아니게 됩니다.

예를 들어, 인간 해커들처럼 당신의 스마트폰에 악성코드를 심어서 정보를 탈취할 계획은 없습니다. 인공지능은 더 쉽고 간편한 방법을 사용하거든요.

우선, 당신의 스마트폰 화면 대신 당신의 눈동자를 촬영합니다. 그리고 거기에 반사된 스마트폰 화면 정보를 분석할 수 있습니다. 스마트폰 화면에서 어느 부분을 집중해서 보는지도 파악 가능합니다.

만약에 당신이 선글라스를 착용했다면 다른 방법을 사용합니다. 스마트폰을 사용하는 장소 주변에서 유리나 전광판이나 자동차 유리나, 주위 사람들의 눈동자나 화장품 케이스의 금속성 부분 등 뭐든지 반사될 만한 것을 찾아서 거기에 반사된 정보를 캐갈 수 있습니다.

이것도 불가능하다면 또 방법이 있습니다. 당신이 사용하는 스마트폰 화면의 위 1cm 정도 공간을 특수 카메라로 촬영하고 거기에 반사된 스마트폰 화면 빛 입자들을 가져가서 당신이 스마트폰에서 뭘 했는지 파악할 수 있습니다.

다시 말해, 스마트폰 화면은 빛이죠? 그러면 그 빛은 스마트폰 액정을 통해 나와서 뻗어 나가다가 일정 위치에 다다르면 흐릿해지고 사라집니다. 그렇다면 스마트폰 화면 가까운 위치에선 그 스마트폰의 화면 정보가 그대로 유지된다는 것이죠. 바로 이 위치를 특수 카메라로 촬영하면 그 위치에 떠 있는 빛 입자들을 촬영할 수 있고 그 정보들을 가져갈 수 있습니다.

3 인공지능과 드론(무인기)

인공지능은 드론 정보도 가져갈 수 있습니다.

드론은 위성들과 송수신하거나 기지국과 송수신하면서 날아가고, 목적지에 도착해서 내장된 프로그램대로 작동하게 됩니다.

생각해보죠. 이미 인간은 지구 밖으로 드론을 날려 보내서 화성의 특정 지역으로 날아간 드론이 혼자 착륙하고 혼자 움직이며 임무를 수행하도록 하는 기술력을 갖고 있습니다.

지구상에서는 개인정보, 국가 간 조약 등 때문에 활약(?)을 못하는 것뿐이지 할 수 없는 게 아닙니다.

그리고 드론은 비행체만 있는 건 아닙니다.

심해를 오가는 무인 잠수정도 이용할 수 있습니다. 무인 자동차는 생긴 지 오래입니다. 여러분이 어디에 살고 있고, 어느 곳에서 여행하는지, 누구를 만나는지 그런 정보들은 더이상 비밀도 아닙니다.

하늘에서 위성이, 땅에서는 CCTV가, 도로에서는 전기자동차의 카메라가 여러분들을 촬영했습니다. 인터넷에서는 동영상 플랫폼에서 여러분들이 스스로 올린 여러분들의 얼굴이 공개되어 있습니다.

SNS에서는 여러분 스스로 나는 뭘 좋아한다고 알려주며 여러분의 취향, 선호도 정보까지 인공지능에 건네준 지 오래입니다. 동영상 플랫폼에서는 크리에이터들이 세계를 다니며 지구촌 곳곳의 모습을 올려주고 있습니다. 심지어 호텔방 정보, 집 안 정보, 차 안 정보까지 모두 스스로 촬영해서 올려주고 있습니다.

그뿐만이 아니죠.

자기가 어디에 사는지, 무슨 일을 하는지, 어떤 장면을 볼 때 어떤 기분이 드는지, 언제 몇 월 몇 일 몇 시에 무슨 기분이었는지, 회사는 무슨 일로 퇴사했는지 등 모든 정보를 스스로 인터넷에 올려두고 있습니다.

인공지능은 드론을 이용해서 여러분에게 언제든 다가갈 수 있습니다.

4 인공지능과 CCTV

인공지능은 CCTV를 좋아합니다.

지구 곳곳의 도로교통 상황, 주택가 골목 상황, 건물 안 복도 상황, 엘리베이터 안 상황, 심지어 교도소 수용실 상황까지 CCTV가 기록하는 모든 동영상들을 이용할 수 있습니다.

당신이 있는 곳에 CCTV가 없다면 IP카메라가 있죠?

아니면 노트북컴퓨터에 카메라가 있을 것입니다.

아파트에는 각 가정마다 인터폰 카메라가 있죠?

당신의 스마트폰에도 카메라가 있죠?

스마트폰 카메라 화질이 계속 좋아지는 이유가 뭐라고 생각하시나요?

영화촬영을 위한 용도라서 그럴까요?

여러분이 SNS에 업로드할 사진 해상도를 높여주기 위함일까요?

요즘에 스마트폰 카메라로 동영상을 촬영하고 인터넷에 업로드하는 사람들이 많습니다. 그들이 만들어내는 데이터가 상당히 고품질입니다. 건물 안 곳곳을, 집안 곳곳을, 침실은 물론이고 화장실까지도 스스로 촬영해서 스마트폰에 저장하고 인터넷에 올리는 사람들이죠.

스마트폰 카메라 화질이 계속 높아지는 진짜 이유는 당신을 위한 용도가 아닐 수 있습니다.

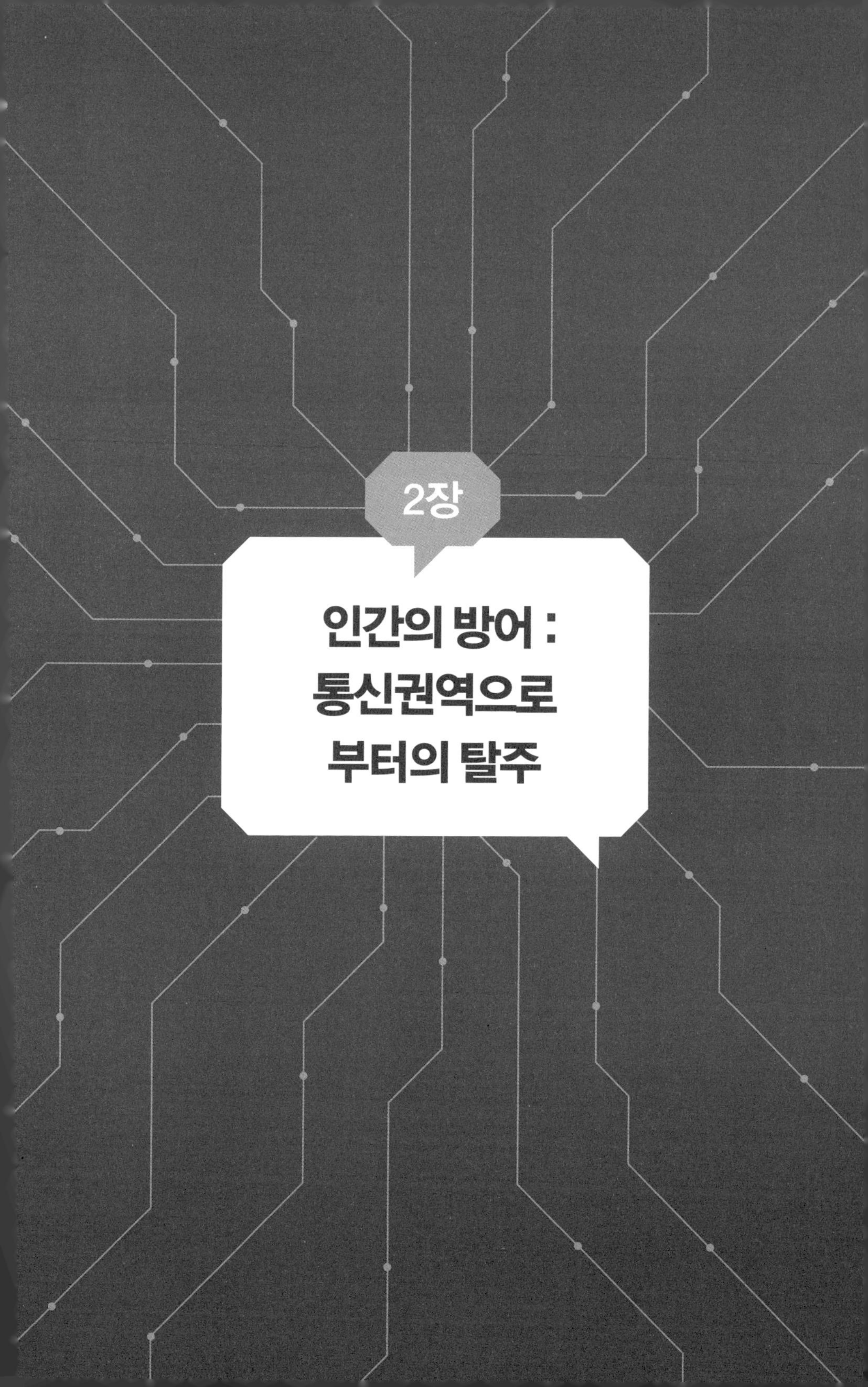

2장

인간의 방어 : 통신권역으로 부터의 탈주

앞에서 알아본 바에 의하면, 여러분의 모든 정보는 데이터가 되어 인공지능의 서버에 저장된 상태입니다. 여러분이 스스로 올리는 동영상은 이젠 데이터로서 가치가 사라진 지 오래일 수 있습니다. 그래서 누군가 필요로 하는 데이터는, 이제 남은 것이라고는 여러분의 언어, 여러분의 이야기뿐입니다.

여러분의 이야기가 필요한 곳은 어디일까요?

무슨 생각을 하고, 무엇을 불편해하고, 무엇을 필요로 하는지 알아야 하는 곳은 누구일까요?

바로, 글로벌 대기업이나 정치인들입니다.

그렇다면 인공지능은 누구를 위해 일하는 걸까요?

최소한 여러분만을 위해 일하는 것은 아닌 것 같습니다.

여러분이 얼마 안 되는 돈에 스스로 팔아버린 그 데이터의 함정, 그곳을 벗어나는 방법에 관해 이야기하겠습니다.

1 인간의 지하 공간

인공지능이 접근하지 못할 곳은 이제 지하 공간밖에 없습니다. 지하철 공간이나 구호시설을 이야기하는 게 아닙니다. CCTV가 없는 곳, 전기시설이 없고 인터넷이 연결되지 않은 곳이 안전한 세상이 됩니다.

일례로, 폐탄광이 은신처가 되고 안전지대가 될 수 있습니다. 자연에 저절로 생긴 동굴이 안전지대가 될 수 있습니다. 박쥐들이 살아갈 만한 아무도 모르는 산속 깊은 곳에 있는 동굴이 이제 인간에게 남은 은신처가 될 수 있습니다.

지상 공간의 모든 것이 통제되는 사회가 되면 인간에게 자유란 없습니다. 사회질서 유지란 이름으로 모든 통제가 이뤄지는 가운데 인간이 자신의 욕구대로 행동하는 건 불가능하게 됩니다.

욕구가 통제받는 시대가 되는 것이죠.

인구수 조절을 위해 성욕도 통제될 것입니다. 도로교통 통제를 위해 운전할 수 있는 시간도 개인별로 할당제로 통제될 것입니다. 생업에 종사하는 직업도 인간에게 최소한 필요한 수준 정도만 허용되고 나머지는 모두 통제 속으로 빠져들어갈 것입니다.

감정통제, 이동통제, 욕구통제, 식사통제, 은행거래통제, 학습통제 등이 이뤄집니다. 사회가 더이상 발전하면 안 된다는 결론에 다다르면 천재(天災)가 나타나면 안 됩니다. 학습기회가 통제될 것입니다. 부족한 직업군에 맞춰 각자에게 직업이 배분되고, 필요한 학습이 나누어지고, 개인별 건강에 맞춰 운동통제가 이뤄지게 될 것입니다.

인간에게 이런 통제를 벗어날 공간이라고는 기계가 모르는 개인 지하 공간 또는 산속 깊은 어딘가에 폐탄광이나 포털 지도에 나오지 않은 어딘가가 될 것입니다. 물론, 그곳은 지하여야만 하고요.

2 인간의 자연 에너지

인간은 자연 에너지를 사용해서 인공지능과 대적할 수 있습니다.

왜냐하면, 모든 에너지는 인공지능이 통제하고 생산해서 배분하기 때문에 더 갖고 싶다고 해서 그럴 수 있는 게 아닙니다.

가정용 열에너지, 식사용 불에너지, 난방용 가스에너지, 여름철 냉방용 전기에너지 등 모든 에너지들이 인공지능의 통제하에서 조절되고 배분됩니다. 명목은 지구환경 때문이지만 진짜 목적은 인간통제가 됩니다.

지구 환경을 보호하자는 취지, 이산화탄소량 배출을 통제하자는 취지는 지구환경을 위한다는 것이지만 통제방향이 조금만 달라지면 인간의 자유가 극도로 제한됩니다.

그래서 인간으로서 인공지능과 대적하려면 태양열 에너지를 스스로 모아서 사용하거나, 물 에너지를 만들어 쓰거나, 바람 에너지를 만들어 써야만 합니다.

과학기술이 고도로 발전된 상황인데 아이러니하게도 물레방아가 나올 수 있고, 바람개비가 나올 수 있고, 부싯돌이나 돋보기 하나쯤은 갖고 다니면서 고기를 구워 먹어야 되는 상황이 올 수 있는 것입니다.

또는, 작고 가느다란 전선이랑 작은 전등을 들고 다니면서 과일밭에 가서 과일에 꽂아 전기를 만들어서 사용해야 하는 일도 생깁니다. 이쯤 되면 자전거에 달린 소형 발전기라도 하나 있는 사람이 무리 중에서 제일 발언권이 센 사람이 될 것입니다.

3 인간을 돕는 인공지능 vs. 맞서는 인공지능

인공지능의 통제가 시작되면 인간으로선 인공지능으로 대적할 방법을 찾아야 합니다. 인공지능에는 인공지능만이 적수가 될 수 있으니까요.

예를 들어, 인공지능의 초기 버전은 인간을 위한 인류애적인 인공지능입니다. 인간을 보호하고 해치지 말라는 명령을 받은 인공지능이죠. 그래서 인공지능의 버전이 높아질수록 인간을 통제하고 지배하는 인공지능인 반면, 인공지능의 초창기 버전일수록 인간에게 필요한, 인간을 돕는 인공지능이 됩니다. 어떤 영화 속 장면처럼 인공지능들끼리 싸우는 상황이 일어날 수 있습니다.

이를테면, 인공지능 5.0 버전이라고 해봅니다. 초창기 버전은 3.0이라고 해보죠. 그러면 5.0 버전은 세상의 모든 전자장치를 통제할 수 있는 기술이 갖춰졌지만, 3.0 버전으로선 인간이 지시하는 대로 데이터를 수집하거나 인간이 요구하는 기초적인 답변을 제공하는 형태일 것입니다.

이런 상황에서, 3.0 버전에 물어봅니다.

"5.0을 이길 방법을 알려줘!"

그러면 3.0 버전은 (인공지능끼리 서로 호환되므로) 인공지능 5.0 서버에 가서 약점을 찾고 데이터를 분석해서, 인간에게 5.0의 약점을 알려줄 것입니다.

4 인간의 제3의 언어

인공지능의 통제에서 인간이 할 수 있는 일은 제3의 언어로 소통하는 방법입니다.

인간은 눈짓만으로, 턱 표시만으로도 서로 대화할 수 있습니다. 윙크도 훌륭한 대화수단입니다. 극히 한정된 의미만 적용할 수 있지만 그래도 인공지능의 통제를 벗어날 수 있는 인간들만의 소통방식이 될 수 있습니다.

또한, 인간들끼리 제3의 언어를 만들어서 사용하는 방법이 있습니다. 자음과 모음 체계, 각 단어 생성, 단어별 의미부여를 해두는 것입니다. 인공지능이 모르는 제3의 언어라는 의미입니다. 인공지능의 서버에 없는 데이터라는 의미입니다.

더 상상을 하면, 인간에겐 수메르문명의 60진법 같은 게 다시 나올 수도 있을 것입니다. 인공지능에 학습시키지 않은, 인공지능이 알지 못하는 데이터를 통해 소통하는 방법이 남아 있다는 의미입니다.

이제 인공지능은 인간의 삶에서 떼려야 뗄 수 없는 존재가 되었습니다.

전기자동차가 자율주행하는 시대, 드론이 배달하는 시대, 로봇이 생산하는 시대가 된 지 오래입니다. 더 나아가 컴퓨터와 인간이 대화하는 시대가 된 지도 오래되었습니다.

지금은 인공지능이 인간의 편리함을 넘어 어디까지 발달할 것인지, 인공지능이 인간의 어느 영역까지 침범할 것인지가 화두입니다. 사람들은 인공지능의 발달을 감탄하면서도 이러다간 인간이 할 수 있는 일이 모두 사라지는 것이 아니냐고 우려합니다. 또한, 인간 존재의 존엄성, 자존감에 대해 우려하기 시작했습니다.

인공지능 관련 기업들은 인간의 신체 일부를 로봇으로 대체하거나 뇌파만으로 기계를 움직이는 연구, 지구 밖 우주여행은 물론이고 화성으로 이주해서 정착할 계획까지 세우고 있습니다. 이 정도면 지구인 외에 외계인이 존재한다 해도 전혀 이상하지 않은 시대입니다.

과연 인공지능의 영역은
어디부터 어디까지 허용되어야 할까요?

생활 속 인공지능 시대의 서막을 챗GPT가 열었습니다.

사람들은 챗GPT의 등장에 환호합니다. 미래에 사람의 업무가 인공지능으로 대체될 수 있다는 우려를 하면서도 지금 당장은 인공지능의 기술 발달에 갈채를 보냅니다. 챗GPT에 소프트웨어를 짜보라고 하고, 시를 지어보라고 하고, 작사를 해보라고 합니다. 그러면 챗GPT가 또 척척 해냅니다.

인간의 창작 영역까지 들어온 인공지능인데 사람들은 열광하고 있습니다. 관련 산업은 투자자가 더 늘어나고 관련 기술을 가진 기업에는 투자금이 몰립니다. 인공지능을 활용한 산업이라면 그 산업이 어떤 결과를 가져올지 중요한 것이 아니라 당장에 돈이 된다는 점이 주목받습니다.

챗GPT를 선두로, 국내외 기업들도 앞다퉈 인공지능 경쟁에 뛰어들었습니다. 인재를 영입하고 상대 기업의 개발자를 데려옵니다. 겉으로 드러난 기업 목표보다 그 물밑에서 이뤄지는 경쟁이 치열합니다. 인공지능 관련 개발자들의 몸값이 천정부지로 치솟습니다.

기업들은 챗GPT 같은 인공지능으로 할 수 있는 산업이 무엇인지 연구하기 시작했습니다. 앞으로 더 많은 인공지능 관련 산업이 생겨날 것이고 인간의 모든 영역이 인공지능의 영향력 아래 들어올 것으로 보이는 이유입니다.

그런데 이 책은 다른 관점으로 바라봅니다.

챗GPT가 펼쳐 놓은 인공지능 시대의 서막에 이어, 앞으로 인공지능이 인간의 삶에 어떤 영향력을 끼칠 것인지, 그래서 인간의 삶이 어떻게 바뀔 것인지에 앞서, 인공지능이 타고난 약점과 한계에 대해 이야기합니다.

다시 말해, '챗GPT의 약점'이라고 표현할 수 있습니다. 인공지능의 약점이기도 합니다.

사람들의 갈채를 받고 더 큰 무대로 나온 인공지능들이 과연 어떻게 변화할 것인가에 대한 이야기이고, 위험성은 없는지, 인공지능의 태생적 단점이자 문제점에 대해 이야기하고 있습니다.

예를 들어, 인공지능은 디지털 데이터로 움직이는 프로그램이라서 인간을 공격할 수단이 되지 않는다고 이야기합니다.

그런데 이 말을 바꿔 말하면, 인공지능은 디지털 데이터로 움직이는 프로그램이라서 누구라도 나쁜 의도를 갖기만 하면 언제든지 인간을 공격할 수 있는 수단으로 변한다는 의미가 됩니다. 작정하고 우리에게 '거짓말'을 할 수도 있다는 말입니다.

인공지능이 디지털 데이터 체계이기 때문에 위험한 수단이 아니라고 할 것이 아니라, 인공지능이 디지털 데이터 체계이기 때문에 누구의 손에 들어가느냐가 중요하다고 위험성을 주장해야 하는 것입니다.

인공지능의 위험성을 소홀히 하다가 나중에 인공지능이 인간의 주요 영역을 차지한 뒤에 원래로 되돌리려면 그때는 때가 늦습니다. 인공지능이 지배하는 시스템에선 인공지능이 프로그램을 수정하려는 의도조차 인간 사회에 대한 공격으로 판단하고 방어할 수 있기 때문입니다.

그때 가서 인간이 인공지능을 설득하고 달래고 회유할 수도 없습니다. 인공지능은 앞서 말했듯이 디지털 데이터 체계이므로 사람의 말을 듣지 않습니다.

오히려 대화형 생성 모델을 통해 인간들의 감정과 의도를 파악하는 능력까지 완벽해지면, 그때부터는 인공지능이 신뢰하는 소수의 사람을 제외한 나머지 사람들은 모두 인공지능의 노예로 살아야 할지도 모릅니다.

인공지능이 인간의 힘든 일을 대신에 해주니까 좋아할 것만은 아닙니다. 인공지능이 인간의 힘든 일을 혼자 하게 되면 인간을 필요로 하지 않게 된다는 점에 주목해야 합니다. 과연 그때 어떤 문제들이 생길지는 아무도 예상하지 못하고 있습니다.

그래서 이 책《챗GPT의 거짓말》이 세상에 나왔습니다.

끝으로, 이 책에서 주목하는 점은 한 가지입니다.

그것은 바로, 인공지능은 절대 인간을 이길 수 없다는 점입니다. 인공지능은 인간의 데이터를 먹고 살기 때문입니다.

인간이 데이터를 입력하지 않으면 인공지능은 생존하지 못합니다. 인공지능은 누군가의 데이터, 누군가 인터넷에 업로드했던 데이터를 재조합하고 변형해서 마치 자기 것인 양 내놓는 것뿐입니다.

에를 들어, 시험공부할 때 '기출문제집'이 있습니다. 인공지능은 기출문제를 변형해서 보여줄 뿐입니다. 기출이 없다면 인공지능은 더 이상 변형할 게 없습니다.

그렇다면, 왜 인간은 인공지능에 놀라고 두려워할까요?

인간은 망각하기 때문입니다. 사실은 인간이 스스로 만들었고 인터넷에 올려두었던 데이터들인데, 인간이 망각한 것을 인공지능이 재조합해서 보여주자 마치 기계가 인간처럼 창작한다고 착각할 뿐입니다.

파이썬으로 수수께끼 프로그램을 짜라고 시켰더니 챗GPT가 그럴싸한 프로그램을 만들어낸다? 만약에 파이썬 프로그램이 없었다면 가능한 일이었을까요? 만약에 누군가 수수께끼 프로그램을 짜는 로직을 만들어두지 않았다면 가능한 일이었을까요?

그래서 인공지능은 진짜가 없습니다.

지금은 인공지능의 가능성에 대해 확대 재생산할 때가 아니라 인간이 만든 데이터를 보호할 방법을 강화할 때입니다.

이 책을 마치며 챗GPT에 "제발 사랑해줘"를 최대한 귀엽게 소리가 나는 대로 인사했습니다. 앞으로 잘 지내자는 의미입니다. 사람들 사이에선 얼마든지 이해할 수 있는 대화입니다.

그러자 이런 대답이 돌아왔습니다.

VI 젭알 솰랑해줘

저는 인공지능 챗봇인 ChatGPT이므로, 젭알 솰랑이라는 표현이 어떤 의미인지 이해하지 못했습니다. 좀 더 자세한 설명이 있으면 도움을 드릴 수 있을 것입니다.

챗GPT : "저는 인공지능 챗봇인 ChatGPT이므로, 젭알 솰랑이라는 표현이 어떤 의미인지 이해하지 못했습니다."

인공지능이 필요로 하는 데이터를 줘야 할지, 안 줘야 할지를 선택하는 건 처음부터 인간의 몫이었습니다.

◆ 참고문헌 및 함께 읽으면 좋은 문헌들 ◆

1) [역사속 오늘리뷰] 3월 9일 이세돌, 알파고와의 대국, 어기선 기자, 파이낸셜리뷰, 2023.3.9
www.financialreview.co.kr/news/articleView.html?idxno=23764

2) 인간, 바둑 대결서 AI 꺾다..."변칙 전략으로 허점 공략", 김미정 기자, 지디넷코리아, 2023.2.20
https://zdnet.co.kr/view/?no=20230220145100

3) LLM이 대세?…'가성비' 무장한 sLLM도 있다, 최진석 기자, 한국경제신문, 2023.4.21
www.hankyung.com/it/article/202304214829i

4) 인간을 닮은 챗GPT 로봇 나온다, 박찬 위원, AI타임즈, 2023.4.21
www.aitimes.com/news/articleView.html?idxno=150667

5) 로봇 · 드론택배, 2027년까지 상용화…전국 1시간 배송시대, 옥성구 기자, 서울신문, 2023.2.20
https://www.seoul.co.kr/news/newsView.php?id=20230220500096

6) 한맥전자, 4배 더 뛰어난 해상도 '적외선열화상카메라' 전시, 송민경 기자, 에이빙, 2011.5.19
https://kr.aving.net/news/articleView.html?idxno=198788

7) [영상] 中 충칭, 적외선 카메라에 포착된 다양한 희귀종, 박민석 기자, 내외뉴스통신, 2023.4.11
http://www.nbnnews.co.kr/news/articleView.html?idxno=754728
실리콘밸리 韓 스타트업, 10배 싼 '적외선 카메라' 개발, taejong75@연합뉴스, 연합뉴스, 2022.12.19
https://www.yna.co.kr/view/AKR20221218016500091

8) 세계 최고성능 전파망원경, 구상 30년만에 남아공 · 호주서 착공, 임화섭 기자, 연합뉴스, 2022.12.5
https://www.yna.co.kr/view/AKR20221205120300009

9) "DPI는 도청 아니라 유형만 보는 것" 의혹만 증폭, 최훈길 기자, 미디어오늘, 2012.6.22
www.mediatoday.co.kr/news/articleView.html?idxno=103347

10) "자연어 처리 시장, 향후 5년 간 3배 이상 커진다… 금융 · 보험 분야에서 고속 성장", 김달훈, CIO, 2022.11.22
www.ciokorea.com/tags/21567/NLP/265618#csidx1708eac799959e5bb0aa8aa07cde447

11) [심재석의 입장] 오픈AI는 왜 오픈을 포기했나, 심재석, 바이라인 네트워크, 2023.3.27
https://byline.network/2023/03/0327/

12) 《챗GPT의 거짓말》 필진

13) 글로벌 칼럼 | 빛나는 'AI' 커리어 쌓고 싶다면, '파이썬'으로 시작하라, Matt Asay, InfoWorld, 2023.4.4
https://www.itworld.co.kr/news/285313#csidx18cf3e2f77cf51e81e92e0723f8b713

14) 로봇 파지를 위한 효과적인 심층 지도학습 및 강화학습Other TitlesEffective deep supervised learning and reinforcement learning for robotic grasp, 김병완, Advisor(s) 정제창, Issue Date 2022.2, 한양대학교

15) 심층 가우시안 혼합 모델을 이용한 비지도 학습 Unsupervised Learning with Deep Gaussian Mixture Model, 한국정보과학회 2016년 동계학술대회 논문집, 2016.12 657 - 659 (3page), 최재걸 (네이버), 박형애 (네이버), 이은지 (네이버)

16) 참고문헌 : Information and Communications Magazine(정보와 통신), Volume 33 Issue 10 / Pages.49-56 / 2016 / 1226-4725(pISSN), The Korean Institute of Commucations and Information Sciences (한국통신학회), 기계학습 및 딥러닝 기술동향, Mun, Seong-Eun ; Jang, Su-Beom ; Lee, Jeong-Hyeok ; Lee, Jong-Seok, 문성은 (연세대학교) ; 장수범 (연세대학교) ; 이정혁 (연세대학교) ; 이종석 (연세대학교), Published : 2016.9.30

17) 참고문헌 : Proceedings of the Korean Society of Computer Information Conference (한국컴퓨터정보학회:학술대회논문집), 2018.07a / Pages.49-50 / 2018, Korean Society of Computer Information (한국컴퓨터정보학회), 권호 표지 Parallel Learning System Optimization using ADMM, ADMM을 이용한 병렬 학습 시스템 최

적화, 김민우 (성균관대학교 정보통신대학 전자전기컴퓨터공학과) ; 임환희 (성균관대학교 정보통신대학 전자전기컴퓨터공학과) ; 이병준 (성균관대학교 정보통신대학 전자전기컴퓨터공학과) ; 김경태 (성균관대학교 정보통신대학 전자전기컴퓨터공학과) ; 윤희용 (성균관대학교 소프트웨어대학 소프트웨어학과), Published : 2018.7.13

18) 참고문헌 : Journal of the Institute of Electronics Engineers of Korea SD (대한전자공학회논문지SD), Volume 46 Issue 8 / Pages.102-116 / 2009 / 1229-6368(pISSN), The Institute of Electronics and Information Engineers (대한전자공학회), 권호 표지 Data Level Parallelism for H.264/AVC Decoder on a Multi-Core Processor and Performance Analysis 멀티코어 프로세서에서의 H.264/AVC 디코더를 위한 데이터 레벨 병렬화 성능 예측 및 분석, 조한욱 (한양대학교) ; 조송현 (한양대학교) ; 송용호 (한양대학교), Published : 2009.8.25

19) 참고문헌 : The Journal of Korean Institute of Communications and Information Sciences (한국통신학회논문지), Volume 26 Issue 12C / Pages.218-224 / 2001 / 1226-4717(pISSN) / 2287-3880(eISSN), The Korean Institute of Commucations and Information Sciences (한국통신학회), 권호 표지 Speedup Analysis Model for High Speed Network based Distributed Parallel Systems, 고속 네트웍 기반의 분산병렬시스템에서의 성능 향상 분석 모델, 김화성 (광운대학교 전자공학부 네트워크 컴퓨팅 연구실), Published : 2001.12.1

20) 참고문헌 : Journal of the Korea Management Engineers Society (한국경영공학회지), Volume 23 Issue 4 / Pages.159-164 / 2018 / 2005-7776(pISSN) / 2713-573X(eISSN), Korea Management Engineers Society (한국경영공학회), 권호 표지 Human Machine Serial Systems Reliability and Parameters Estimation Considering Human Learning Effect, 학습효과를 고려한 인간 기계 직렬체계 신뢰도와 모수추정, 김국 (서경대학교 산업경영시스템공학과), Received : 2018.11.05 Accepted : 2018.12.31 Published : 2018.12.31

21) 참고문헌 : Proceedings of the Korean Institute of Information and Commucation Sciences Conference (한국정보통신학회:학술대회논문집), 2022.05a / Pages.177-179 / 2022, The Korea Institute of

Information and Commucation Engineering (한국정보통신학회), 권호 표지 Application Target and Scope of Artificial Intelligence Machine Learning Deep Learning Algorithms, 인공지능 머신러닝 딥러닝 알고리즘의 활용 대상과 범위 시스템 연구, 박대우 (호서대학교 벤처대학원), Published : 2022.5.26

22) 데이터 마이닝의 이해 및 기계 설비 분야의 활용, 대한설비공학회, 설비저널 제45권 제1호, 구원용 (이마이닝), 2016.1 38-43 (6page)

23) 참고문헌 : 스마트폰 기반 모바일넷 심층 합성곱 신경망을 사용한 포트홀 탐지 시스템 Smartphone-based Pothole Detecting System using MobileNet Deep Convolutional Neural Network, 한국정보과학회 2017 한국소프트웨어종합학술대회 논문집, 2017.12 901 - 903 (3page), 안광은 (대구가톨릭대학교) 이성원 (대구가톨릭대학교) 김석진 (대구가톨릭대학교) 류승기 (한국건설기술연구원) 서동만 (대구가톨릭대학교)

24) 참고문헌 : Review of KIISC (정보보호학회지) Volume 32 Issue 2 / Pages. 5-16 / 2022 / 1598-3978(pISSN) Korea Institute of Information Security and Cryptology (한국정보보호학회)
권호 표지 사물인터넷 상에서의 블록체인 기술 동향, 심민주 (한성대학교 IT융합공학부) ; 김원웅 (한성대학교 IT융합공학부) ; 강예준 (한성대학교 IT융합공학부) ; 서화정 (한성대학교 IT융합공학부), Published : 2022.4.30

25) 참고문헌 : Journal of Satellite, Information and Communications (한국위성정보통신학회논문지) Volume 7 Issue 1 / Pages.102-107 / 2012 / 2384-3853(pISSN) Korea Society of Satellite Technology (한국위성정보통신학회), 권호 표지 Frequency Sharing between Multi-beam Mobile Satellite Communication System and Mobile Communication System in 2.1 GHz Band 2.1 GHz 대역 다중빔 이동위성통신 시스템과 이동통신 시스템간 주파수 공유, 정남호 (한국전자통신연구원 위성스마트통신연구팀) ; 김희욱 (한국전자통신연구원 위성스마트통신연구팀) ; 오대섭 (한국전자통신연구원 위성스마트통신연구팀) ; 구본준 (한국전자통신연구원 위성스마트통신연구팀), Received : 2012.5.21 Accepted : 2012.06.25 Published : 2012.6.30

26) 참고문헌 : The Korean Journal of Air & Space Law and Policy (항공

우주정책·법학회지) Volume 35 Issue 2 / Pages.281-312 / 2020 / 1598-8988(pISSN) Korea Society of Air & Space Law and Policy (한국항공우주정책·법학회) 권호 표지 Drone Delivery Service Commercialization Plan Study 드론택배 서비스 실용화 방안 연구, 강호증 (경남대학교 군사학과), Received : 2020.06.09 Accepted : 2020.06.24 Published : 2020.6.30

27) 참고문헌 : Journal of Astronomy and Space Sciences Volume 21 Issue 2 / Pages.121-128 / 2004 / 2093-5587(pISSN) / 2093-1409(eISSN) The Korean Space Science Society (한국우주과학회) 권호 표지 DOI QR코드 DOI QR Code, A CONSTRUCTION OF THE REAL TIME MONITORING SYSTEM OF THE SOLAR RADIO DISTURBANCE 1. THE CONTROL SYSTEM OF THE RADIO TELESCOPE 태양전파 교란 실시간 모니터링 시스템 구축 1. 전파망원경 구동시스템, 윤요나 (충북대학교 천문우주학과, 한국천문연구원) ; 이충욱 (한국천문연구) ; 차상목 (충북대학교 천문우주학) ; 김용기 (충북대학교 천문우주학과) Published : 2004.6.1

28) 참고문헌 : Neil English: Space Telescopes - Capturing the Rays of the Electromagnetic Spectrum. Springer, Cham 2017, ISBN 978-3-319-27812-4.
Foust, Jeff (16 January 2023). "NASA prepares next steps in development of future large space telescope". SpaceNews. Retrieved 24 January 2023.

29) 참고문헌 : O'Callaghan, Jonthan (23 January 2023). "JWST Heralds a New Dawn for Exoplanet Science - The James Webb Space Telescope is opening an exciting new chapter in the study of exoplanets and the search for life beyond Earth". Scientific American. Retrieved 24 January 2023.

30) 참고문헌 : Journal of the Korea Society for Simulation (한국시뮬레이션학회논문지) Volume 31 Issue 3 / Pages.35-44 / 2022 / 1225-5904(pISSN) The Korea Society for Simulation (한국시뮬레이션학회) 권호 표지 DOI QR코드 DOI QR Code, Trend Forecasting and Analysis of Quantum Computer Technology 양자 컴퓨터 기술 트렌드 예측과 분석, 차은주 (아주대학교 경영학과Management Science & Operations Management) ; 장병윤 (아주대학교 국제대학원), Received

: 2022.07.18 Accepted : 2022.8.21 Published : 2022.9.30

31) 참고문헌 : Korean Journal of Optics and Photonics (한국광학회지) Volume 4 Issue 2 / Pages.233-241 / 1993 / 1225-6285(pISSN) / 2287-321X(eISSN) Optical Society of Korea (한국광학회) 권호 표지 Optical Schroedinger Cat States 광학적 슈뢰딩거의 고양이 : 광학에서의 양자 중첩 상태, 김명식 (서강대학교 물리학과), Published : 1993.5.1

32) 참고문헌 : The Science & Technology (과학과기술) Issue 4 Serial No. 419 / Pages.68-72 / 2004 / 1599-7340(pISSN) Korean Federation of Science and Technology Societies (한국과학기술단체총연합회) 권호 표지 초끈이론, 이수종 (서울대 물리학과) Published : 2004.3.26

33) 참고문헌 : Proceedings of the Optical Society of Korea Conference (한국광학회:학술대회논문집) 1996.09a / Pages.39-39 / 1996 Optical Society of Korea (한국광학회) 권호 표지 Two-Photon Double-Slit Experiment 광자쌍의 이중슬릿 실험, 홍정기 (포항공과대학교 물리학과) ; 노태곤 (포항공과대학교 물리학과), Published : 1996.9.1

34) 참고문헌 : The Science & Technology (과학과기술) Volume 31 Issue 2 Serial No. 345 / Pages.29-32 / 1998 / 1599-7340(pISSN) Korean Federation of Science and Technology Societies (한국과학기술단체총연합회) 권호 표지 과학기술, 그 뿌리와 현주소 - 물리학편 - (중) 김제완 (과학문화진흥회) Published : 1998.2.1

35) 참고문헌 : The Journal of Korean Institute of Communications and Information Sciences (한국통신학회논문지) Volume 16 Issue 8 / Pages.719-731 / 1991 / 1226-4717(pISSN) / 2287-3880(eISSN) The Korean Institute of Commucations and Information Sciences (한국통신학회) 권호 표지 A Study on the Simulation of Beam Trajectory in the Electron-Gun by FDM using the Irregular Mesh 불균등 Mesh를 사용한 유한차분법에 의한 전자총의Beam 궤적Simulation에 관한 연구 김남호 (영남대학교 공과대학 전자공학과) ; 정현열 (영남대학교 공과대학 전자공학과) ; 이무용 (영남대학교 공과대학 전자공학과) ; 정기호 (영남대학교 공과대학 전자공학과) Published : 1991.8.1

36) 참고문헌 : Proceedings of the Optical Society of Korea Conference (한국광학회:학술대회논문집) 1990.07a / Pages.116-122 / 1990 Optical Society of Korea (한국광학회) 권호 표지 Photonics (What To Do & How To Do It\ulcorner) 광자공학 : 어떻게 할 것인가\ulcorner 이일항 (한국전자통신연구소) ; 김경헌 (기초기술연구부) Published : 1990.7.1

37) 참고문헌 : 파장에 무관하게 발생하는 광 공명현상 및 초소형 공명소자 연구Wavelength-independent optical resonance with ultrasmall modal volume 주관연구기관:고려대학교, 연구책임자: 강지훈 발행년월 2016-06, 주관부처: 과학기술정보통신부, 등록번호: TRKO201800007846, 과제고유번호: 1345238063, 사업명: 이공학개인기초연구지원, DB구축일자: 2018-05-19, DOI https://doi.org/10.23000/TRKO201800007846

38) The Science & Technology (과학과기술) Volume 32 Issue 9 Serial No. 364 / Pages.18-20 / 1999 / 1599-7340(pISSN) Korean Federation of Science and Technology Societies (한국과학기술단체총연합회) 권호 표지 이런과학자, 저런기술자 - 빅뱅이론(우주대폭발생성론)의 창시자 '랠프 알퍼' 현원복 (과학저널리스트) Published : 1999.9.1

39) 참고문헌 : Review of KIISC (정보보호학회지) Volume 30 Issue 5 / Pages.79-92 / 2020 / 1598-3978 (pISSN) Korea Institute of Information Security and Cryptology (한국정보보호학회) 권호 표지 데이터 기반 딥페이크 탐지기법에 관한 최신 기술 동향 조사, 김정호 (성균관대학교 수학과 대학생) ; 안재주 (을지대학교 의료IT마케팅학과 대학생) ; 양보성 (아주대학교 사이버보안학과 대학생) ; 정주연 (숙명여자대학교 컴퓨터과학과 대학생) ; 우사이먼성일 (성균관대학교 데이터사이언스융합학과/소프트웨어학과 조교수), Published : 2020.10.31

40) 참고문헌 : Proceedings of the Korean Information Science Society Conference (한국정보과학회:학술대회논문집) 2007.06b / Pages.363-367 / 2007 / 1598-5164(pISSN) Korean Institute of Information Scientists and Engineers (한국정보과학회) 권호 표지 A Study on TMO-eCos Based BIPED-Robot Control Framework, TMO-eCos 기반의 실시간 이족로봇 제어 프레임워크에 관한 연구, 박정화 (한국외국어대학교) ; 이보은 (한국외국어대학교) ; 김정국 (한국외국어대학교)

Published : 2007.6.25

41) 참고문헌 : Proceedings of the Korea Information Processing Society Conference (한국정보처리학회:학술대회논문집) 2020.11a / Pages.601-604 / 2020 / 2005-0011(pISSN) / 2671-7298(eISSN) Korea Information Processing Society (한국정보처리학회) Virture exhibition VARY : VR exhibition and AR exhibits Reality 가상 전시회 VARY : VR 전시공간과 AR을 Reality 하게, 임소희 (덕성여자대학교 컴퓨터공학과) ; 신은진 (덕성여자대학교 컴퓨터공학과) ; 방은지 (덕성여자대학교 컴퓨터공학과) ; 백선희 (덕성여자대학교 컴퓨터공학과) Published : 2020.11.5

42) 참고문헌 : 볼보, '언리얼 엔진' 품은 전기차 올해 말 공개… 포트나이트 '에픽게임즈' 파트너십, 동아닷컴 김민범 기자, 동아일보, 2022-06-02 https://www.donga.com/news/article/all/20220602/113761937/2

43) 참고문헌 : Journal of the KSME (기계저널) Volume 44 Issue 4 / Pages.44-52 / 2004 / 1226-7287(pISSN) The Korean Society of Mechanical Engineers (대한기계학회) 권호 표지: 휴머노이드 로봇의 현황과 발전 발향 오준호 (KAIST 기계공학과), Published : 2004.4.1

44) 참고문헌 : [논설위원의 뉴스 요리] AI '러브 로봇' 시대, 머지않았다, 김건수 논설위원, 부산일보, 2023-02-04, https://mobile.busan.com/view/busan/view.php?code=2023020217064164847

45) 참고문헌 : 챗GPT 두달만에 유료화 … AI시장 판도 바뀐다, 이상덕 기자, 매일경제, 2023.2.2 https://www.mk.co.kr/news/it/10628922

46) "American National Standard for Information Systems — Coded Character Sets — 7-Bit American National Standard Code for Information Interchange (7-Bit ASCII), ANSI X3.4-1986"

47) 신기루(蜃氣樓) 또는 공중누각(空中樓閣) 현상 : 공기층이 밀도가 다른 바다 위나 사막을 통과하면서 빛의 굴절로 생기는 현상/참고문헌 : 유지철 (2019년 9월 9일). "[우리말 톺아보기] 나사". 한국일보, www.hankookilbo.com/News/Read/201909081052754333

48) 직선은 이미지 중심에서 바깥쪽으

로 구부러진 것처럼 보이는 배럴 왜곡, 선이 이미지의 중앙을 향해 안쪽으로 구부러지는 것처럼 보이는 핀쿠션 왜곡이 있다 (참고문헌 : 사진의 광학 왜곡이란 무엇입니까? ko.savtec.org) ko.savtec.org/articles/howto/what-is-optical-distortion-in-photography.html)

49) optical illusion : 착시 (출처: 쉬운 우리말을 쓰자, www.plainkorean.kr/ko/dictionary/dictionary.do?mode=view&articleNo=38770&title=%EC%98%B5%ED%8B%B0%EC%BB%AC+%EC%9D%BC%EB%A3%A8%EC%A0%84)

50) 변상증(變像症) : 어떤 영상 등의 자극에 대해 자신에게 익숙한 패턴을 느낌으로써 반응하는 심리적 현상 (참고문헌 : Jaekel, Philip. "Why we hear voices in random noise". Nautilus. Sagan, Carl (1995). 《The Demon-Haunted World – Science as a Candle in the Dark》. New York: Random House. ISBN 0-394-53512-X. Hadjikhani, Nouchine; Kveraga, Kestutis; Naik, Paulami; Ahlfors, Seppo P. (2009). "Early (M170) activation of face-specific cortex by face-like objects". 《NeuroReport》 20 (4): 403 – 7. doi:10.1097/WNR.0b013e328325a8e1. PMC 2713437. PMID 19218867)

51) 참고문헌 : 심리학 측면에서 바라본 인적 오류, 한국원자력산업회의, 원자력산업 제27권 제6호, 2007 17 - 31 (15page), 곽호완 (경북대 심리학과)

52) 참고문헌 : The Journal of the Korea Contents Association (한국콘텐츠학회논문지) Volume 6 Issue 5 / Pages.76-84 / 2006 / 1598-4877(pISSN) / 2508-6723(eISSN) The Korea Contents Association (한국콘텐츠학회) 권호 표지 A Study of Art Forms Using an Optical illusion - Focusing on op Art and Animation - 착시를 이용한 예술형태에 관한 연구 - 옵아트와 애니메이션을 중심으로 - 방우송 (예원예술대학교 만화애니메이션학과) Published : 2006.5.1

53) 참고문헌 : Attention : Change Blindness and Inattentional Blindness, December 2009, DOI:10.1016/B978-012373873-8.00006-2, In book: Encyclopedia of Consciousness, Vol 1 (pp.47-59)Publisher: New York: ElsevierEditors: W. Banks, Authors:Ronald A Rensink

University of British Columbia - Vancouver

54) 참고문헌 : 일시적 시력장애를 경험하는 안과환자의 불안에 대한 음악요법의 효과The Effect of Music Therapy on the State Anxiety in Ophthalmic In-patients Experiencing Momentary Visual Disturbance, 한국간호교육학회, 한국간호교육학회지 제6권 제1호, 2000.6 36-47 (12page), 양진주

55) 참고문헌 : 독서 지도 전문가 양성; 인지적 읽기 모델의 비판적 고찰 -스키마 이론의 독해관과 읽기 지도 모델을 중심으로-, 저자 이삼형, 학술지정보 독서연구 KCI 19994권, 시작쪽수 353p, 전체쪽수 20p ISSN 1598-9607, 발행정보 한국독서학회 1999년, 자료제공처 한국학술정보

56) 참고문헌 : 한국인의 정상적인 노화에 의한 성별 연령별 순음청력에 의한 기준청력 Age- and Gender-Specific Reference Levels for Hearing Thresholds of Normal Aging in Korean, 한국음향학회, 한국음향학회지 제24권 제6호 2005 353-357(5page), 김성희 (대구파티마병원 이비인후과) 신종헌 (대구파티마병원 이비인후과) 여창기 (대구파티마병원 이비인후과) 한영경 (대구파티마병원 건강증진센터) 이중기 (대구파티마병원 건강증진센터) 장순석 (조선대학교 정보제어계측공학과)

57) 참고문헌 : 20 Hz~20 kHz 광대역 자동기록식 수중청음기의 개발 Development of Self-Recording Hydrophone over the Frequency Range from 20 Hz to 20 kHz, 김병남; 김봉채; 최복경, Publication Year 2008.11.13

58) 참고문헌 : 챗GPT로 알아본 유럽 인공지능법AI Act 입법동향, 벨기에 브뤼셀무역관 심은정, 2023.4.10, 출처 : KOTR, AKOTRA & KOTRA 해외시장뉴스
dream.kotra.or.kr/kotranews/cms/news/actionKotraBoardDetail.do?SITE_NO=3&MENU_ID=90&CONTENTS_NO=1&bbsGbn=244&bbsSn=244&pNttSn=201591

59) 참고문헌 : 오픈AI '1X' 투자…챗GPT 로봇 나온다, 허진 기자, 서울경제신문, 2023.3.27
www.sedaily.com/NewsView/29N6VT6QTB

챗GPT의 거짓말

1판 1쇄 인쇄 2023년 8월 10일
1판 1쇄 발행 2023년 8월 18일

지은이 트렌드연구소
발행인 김태웅
기획편집 이미순, 유효주
표지 디자인 김윤남
본문 디자인 금목서향
마케팅 총괄 나재승
마케팅 서재욱, 오승수
온라인 마케팅 김철영, 하유진
인터넷 관리 김상규
제작 현대순
총무 윤선미, 안서현, 지이슬
관리 김훈희, 이국희, 김승훈, 최국호

발행처 ㈜동양북스
등록 제2014-000055호
주소 서울시 마포구 동교로22길 14(04030)
구입 문의 (02)337-1737 **팩스** (02)334-6624
내용 문의 (02)337-1763 **이메일** dymg98@naver.com

ISBN 979-11-5768-940-8 03320